制度管人：企业规范化管理实务大全集

王晓均◎编著

中国铁道出版社有限公司

CHINA RAILWAY PUBLISHING HOUSE CO., LTD.

内容简介

本书是一本专门介绍管理者如何运用制度化和规范化的管理方法，对企业各项事务进行科学合理管理的书籍。全书共包括 12 章，可分为五部分。第一部分主要介绍了规范化管理企业的基础知识；第二部分详细讲解了如何进行战略企划管理、行政管理、人事管理和财务管理，帮助管理者做好日常管理工作；第三部分主要介绍了采购、研发、生产和质量管理，帮助管理者做好生产管理工作；第四部分介绍了产品营销与市场开发管理，帮助管理者做好市场管理；第五部分介绍了库存和后勤管理，帮助管理者完善管理工作。

本书在行文过程中大量采用图示和表格进行内容讲解，此外，书中还包含大量的制度模板，可供读者参考使用。无论你是想要从事企业管理工作的人员，还是有一定管理经验的管理者，都可以通过对本书的学习，获取所需的知识。

图书在版编目（CIP）数据

制度管人：企业规范化管理实务大全集 / 王晓均编著 .—北京：中国铁道出版社有限公司，2021.9

ISBN 978-7-113-28148-9

Ⅰ.①制… Ⅱ.①王… Ⅲ.①企业管理 - 标准化管理 Ⅳ.① F272

中国版本图书馆 CIP 数据核字（2021）第 134529 号

书　　名：制度管人：企业规范化管理实务大全集
　　　　　ZHIDU GUANREN：QIYE GUIFANHUA GUANLI SHIWU DAQUANJI
作　　者：王晓均

责任编辑：王　佩　张文静　编辑部电话：（010）51873022　邮箱：505733396@qq.com
封面设计：宿　萌
责任校对：孙　玫
责任印制：赵星辰

出版发行：中国铁道出版社有限公司（100054，北京市西城区右安门西街 8 号）
印　　刷：三河市兴达印务有限公司
版　　次：2021 年 9 月第 1 版　2021 年 9 月第 1 次印刷
开　　本：700 mm×1 000 mm　1/16　印张：20.5　字数：347 千
书　　号：ISBN 978-7-113-28148-9
定　　价：79.00 元

［前言］

对于企业而言，保证内部规范、稳定地运转是十分有必要的，也是大多数企业管理者所希望的。然而在实际实施过程中，却很难实现规范管理，导致企业或多或少存在一些问题。这一问题看似不起眼，但是一旦发展到一定阶段便会对企业造成较大不良影响。

造成企业内部管理混乱的原因有多个：一是企业高层领导没有重视，导致内部缺乏统一规范；二是企业管理者缺乏管理经验和能力，无法起到实实在在的管理作用，管理工作形同虚设；三是企业的规范和制度没有落到实处，长此以往就变成了形式主义，没有实际效用。

此外，作为企业管理者，每日需要管理的工作较为繁杂，如果不掌握一定的管理方法，明确相应的操作规范和管理制度，也会导致管理效率低下，不利于管理人员的工作正常开展。

面对企业中十分繁杂的各项事务，管理者应当如何入手，合理且规范地开展管理工作呢？为此，我编著了本书，期望可以帮助读者明确制度和规范对于企业发展的作用，以及如何开展企业内部的各项管理工作。

本书共 12 章，可划分为五个部分。

◆ 第一部分为第 1 章，这部分主要介绍了制度规范化管理的基础内容，主要包括制度化管理的基础知识和制度化管理对企业的影响，从基础入手，让读者能够夯实操作。

◆ 第二部分为第 2 ~ 5 章，这部分主要介绍了企业管理中的常规管理内容，详细介绍了战略和企划管理、行政管理、人事管理和财务管理。通过对这部分内容的学习，可以帮助读者了解应当如何开展企业日常管理工作。

◆ 第三部分为第 6 ~ 9 章，这部分主要对企业生产经营管理进行了详细说明，包括采购、生产、研发和质量管理，可以帮助读者了解应当如何规范管理生产活动。

◆ 第四部分为第 10 ~ 11 章，这部分主要对市场营销和市场开发进行简单说明，帮助管理者了解市场营销与开发管理工作的管理要点。

◆ 第五部分为第 12 章，这部分主要讲解企业库存和后勤工作，让读者了解企业管理者如何完善后勤和库存管理工作。

本书语言简练，通俗易懂，全面讲述了如何通过制度化、规范化的方法管理企业的各项工作，并利用丰富的案例分析、表格和图示降低枯燥感，使读者在一种轻松有趣的阅读氛围中学习本书的知识。

由于编者能力有限，加之时间仓促，书中难免有疏漏和不足之处，希望获得读者的指正。

编 者

超值赠送（扫码获取）：

1. 本书所有制度模板。

2. 电子书《Excel 行政与人力资源必知必会的 180 个文件》。

[目录]

◆━◇━◆━◇━◆━◇━◆━◇━◆━◇━◆━◇━◆━◇━◆━◇━◆━◇━◆

第 1 章　制度是企业规范化管理的基础

制度化管理如今逐渐被各大企业重视，有的企业是了解制度管理的优势，而有的企业则是一种盲目跟随的态度，这样的心态可能导致制度成为摆设，没有发挥效果，不利于企业规范化管理。

第 2 章 制度规范企业战略和企划

企业要获得长期发展，就离不开战略、文化和企划。在实践中，企业往往在这些方面没有具体的规定，需要通过完善企业相关制度进行规范。

第 3 章 行之有效的行政管理助力企业稳定运营

行政管理是保证企业稳定运营的重要工作，行政工作出现问题会导致企业局部或整体工作混乱，管理者应当了解规范化行政管理的相关内容，保证企业正常运转。

第 4 章 完善人力资源，做好企业人事管理

人力资源对于企业的重要性不言而喻，企业工作需要由员工承担，做好人力资源管理能够确保企业的各项工作有条不紊地开展，让员工都能愿意为企业工作，促进企业与员工共同发展。

第 5 章　财务管理标准化为企业保驾护航

资金是企业的活力源泉，企业开展任何生产经营活动都需要资金支持，因此财务管理对于企业的意义十分重大。财务工作如果出现问题，可能导致出现危机，需要管理者加强规范化管理。

第6章 规范采购管理，加强成本控制

对于许多生产和销售企业来说都会涉及采购工作，采购工作的开展和成本控制也是企业管理者比较关注的。通过规范化和制度化的方法和制度对采购工作进行规范，往往能够起到较好效果。

第7章 做好研发管理，促进企业产品升级

企业要想获得长期发展就不能因循守旧，而应当不断创新，不断提升产品的市场竞争力，从而获得较好的发展。产品研发工作的展开和成本控制则是企业管理者需要注意的，这关系到企业的未来。

第8章　加强生产管理，提升生产效率

生产活动是生产、加工等类型企业获取收益的主要方式，生产活动是否高效直接关系到企业的盈利情况。此外，与生产活动相关的生产技术、设备、员工等也是生产管理的重点。

第 9 章 注重检验，严把产品质量关

质量是企业发展所必须具备的要素，如果企业产品无法保证质量，那么企业可能难以继续发展。管理者需要掌握产品质量控制、质量问题处理以及质量问题预防等内容，为产品质量保驾护航。

第 10 章 关注市场营销，提升产品销量

很多时候企业产品质量过硬却无法获得较好的销量，其原因就是市场营销不到位，导致产品无法进入客户的视野，这样对企业十分不利。只有做好市场营销和推广，才能让产品的销量得到保障。

第 11 章 把握时机，进行市场调查与开发

企业在发展过程中不能一味埋头苦干，还应当在适当的阶段展开市场调查，了解市场的具体情况和企业在市场中的地位，调查出的问题要及时调整和改进，不断提升企业的市场竞争力。

第 12 章　完善库存和后勤管理，消除后顾之忧

对于企业而言，库存和后勤管理虽然表面上不会影响企业盈利，但是实际上确实对企业有较大的影响。库存和后勤管理出现问题，会导致企业生产活动受到阻碍，其影响不容忽视。

制度管人

第 ① 章

制度是企业规范化管理的基础

制度化管理如今逐渐被各大企业重视，有的企业是了解制度管理的优势，而有的企业则是一种盲目跟随的态度，这样的心态可能导致制度成为摆设，没有发挥效果，不利于企业规范化管理。

行政　　人事　　财务　　营销

+ 　 + 　 +

1.1 制度管理的基础知识

制度管理是如今许多企业都极力推崇的，认为通过制度管理能够让企业更加规范，使各个环节有条不紊。然而在实际操作中却总是出现问题，这可能因为企业管理者对制度管理一知半解，导致管理工作出现问题。

1.1.1 为什么要实行制度化管理

现代企业为何要实行制度化管理？这是许多企业管理者都在思考的问题。对于企业而言，制度化的最终目的就是追求最佳的绩效。

任何一个企业的经营都希望是有效经营，然而如果企业中只有高层人员或部分企业员工具有良好的素质和能力，那么是很难推动企业进步的。下面来看一个小故事。

某企业有 500 名职员，其中只有 50 名职员具有现代化知识、行为规范和技能，如果不能够将他们的想法变成实实在在的条文，其余 450 名职员就可能不知道应当按照何种规范工作，按照何种规范提升。难以考虑到企业长久的生存与发展，就势必陷入因满足于现状而不思进取的懒散状态。

因此，必须要求每一个职员的工作和生活行为都符合最基本的要求，即将具体的要求、准则书面化，形成上至董事长、下至普通职员都可以看到的一种规章制度。这样一来，可以形成有据可依的奖罚机制，可以形成职员有规则可循的行为准则。

通过上面的小故事可以看出，制度管理对企业生存、发展的重要意义。下面具体来看制度化管理对企业来说有何意义。

制度对经济发展和组织效率的重要意义。制度不仅包括各种由长期习惯而形成的明文规则等正式制度，也包括企业文化等隐性的非正式制度。制度对于企业经济的发展有较大作用，创建严谨的制度有助于提升企业的执行力。

制度的规范作用。制度不仅规范企业中员工的行为，为员工的行为画出一个合理且受约束的圈，同时，也保障和鼓励员工在这个圈子里自由地活动。

制度是奖惩的前提。制度将企业员工行为划分为合理行为和不合理行为。企业的管理者和决策者可以据此采取奖勤罚懒的措施，褒奖合理行为，惩罚不合理行为，从而有效地刺激企业中的员工约束自己，提高组织执行的效率。而在这样的奖罚中，企业的各项规章制度也能得以推行和巩固。

制度的协调作用。对于企业而言，创建一种制度是企业自身组织的一种形式，目的是协调企业内各部门之间协作效果和企业与外部衔接的有效性，从而促使企业发展。

制度的"法治"作用。企业家的执行能力是人治，而制度的执行能力是"法治"。因为人是可能犯错的，所以用人就一定要进行约束，要建立一套制度来规范和约束人们的行为。

通常，员工需要一个更加开放、透明的管理制度，需要建立一个顺畅的内部沟通渠道，更重要的是形成规范的、有章可循的"以制度管人，而非人管人"的管理制度，增加内部管理的公平性。在企业持续发展阶段缺少行之有效、人人平等、贯彻始终的制度管理是可怕的，它会导致管理流程混乱。

因此，企业只有通过严格的制度管理，打破以往"人管人"的旧方法，实行"制度管人"的管理方式，才能将管理职能化、制度化，明确管理者的责、权、利，避免"多头领导"，提高管理效率和管理执行力。

1.1.2 如何通过制度管理企业

通过制度管理企业虽然看似简单，制定相应的制度实施即可，其实不然，在实施过程中还有许多具体事项需要注意。

制度化管理是企业成长必须经历的一个阶段，是企业实现法治的具体表现。这种管理方式以制度为标准，对企业员工进行规范。职工进入企业以后，先进行企业制度方面的教育，让其充分了解企业的要求，并必须对要求严格遵守。

在日常的工作中，企业应当处处以制度为准绳，企业管理者几乎相当于企业的"执法人员"，要经常通过制度来衡量员工的一举一动，如果违反了企业制度，企业将按照制度的约定对其处罚。

在进行制度化管理的过程中，管理者还需要注意以下几点内容，具体如表 1-1 所示。

表 1-1　制度化管理注意事项

注意事项	具体介绍
充分考虑制度的可行性和可操作性	要充分考虑企业的实际情况和传统，必须保证制度能够获得大多数员工的认同和支持，便于制度的顺利推行与实施；此外，企业的制度并不是越多越好，也不是越严越好，关键在于制度是否可行，是否具有较好的可操作性，在建立制度时，还应注意制度的量与度的问题
维护制度的严肃性和权威性	在企业实施制度化管理的过程中，应该严格保证制度公正、公平、公开地实施，制度面前不能出现特殊化。在企业内部形成人人遵守制度、维护制度、监督制度实施的良好氛围，保证制度的严肃性和权威性不受侵害

注意事项	具体介绍
增强创新意识，防止制度僵化	企业在建立制度时，要为制度的健全与完善及持续改进留有余地，为制度创新搭建好平台。在实施制度化管理的过程中，必须随着企业的发展和环境的变化，及时对一些制度内容进行修改和调整，使企业的制度符合企业的实际情况并满足企业发展和环境变化的需要
妥善处理非正式组织的抵制行为	企业在推行制度化管理的过程中，可能会损害非正式组织的利益或对其行为有所约束，使得非正式组织对企业的制度化管理过程产生抵制行为。此时，切忌采取简单的强制执行方式，而是应该在坚持原则的基础上，采取较为缓和的处理方式。如与非正式组织领袖进行沟通，说明利害关系；或在开始时就邀请这些领袖们参与制度的拟定与讨论等，使其接受、理解并自觉遵守制度

企业管理者需要注意，在进行制度化管理的过程中，应当充分考虑其中存在的问题，并及时进行解决，避免产生遗留问题，最终导致企业出现问题。

1.1.3 制度化管理对企业的作用

制度化管理对企业来说十分重要，越来越多的企业都在推行制度化管理。下面具体来看制度化管理对企业的作用。

◆ 利于企业运行的规范化和标准化

"一切按制度办事"是企业制度化管理的根本宗旨。制度化管理是企业的"低文本文化"向"高文本文化"过渡的具体表现。企业通过各种制度来规范员工的行为，员工更多的是依据其共同的契约即制度来处理各种事务，使企业的运行逐步趋于规范化和标准化。

◆ 利于企业提高工作效率

制度化管理意味着程序化、标准化、透明化。因此，实施制度化管理便于员工迅速掌握本岗位的工作技能，便于部门与部门之间，员工与员工之间及上下级之间的沟通，使员工最大限度地减少工作失误。同时，实施制度化管理更加便于企业对员工的工作进行监控和考核，从而促进员工不断改善和提高工作效率。

◆ 制度健全而规范的企业更容易吸引优秀人才

一方面，规范的制度本身就意味着需要有良好的信任作为支撑，在当今社会具有良好信任支撑的企业在人才竞争中很容易获得优势。

另一方面，规范的制度最大限度地体现了企业管理的公正性和公平性，人们普遍愿意在公平、公正的环境下参与竞争和工作；同时规范而诱人的激励制度是企业赢得人才争夺战最为有力的"武器"。

◆ 制度化管理能够防止腐败

腐败产生的根源在于权力失去监控和约束。制度使企业的各项工作程序化和透明化，任何时候、任何人的工作都处于企业员工的监督之下，强化了对权力的监控和约束，产生腐败的可能性会降低。

同时，制度中对腐败行为的严厉制裁措施，也使腐败的风险和成本增大，从这个意义上讲，制度化管理从源头上防止了腐败行为的产生。

◆ 制度化管理能减少决策失误

制度化管理使企业的决策从根本上排斥一言堂，排斥没有科学依据的决策，企业的决策过程必须程序化、透明化，决策必须要有科学依据，决策的结果必须要经得起实践的检验和市场的考验，决策人必须对决策结果承担责任，最大限度减少决策失误。

◆ 制度化管理能增强企业的竞争力

制度化管理使企业管理工作包括市场调研、供应商及客户的管理和沟通等工作都得以规范化和程序化，在企业内部形成快速反应机制，使企业能及时掌握市场变化情况并及时调整对策，也使整个供应链的市场应变能力得到增强，从而提高供应链和企业本身的竞争力。

1.1.4 制度化与企业文化管理

每一个企业都有其独具特色的企业文化，企业文化与企业的制度息息相关。制度对于企业的意义在于它建立了一个使管理者意愿得以贯彻的有力支撑，并且是在得到员工认可的前提下，使企业矛盾从人与人的对立弱化为人与制度的对立，可以更好地约束和规范员工行为，减少对立或降低对立的尖锐程度，逐渐形成有自己特色的企业文化。

但是制度化管理要更好地体现企业文化建设，成为企业文化的良好支撑工具，也不是无条件的、自然而然的。要想得到员工的认可，就需要做好制度和企业文化的协调，应注意以下几个方面。

◆ 制度应从企业根本性需求出发与企业最本质目标相联系

制度文化建设是企业文化的骨架部分，任何一个企业离开了制度就会成为一盘散沙。但制度又反映一个企业的基本观念，反映企业对社会、对人的基本态度，因而制度又不是随心所欲不受任何制约的。

制度必须从企业的根本需求出发，是对企业根本性需求的维护。如事关企业生存的各种问题，包括产品质量、安全等，必须以制度加以明确规范。制度必须体现对人有高度的约束和规范，但又充分地信任人和尊重人，这就要求制度的产生必须是立足于实际需要之上的，立足于实际需要之上的制度即使再严格也可以让人乐于接受。

◆ 制度应使各直接参与者的利益得到平衡并产生互相制约的作用

制度作为公正的体现不但要求其形式是公正的，更要求其内容是公正的，要使制度约束下各直接参与者的利益得到平衡，体现权利与义务的对称。制度在其形式上是对人的利益的制约，既然是制约，相对人来说就有一定的心理承受限度，决定这种承受限度的是制度的公正、公平性。

同时，制度制约下的每一个成员既是受约束者，又是监督者，如果制度的内容是不公正的，就不能得到全员的认可。

◆ 制度出台的程序应公正和规范

制度管理如果没有一个公正的出台程序就有可能陷入强权管理范畴，而强权发展到一定程度，往往会产生"指鹿为马"的结果，这就体现了制度创设程序的重要意义。制度文化客观上排斥强权，主观上却又无时无刻不在倚重强权、彰显强权。

在当代企业制度建设中掺入强权成分的情况屡见不鲜，试想，朝令夕改、出口成规的情况，在多少企业真正得到了彻底根除？而且管理越不规范，这种情况越严重，就越与企业文化建设背道而驰。

◆ 制度的执行要严格平等

制度执行的最好效果就是在无歧视原则下产生的普遍认同心理，这也正是制度执行中的难点问题。

因为每个人在企业中所处的地位不同，制度的监督执行部门在企业中所处的地位不同，在执行制度时很难做到完全公正和无歧视性，往往会影响制度的效果，危及制度的最终目标，这就需要企业高层领导的积极参与和强有力的支持推动，定期组织制度落实督导检查，确保制度在不同层面上得到有效落实。

拓展贴士 *制度化管理对企业的消极影响*

①如果企业过于强调工作的程序化和标准化，会抑制员工的个性。呆板、僵化的制度会打击员工开展工作的积极性和创造性。

②由于制度化管理可能使企业的决策、客户档案等内部资料及商业机密等不再成为秘密，很容易被泄露或被恶意利用。

③制度的拟定、实行和制度普及等需要投入大量的人力、物力，这是难以避免的。

④制度太多、内容滞后令人无所适、从可能导致企业制度变成一纸空文。

1.1.5 如何避免制度成为摆设

许多时候，制度没有执行力是企业管理工作出了问题。制度难以执行通常存在两种情况：一是形同虚设，二是无影有踪。这两种情况都可能导致企业制度难以执行，成为摆设。

形同虚设的制度表现形式往往有3种，具体介绍如下。

◆ 一是制度摆在那里，但需要根据领导的态度来决定执行与否。这类制度我们称之为"无根制度"，它的前提假设是制度本身质量不存在问题。

◆ 二是制度摆在那里，需要按一定规律来执行。制度本身质量不存在问题，只是执行有规律性，在执行时常常表现出时间分布上的规律性。譬如，某一段时间，要集中搞企业文化运动了，人人就要着正装，大夏天时也要着长袖，至少也要把正装放在办公室里，上班时换上。过了这一阵，就不用了。

◆ 三是制度摆在那里，但人们视而不见，并不一定按制度办事。这种问题可以通过加强培训，提升员工的制度意识进行解决。

无影有踪主要存在 3 种情况，具体介绍如下。

◆ 一是人们知晓制度的内容，但是制度的规定不如经验有效。这样就会导致员工不按制度操作，而是凭借自己的经验，导致制度没有发挥作用。

◆ 二是制度的规定显然比经验有效，但是过于理论，执行起来难度过大。

◆ 三是制度编写目的看似清楚，但到了关键流程环节总是模糊化，宣布了制度只是一堆纸而已，制度中并没有有用的信息可供使用。

无影有踪的制度，指的是企业几乎没有人知道该制度的存在。休眠指制度没有被废止，也就是说，从某种意义上还处于正在执行的状态。

制度没有执行力，就容易导致制度成为一纸空文，要避免这种情况，需要从 4 个方面入手。

提升领导执行的原动力。"制度是别人的，不是自己的"，制度化建设的出发点存在误区。这里原动力不足主要是打造制度化公司的动力不足，而非用领导责任简单地掩盖劣质制度的实质。

提升制度科学性。大量劣质制度的存在，使得人们宁愿根据经验惯例甚至感觉行事，也不愿遵守制度。

提升制度系统性。制度之间没有协同，新老制度之间没有协同，容易出现老制度并未完全退出，但与新制度之间存在冲突，这就容易导致企业制度无法有效实施。

明确管理责任。在实施制度管理的过程中，如果没有事先明确管理责任，那么企业管理者可能出现相互推诿的情况，使企业制度管理难以有效实施。

1.2 制度化管理对企业的影响

前面对企业制度化管理的基础知识进行了介绍，帮助企业管理者快速了解什么是制度化管理。除此之外，管理者还需要了解实行制度化管理究竟会给企业带来哪些影响，方便管理者全方位了解制度化管理。

1.2.1 了解制度化管理可能存在的问题

许多企业都想实行制度化管理，但是实现真正意义上的制度化管理还面临着一些障碍，抑制向制度化管理模式的转变。在一些中小企业或是家族企业中，制度化管理存在较大的问题。

企业制度化管理主要面临两方面的问题：分别是管理模式问题和用人规则问题，下面进行具体介绍。

（1）管理模式问题

中小企业是经过艰苦创业才建立的，通常会将自己的所有资产投入其中，因此，容易会对企业严加把控，这样不利于企业发展，具体情况如下所示。

喜欢集权管理。企业掌权者不愿意将权利分享给企业相应的管理者，而是偏好自己掌握所有权利，对企业的所有事务进行把控，这样不利于企业长期、规模化发展。

热衷专断独裁。 企业的生产经营通常由企业权威人员或是企业主进行决策，其他管理者或高层领导虽然参与决策，但决策权通常都是由企业主把控。

决策缺乏科学性。 许多企业进行决策通常是凭借过往经验，缺乏民主的决策机制和程序。在市场机制和市场环境日趋成熟。完善的今天，这种仅依靠个人经验进行企业决策的方法是难以奏效的，很可能因此给企业带来较大的损失。

（2）用人规则问题

很多企业虽然推行制度化管理，但是在人员任用上并没有按照一定的规则进行，而是按照一些特殊规则，这样容易给企业造成不好的影响。下面具体介绍企业可能面临的用人问题。

以亲制疏。 很多企业在考虑用人的时候，都倾向于将自己的亲人或是与自己关系密切的人安排在重要的岗位上，而将其他的人安排在普通的岗位上，或在同一个部门中既安排自己人又安排其他人，形成以亲制疏的用人机制。

重关系，轻考核。 企业由于制度不健全，容易出现重关系而轻考核的现象。其内部管理运作不是根植于明确的规章制度及合理完善的机制，而是凭靠企业所有者和管理者与企业其他成员之间存在的关系和情感为依据，这显然是不合理的。

任人唯亲。 一些企业中员工招聘往往是通过相关人员举荐或介绍，这容易导致企业招聘的员工往往不是企业实际需要的，在一定程度上会增加企业管理的难度。

企业实行制度化管理对企业来说虽然有较多的好处，但是以上介绍的问题在一些企业中也是存在的，只有从根本上解决这些问题，才能够让企业在制度规范中获得更好地发展。

1.2.2 及时更新制度适应企业现状

企业的制度不是一成不变的，更不是一个"封闭、静止"的系统，随着业务流程、组织构架和市场需求的变化，制度需要不断地修订、更新和废止，以保持有效性和适用性，适应企业管理和发展的需要。

企业内部任何一位干部员工都可以对制度提出修订完善的建议。制度修订完善的原则与制度的编制原则是一致的，应考虑制度的可操作性、系统性、合法性和平等性。

制度修订完善的思路方法除在制度编制原则中提到的几个方面外，还应该注重以下两个方面。

◆ 制度修订应具有时效性

企业没有及时修订制度，没有致力于制度建设而导致制度失去适用性，这将会严重影响制度的权威性，甚至给工作带来一定的负面影响，因此对制度的有效性、适宜性和充分性进行不断的评审与更新，是企业任何一个部门都不可忽视的工作。这项工作也是一项需要花费较多精力、有较大难度的工作。

要想较好地保证制度的时效性，企业内部的每一个组织机构都应该抽出一定的人员并花费一定精力来完善制度建设这个工作。

◆ 制度的修订应坚持"四边"原则

在工作过程中，随时可能碰到一些不确定的管理事项，甚至一些管理漏洞，这就需要我们通过完善制度来规范工作。

但制度的修订完善和正式发布是需要一段时间的，为弥补缺少明文规定的制度可能给管理工作带来的不良影响，及时避免和减少不规范的行为或做法，这时候我们就需要采取"边制订、边执行、边完善、边上报备案"的方法来解决这个问题。

在日常管理工作中，只要有好的想法、好的管理思想就要先遵照执行，而不是等到正式制度文件下发后才执行。同时，按"四边"的要求来开展制度工作也是较好保证制度时效性的一个有效方法。

此外，流程的修订完善是制度建设中的一个难点。对已有的流程进行完善、创新或精简，减少一些重复工作和累赘环节，提高流程的效率与效果，是一个企业应该时刻关注的问题。

下面来看某企业双重预防体系建设持续更新制度。

各车间、人员：

为保证公司安全生产风险分级管控和隐患排查治理体系持续有效，切实发挥管理作用，特制定本制度。

一、评审

1. 固定评审

公司每年至少对风险分级管控体系和隐患排查治理体系进行一次系统性评审或更新。

2. 根据变化情况适时组织评审

如果公司非常规作业活动发生变化，新增功能性区域，新增生产、存储装置或设施等，要适时开展危险源辨识、风险评价和规定隐患排查治理有关内容，公司要对风险分级管控体系和隐患排查治理体系进行一次评审或更新。

3. 更新

公司应主动根据以下情况变化对风险管控的影响，及时针对变化范围开展风险分析，及时更新风险信息。

（1）法规、标准等增减、修订变化所引起风险程度的改变。

（2）发生事故后，有对事故、事件或其他信息的新认识，对相关危险源的再评价。

（3）组织机构发生重大调整。

（4）补充新辨识的危险源评价。

（5）风险程度变化后，需要对风险控制措施进行调整。

二、评审组织及参与人员

1. 组织

公司对风险分级管控体系和隐患排查治理体系进行评审或更新，由安全员按照经理的安排和要求组织实施。

2. 参与人员

公司对风险分级管控体系和隐患排查治理体系进行评审，成立评审小组，小组成员由经理、安全员和1名车间人员组成，由经理担任评审小组组长。

……

四、沟通

公司建立从业人员间的内部沟通和用于与相关方的外部风险管控沟通机制，及时有效传递风险信息，树立内外部风险管控信心，提高风险管控效果和效率。重大风险信息更新后应及时组织相关人员进行培训。

通过该企业的制度可以看出，该企业每年都会组织相关人员对治理体系进行评审或更新，主要是为了保证企业安全生产风险分级管控和隐患排查治理体系持续有效，这也更有利于企业制度发挥作用。

管理者可以参考该制度建立适合企业的制度、体系持续更新制度，让企业的制度在企业的各个阶段发挥作用。

1.2.3 要做到制度面前人人平等

对于企业而言，要做到制度面前人人平等，是一件极其不容易的事，需要企业从上至下形成一种无论职位、制度面前人人平等的观念才有可能实现。

企业的最高管理者可能会犯一种严重的错误，那就是对管理人员和普通员工采取双重标准，当自己或管理人员违反了企业规定。做错事情时，可能比较宽容地处理，而对普通员工所犯的错误则严厉地处理。

这种做法会造成很坏的影响，企业应该毫不留情地把这类管理人员开除。只有在制度面前人人平等，企业的利润才能实现最大化。

下面来看一个小故事。

在某企业生产车间门口，门卫提醒前来视察的领导戴上安全帽，却被随从狠狠地瞪了一眼，对方小声地说："懂不懂规矩，没看到领导来视察吗？"门卫无奈地赔笑道："对不起，对不起！"

通过以上实例可以看出，企业管理者的行为与他们管理员工、要求员工遵守公司制度是相违背的。这些行为不仅会影响团队的风气，也会给管理安全工作留下了隐患。比如，企业禁止员工迟到，但企业的管理人员从来都没有按时到，这样容易给员工留下不好的印象，影响员工对制度的看法。

制度、规定、纪律是公司发展的基石，公司要想长久发展下去，关键在于制度能否严格执行。制度的维系力就是通过严格执行表现出来的，具体做法有以下几点。

◆ 起到带头作用，严格遵守制度

有些管理者之所以跨越制度，是因为时刻想着自己是领导，有了这种想法，特权思想就容易作怪。其实，管理者想要做到严格遵守制度，最好把自己当成一个普通的员工，端正自己的心态，严格要求自己，遵守企业相关制度。

只有这样才能成为其他员工的榜样，才能体现出制度的公平性、公正性和严肃性。否则会严重影响管理者在员工心目中的威信和影响力，这样会导致企业员工心中不满，容易产生抵触情绪。

◆ 重视监督，发挥检查员的表率作用

世界著名的企业都非常重视监督和预防工作，因此企业管理者需要重视监督的作用。有调查数据显示，事故发生的原因中，有96%是人为原因。因此，加强人为因素的预防，从检查监督工作做起，避免因为事故影响企业运营。

所以，管理者要充分调动检察员和监督者的积极性，让他们做好制度的执行工作，为广大员工起到表率作用。这样不仅能够带动员工积极奋进，也能够在一定程度上降低事故发生率。

◆ 管理者要强化员工自主管理的意识

企业管理主要体现在自我管理方面，即管理者的主要任务应该是调动员工的自我责任感和主人翁意识，只有当员工懂得自己管理自己，管理者的管理工作才是富有成效的。

因此，管理者应通过安全责任划分，让员工明确自己的责任范围，知道应该做什么、怎么做及做到什么程度，从而把执行制度当成一种高度自觉的行为。

可以看出，企业制度化管理需要做到人人平等，需要企业管理者从自身出发，起好带头作用，才能让员工更好地接受相关制度，避免产生抵触情绪，只有这样才利于企业的发展。

制度管人

第 ② 章

制度规范企业战略和企划

　　企业要获得长期发展，就离不开战略、文化和企划。在实践中，企业往往在这些方面没有具体的规定，需要通过完善企业相关制度进行规范。

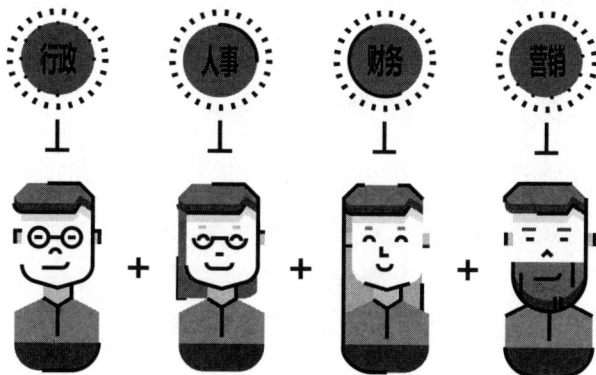

行政　＋　人事　＋　财务　＋　营销

2.1 企业战略和经营计划管理

企业要想长久发展，不能仅仅专注于眼前的利益，还应该具有长远的目光，制定长远的企业战略和经营计划管理，并在战略和经营计划的引导下，一步一步地实现既定目标，实现企业发展。

2.1.1 如何定位企业战略

企业战略是很多企业都熟悉的东西，然而却很少有企业管理者真正弄懂企业战略。往往认为战略是虚而不实的东西，市场变动过频，战略只会绑住手脚，或者认为战略只是用来做宣传企业的"炒作品"。

此外，也有人认为战略很重要，但是以使用不少的目标项顶替了战略，或者认为战略是一种理想、愿景和抱负。

其实不然，战略不是一个目标，也不是理想，而应该是方法，是实实在在、具体的东西，也就是如何使企业不断发展、如何实现目标的方法。关键还是如何实现企业的竞争优势，怎样独树一帜。

这就要求企业管理者能够率先转换固有思维，认清战略本质，才能明白战略对于企业的影响。那么对于企业而言，应当如何定位企业战略呢？定位企业战略需要打开市场，确定一个核心定位，即全局的中心，这便是战略定位，战略定位流程如图 2-1 所示。

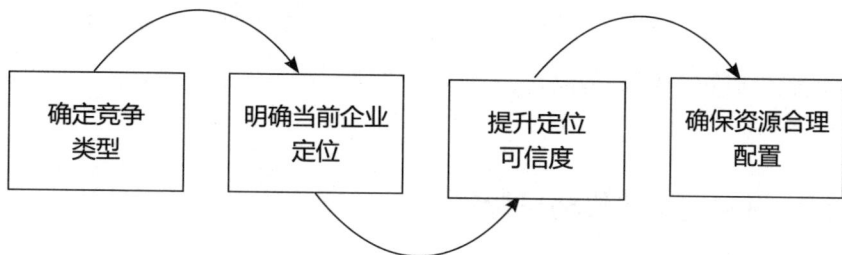

图 2-1　战略定位流程

下面具体介绍企业战略定位的 4 个步骤。

确定竞争类型。 首先需要明确企业的竞争类型究竟是品类的竞争，还是品牌的竞争，哪些是直接竞争对手，哪些是间接竞争对手，哪些是颠覆性竞争对手。对竞争进行充分分析，从而找到企业的空位和竞争方向。

明确当前企业定位。 通过对客户进行调查，并结合相应的咨询工具和竞争环境进行分析，最终寻找到企业的精准定位。

提升定位可信度。 寻找到企业的定位后，还需要创造信任状，为这一定位寻求可靠的证明，消除企业领导和顾客的顾虑。

> **拓展贴士** *了解信任状*
>
> 　　由于人与人之间的复杂关系，导致消费者与商家之间普遍存在着"不信任"感。在品牌定位理论当中，主要有十大信任状的打造方法，分别是悠久的历史、权威认证、热销背书、渠道背书、媒体传播、口碑认证、明星代言、高性能产品、制作工艺和开创者。

确保资源合理配置。 企业的一切行为都围绕定位展开，要从组织人才、市场渠道、公关传播、营销策略和产品研发等各方面确保资源的最优配置，从而保障定位战略的有效落地。

以上介绍的定位方法就是综合运用特劳特定位理论和定位思想体系，发现定位、确定定位和传播定位。

2.1.2 如何制定企业战略目标

企业战略指企业根据环境变化，依据本身资源和实力选择适合的经营领域和产品，形成自己的核心竞争力，并通过差异化在竞争中取胜。

企业战略是对企业各种战略的统称，其中既包括竞争战略，也包括营销战略、发展战略、品牌战略、融资战略、技术开发战略、人才开发战略及资源开发战略等。

企业战略目标的制定主要可以分为 3 个步骤，分别是战略分析、战略选择及战略实施和控制，下面分别进行介绍。

◆ 战略分析

战略分析在于总结影响企业发展的关键因素，并确定在战略选择步骤中的具体影响因素，它包括以下 3 个主要方面。

①确定企业的使命和目标。把企业的使命和目标作为制定和评估企业战略的依据。

②对外部环境进行分析。外部环境包括宏观环境和微观环境。

③对内部条件进行分析。战略分析要了解企业自身所处的相对地位，具有哪些资源及战略能力；了解企业有关的利益相关者的利益期望，在战略制定、评价和实施过程中，这些利益相关者会有哪些反应。

明确企业目标和客观环境，有助于了解行业发展现状，了解企业自身的状况。

◆ 战略选择

战略选择阶段需要明确企业的发展方向，其可分为 3 个步骤，具体介绍如表 2-1 所示。

表 2-1 战略选择的具体步骤

步 骤	具体介绍
制定战略选择方案（步骤一）	根据不同层次管理人员介入战略分析和战略选择工作的程度，将战略形成的方法分为 3 种形式： 　①自上而下。先由企业最高管理层制定企业的总体战略，然后由下属各部门根据自身的实际情况将企业的总体战略具体化，形成系统的战略方案 　②自下而上。企业最高管理层对下属部门不做具体规定，但要求各部门积极提交战略方案 　③上下结合。企业最高管理层和下属各部门的管理人员共同参与，通过上下级管理人员的沟通和磋商，制定出适宜的战略 　3 种形式的主要区别在战略制定中对集权与分权程度的把握上
评估战略备选方案（步骤二）	评估战略备选方案通常使用两个标准：一是考虑选择的战略是否发挥了企业的优势，克服了劣势，是否利用机会，将威胁削弱到最低程度；二是考虑选择的战略能否被企业利益相关者接受
选择战略（步骤三）	指最终的战略决策，即确定准备实施的战略。如果用多个指标对多个战略方案的评价产生不一致时，确定最终的战略可以考虑以下几种方法 　①把企业目标作为选择战略的依据 　②提交上级管理层审批 　③聘请外部机构 　④战略政策和计划

◆ 战略实施和控制

战略实施和控制就是将战略转化为行动，这也是战略切实实施的过程。主要涉及以下一些问题。

①在企业内部各部门和各层次如何分配使用现有的资源。

②为了实现企业目标，还需要获得哪些外部资源及如何使用。

③为了实现既定的战略目标，有必要对组织结构做哪些调整。

④如何处理出现的利益再分配与企业文化的适应问题，如何通过对企业文化的管理来保证企业战略的成功实施。

2.1.3 了解企业经营战略的基本内容

经营战略是企业为实现其经营目标，谋求长期发展而做出的带全局性的经营管理计划。它关系到企业的长远利益，以及企业的成败。下面首先来看企业经营目标应当包含的内容。

◆ 经营战略思想，它是企业进行经营战略决策的指导思想。

◆ 经营战略方针，它是经营战略的行动纲领。

◆ 经营战略目标，它是企业经营要达到的成果。

◆ 劳资关系目标，即通过提高工资福利水平，调整劳资关系。

◆ 经营战略措施，主要是实现经营战略的具体保证，包括产品开发、市场选择、资源分配、价格确定、商品推销及财务管理等。

企业经营战略作为企业发展的战略目标，对企业至关重要，因此企业管理者需要注意企业经营战略的特点，以便制定合理的经营战略，具体如表2-2所示。

表2-2 企业经营战略的特点

特 点	具体介绍
全局性	经营战略是以企业的全局为对象，根据企业总体发展的需要而制定的。用于规定企业的总体行动，追求企业的总体效果。其中包括企业的局部活动，但是这些局部活动是作为总体行动的组成部分在战略中出现的
长远性	经营战略虽然是以企业外部环境和内在条件为出发点对企业生产活动进行指导，但是这一切也都是为了更长远的发展，是长远发展的起步，企业战略应当具有长远性

特　　点	具体介绍
抗争性	企业经营战略是关于企业在激烈的竞争中如何与竞争对手抗衡的行动方案，同时也是针对来自各方面的许多冲击、压力、威胁和困难，迎接这些挑战的行动方案
长远性	企业战略规定的是企业总体的长远目标、发展方向、发展重点和前进道路，以及所采取的基本行动方针、重大措施和基本步骤，这些都是原则性、概括性的规定，具有行动纲领的意义。它必须通过展开、分解和落实等过程，才能变为具体的行动计划
相对稳定性	由于经营战略规定了企业的发展目标，具有长远性，只要战略实施的环境未发生重大变化，即使有些变化，也是意料之中的，那么企业经营战略中所确定的战略目标、战略方针、战略重点和战略步骤等应保持相对稳定

2.1.4 明确企业经营战略与实施原则

企业经营战略对于企业生产经营有较大的影响，主要是从企业现状和将来出发，分析企业的外部环境和企业内部的潜力和资源，确定正确的方向，形成切实可行的目标，选择适合的战略方案。经营战略的制定及实施过程如图 2-2 所示。

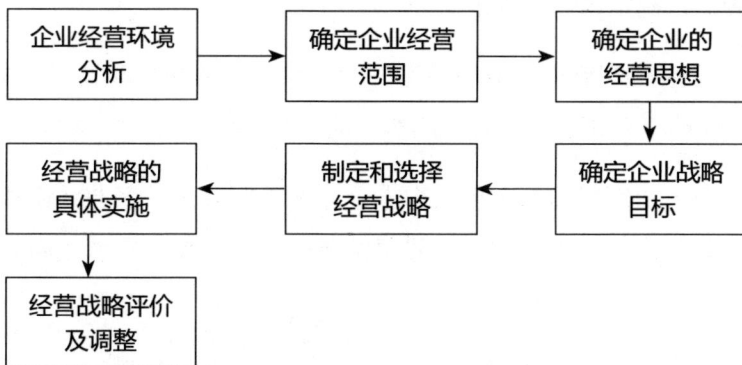

图 2-2　企业经营战略制定及实施过程

下面分别介绍各个步骤。

步骤一：企业经营环境分析

企业经营环境分析是制定企业经营战略的第一步，包括企业外部环境分析和企业内部条件分析。

企业的外部环境指对企业的生存和发展起主要作用的各种外界因素，宏观环境一般指国家的政治、法律和经济等因素，必须考虑各种宏观环境因素，包括对企业可能提供的机遇和不利影响。

产业环境也是外部因素的一种，指企业所从事的产业中对企业经营起重要影响作用的各种因素，如产业结构、产业发展趋势等。需要考察企业发展前景、竞争优势等，并据此提出相应对策。

外部环境是企业不可控制的，企业只能逐渐适应，不断提升经营战略的适应性。

企业的内部环境包括企业现有的经营状况，如企业的业绩、产品开发和营销等，其目的是要明确企业的优势及劣势，企业可以在此基础上明确长远发展中如何扬长避短，指明战略方向。

步骤二：确定企业经营范围

通过对企业外部和内部环境的综合分析，企业可以确定其经营范围，只有确定了经营范围，才能制定出企业的战略目标和选择恰当的战略。

经营范围可窄可宽，主要是根据企业的宏观环境、产业环境和自身状况而定，对于中小企业来说，一般经营范围不宜过宽，应该集中有限的资金和人力做好专业化经营。

一般情况下，经营范围是相对稳定的，可是随着外界和内部条件的变化，经营范围应当加以调整。

步骤三：确定企业的经营思想

经营思想指企业全部生产经营活动的指导思想，表现为企业生产经营活动所遵循的价值观、信念和行为准则，经营思想是企业生存和发展的决定因素。

经营思想是企业在长期经营实践中逐渐形成的，每一个企业的经营思想都是相对稳定的，通常企业在制定经营战略时，需要充分考虑内外部环境和企业目标，确定已有经营思想是否需要调整。例如被广泛认可的经营思想，"用户至上""质量第一""公平竞争"等。

步骤四：确定企业战略目标

经营战略目标指企业在其经营思想指导下，一定时期内在其经营范围中所要达到的预期效果。常见的有经营目标、部门目标、长期目标等。

如今，目标管理已成为一种现代化的管理方法，使用较为广泛。需要注意的是，目标设置应当准确规范，让员工能够轻松了解，并且能够尽可能量化，方便进行衡量和考核。

步骤五：制定和选择经营战略

经营战略是为了实现战略目标而采取的手段和途径，是企业在全面考虑其内外环境关键因素后，为实现战略目标提出具体的行动方案。

经营战略主要解决的问题是，如何随着企业内外条件的变化而变化；企业资源在内部如何分配与利用；企业各部门之间如何协调行动，以取得企业整体的竞争优势等。

经营战略有多种类型，在选择和制定时，除了受企业内外条件及经营目标影响外，还受决策者的观念影响。

步骤六：经营战略的具体实施

组织实施是非常关键的一个步骤，要想战略顺利实施，企业应建立相应的企业组织机构，制订适应战略的预算和计划，明确内部的责任范围和与战略目标相对应的激励手段。

战略实施实质上是将企业中所有部门和员工的行为与企业的整体战略协调一致的过程，最终使员工和部门都能执行各自应承担的战略计划，这就是战略的有效实施。

步骤七：经营战略评价及调整

在战略的实施过程中，企业还要不断检查实施效果，发现问题要及时进行调整。也就是说，要对战略目标执行情况进行有根据和有效的评价，然后在此基础上调整战略目标和战略方案。

战略的实施过程其实就是对企业战略方案进行检验的过程，一旦发现问题，应该寻找原因，提出解决措施。战略的实施过程也是一个不断改进的过程，战略的执行过程及结果需要进行监督并及时总结经验教训，并且不断完善企业的监督措施。

2.1.5 PDCA 管控系统逐渐完善企业战略

PDCA 循环是美国质量管理专家休哈特博士首先提出的，由戴明采纳、宣传，获得普及，所以又称戴明环。PDCA 循环的含义是将质量管理分为4 个阶段。

◆ P（Plan）——计划，确定方针和目标，确定活动计划。

◆ D（Do）——执行，实地去做，实现计划中的内容。

◆ C（Check）——检查，总结执行计划的结果，注意效果，找出问题。

◆ A（Action）——行动，对总结检查的结果进行处理，对成功的经验加以肯定并适当推广、标准化；对失败的教训加以总结，以免重现，未解决的问题放到下一个 PDCA 循环。

PDCA 循环管理的 7 个步骤如图 2-3 所示。

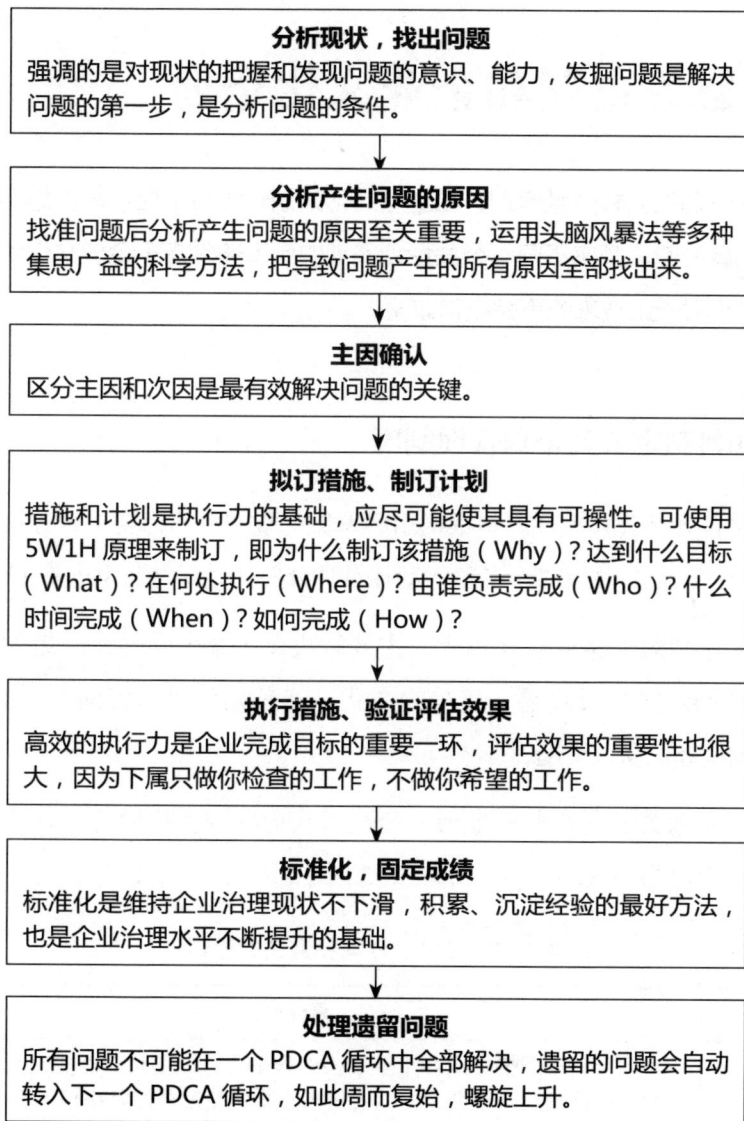

分析现状，找出问题
强调的是对现状的把握和发现问题的意识、能力，发掘问题是解决问题的第一步，是分析问题的条件。

分析产生问题的原因
找准问题后分析产生问题的原因至关重要，运用头脑风暴法等多种集思广益的科学方法，把导致问题产生的所有原因全部找出来。

主因确认
区分主因和次因是最有效解决问题的关键。

拟订措施、制订计划
措施和计划是执行力的基础，应尽可能使其具有可操作性。可使用 5W1H 原理来制订，即为什么制订该措施（Why）？达到什么目标（What）？在何处执行（Where）？由谁负责完成（Who）？什么时间完成（When）？如何完成（How）？

执行措施、验证评估效果
高效的执行力是企业完成目标的重要一环，评估效果的重要性也很大，因为下属只做你检查的工作，不做你希望的工作。

标准化，固定成绩
标准化是维持企业治理现状不下滑，积累、沉淀经验的最好方法，也是企业治理水平不断提升的基础。

处理遗留问题
所有问题不可能在一个 PDCA 循环中全部解决，遗留的问题会自动转入下一个 PDCA 循环，如此周而复始，螺旋上升。

图 2-3　PDCA 循环步骤

企业战略管理同样可以参考该循环，在每一阶段战略的实施情况基础上，总结当前阶段企业战略存在的问题，并在下一阶段的战略中进行完善，一步一步循环下去，呈阶梯式上升。

2.2 公关企划和企业文化企划

公关企划即公共关系策划，和企业文化策划一样对于企业来说是必不可少的，但两者的使用频率不同，公关企划实施的频率通常高于企业文化企划，因为企业文化对于企业来说不会经常改变。

2.2.1 如何制定公关企划管理制度

公关企划是公共关系人员根据组织形象的现状和目标要求，分析现有条件，策划并设计公关战略、专题活动和具体公关活动最佳行动方案的过程。

公关企划对于企业意义重大，主要解决以下 3 个问题：一是如何寻求传播沟通的内容和公众易于接受的方式；二是如何提高传播沟通的效能；三是如何完备公关工作体系。

公关企划关系到企业的发展、公众对企业的接受程度等，在进行公关企划时需要遵循一定的原则，如表 2-3 所示。

表 2-3 公关企划需要遵循的原则

原　则	具体介绍
求实原则	公关策划要建立在了解事实的基础上，以诚恳的态度向公众如实传递信息，并根据实时的变化来不断调整策划的策略和时机等

原　　则	具体介绍
系统原则	在公关策划中，公关活动应当被视为一个整体，并通过系统的方法进行筹备
创新原则	公关活动要想成功，能够为公众留下好印象，要求公关企划能够推陈出新，勇于创新
弹性原则	由于公关活动存在较多变数，通常难以把握，因此要充分考虑，留有一定余地
伦理道德原则	进行公关活动组织和策划人员行为道德要求应不断提高，提升活动的合理性
心理原则	掌握一定的心理学知识，能够正确把握公众心理，按照公众心理活动规律进行合理引导
效益原则	要有为企业节省成本的意识，用较少的费用取得较好的效果，最终达到企业的公关目标

对于企业而言，公关企划管理制度就是对企业公关活动的程序、要求等进行具体规范。因此，明确企业公关企划的流程，即可大致确定企业公关企划管理制度的内容。

下面具体来看公关企划的一般流程。

步骤一：分析公共关系现状

公关企划的前提就是要了解企业现状，并对其进行充分分析，发现存在的问题，从而使公关企划有针对性。这一步骤主要需做好以下 3 项工作。

审核资料。对已收集的资料进行审核，分析企业当前的公关现状，做好准备。

明确问题。通过前一步的分析，还需要明确企业的公共关系存在哪些问题，以及具体原因。

了解企业形象规划。了解当前的企业形象及在日后发展中有何规划和要求。

步骤二：明确公共关系目标

公共关系目标，即希望通过公关活动最终想要达到的效果，这也是企业最为关注的。公共关系目标通常包括全新塑造目标、形象矫正目标、形象优化目标、问题解决与危机公关。例如，某企业在过去一段时间因为产品质量问题，在公众心目中的形象不好，应以形象矫正为目标开展公关活动。

此外，明确公共关系目标不仅能够让公关方案更具有针对性，还能降低后续工作的难度。

步骤三：选择和分析目标受众

企业选择目标受众是一个重要步骤，目标受众指可能涉及这一问题的群众，选择合理的受众目标，往往能够事半功倍。

在选择目标受众时，可以利用谁被卷入这一问题、谁会影响这一问题和谁受这一问题的影响等来确定对象受众。

步骤四：制定公关行动方案

企业在制定公关行动方案时，主要从 4 个基本方面入手，做些什么（What）？怎么做（How）？谁来做（Who）？什么时候做（When）？即 3W1H 原则。

首先提出了明确公关活动项目的要求，然后提出了明确活动策略的要求，接着提出了明确活动主体的要求，最后提出了明确活动时机的要求。

尤其要注意公关时机选择，重视细节，策动传播，选好公关模式等。

拓展贴士 *常见的公关模式*

常见的公共关系模式包括宣传性公共关系、交际性公共关系、服务性公共关系、社会性公共关系和征询性公共关系等。

步骤五：编制公关预算

公关预算即在实施公关活动中会涉及的相关费用项目，提前做好预算，有利于公关活动顺利通过。公关预算通常包括以下两类。

①基本费用，人工、办公经费和器材费。

②活动费用，招待费、庆典活动、广告和交际应酬等。

下面来看某企业的公关企划管理制度。

第一条 准则。

1. 所确定的公关目标应与公司的总体目标一致。

2. 所确定的公关目标应表现为某项工作所要取得结果的具体描述。

……

第二条 公众的确定和分析。

1. 确定目标公众是对公众认识的第一步，利用谁被卷入这一问题、谁会影响这一问题、谁受这一问题的影响等来确定对象公众。

……

第三条 确定公关信息。

确定信息的目的是制订出能符合公关目标的、符合公共关系传播规律和要求的传播内容。

……

第四条 确定传播渠道。

渠道选择和媒介战略的制订要从公关的目标和对象的传播行为、接触媒介的特点出发，综合考虑信息特点的限制和需要，考虑不同类型的媒介本身所具有的不同功能及财力等问题。

……

第五条 公关计划的制订。

在确定了公关目标和对公众、信息、媒介等基本问题进行深入的分析、研究的基础上，围绕目标，依据研究的结果，进一步着手研究编制可供实施的公关计划。

······

第六条 公共关系的预算编制。

1.公共关系预算的基本构成。

（1）人工报酬。公关活动是智力投资，费用的主要部分是用来支付公关人员的工资。

······

从内容结构上来看，第二条的公众的确定和分析，即选择目标受众；第三条的确定公关信息，即明确公关目标和分析公关现状；第五条公关计划的制订，即制定行动方案；第六条公共关系的预算编制，即编制公关预算。内容上与公关企划的一般流程基本相同。

2.2.2 赞助活动企划如何制定

赞助是一种常用的商业手段，例如影视剧中的赞助、大型体育赛事的赞助等这些都不是公益性质的，更不是捐赠，而是为了通过赞助获得超额的赞助回报。

要想使赞助有回报，就需要对赞助活动进行合理策划，而其中最重要的就是选对赞助类型，这主要是由企业通过赞助活动想要起到何种推广目的决定的。例如企业主要从事文具生产和销售，则可以通过赞助学校相关活动，在学校范围进行企业产品推广宣传。

下面首先了解常见的赞助活动有哪些类型。

赞助体育活动。体育活动被媒体报道的概率较大，并且通常拥有较多观众，有较大的公众吸引力，因此可以通过赞助体育活动增加对公众的影响力，可以通过赞助物品或是设立奖励等形式进行赞助。

赞助慈善或福利事业。通过赞助社会的各项慈善和福利项目，不仅可以帮助弱势群体，也是向社会表明履行社会义务的重要手段，此外还可以改善与社会公共及政府的公众关系。

赞助教育事业。社会组织自觉地赞助教育事业，如捐资建立图书馆与实验室，设立某项奖学金制度、资助贫困学生、捐资希望工程等，既可以促进学校教育事业的发展，又可以为社会组织树立一种关心教育事业的良好形象。

赞助文化生活。社会组织积极赞助文化生活，不仅可以增进社会组织与公众的深厚感情，而且可以提高社会组织的文化品位和知名度。例如资助文艺演出队伍、赞助文化演出活动等。

对于企业而言，赞助是一项技术性要求较高的活动，如果企业没能处理好赞助活动，可能导致赞助活动达不到预期要求。

要开展一次完整的、成功的赞助活动，需要做好策划工作，下面具体来看应当如何制定赞助活动企划，如表 2-4 所示。

表 2-4　制定赞助活动企划要点

要　　点	具体介绍
做好赞助研究	完善赞助研究是组织开展赞助活动的第一步，也是十分重要的一步。首先应从经营活动政策入手，分析组织公共关系目标，确定赞助目的，并据此考核需要赞助的项目是否对社会、对公众有益，是否能对本组织产生有利影响。在此基础上，研究赞助项目的必要性、可行性和有效性，保证社会和组织都能在活动中获益

续表

要　　点	具体介绍
指定赞助计划	进行完善的赞助研究后，便可在此基础上指定赞助计划。赞助计划实际上是将赞助研究结果进行具体落实，要求赞助计划内容应该具体、翔实，应当包含赞助目的、对象、形式、费用预算及具体实施方案。此外还要对其进行控制，防止其超出企业的承受范围
评估与审核赞助项目	对每一项具体的赞助项目和赞助工作机构都应当进行分析研究。由总到分，分别评估项目总体是否符合赞助方向，再对赞助效果进行质和量的评估。每进行一次赞助活动，都应当进行全方位的审核评定，保证活动可行
实施赞助项目	赞助项目的实施需要由专人进行负责，在实施过程中，要充分利用有效的公共关系技巧，尽可能扩大赞助活动的社会影响；同时，应采用广告和新闻传播等手段，辅助赞助活动，使赞助活动的效益达到最佳效果
测定赞助结果	赞助活动结束后应按照预先确定的效果进行比对，测定实际效果。赞助活动的效果应由组织自身和专家共同评测，尽可能做到符合客观实际。检测过程包括检查、收集各个方面对此次赞助的看法、评论，看是否达到预定目的，还有哪些差距，对活动不理想的应该找出原因，进行总结，方便作为以后赞助活动开展的参考

根据以上介绍即可明确企业赞助企划的大致内容。

◆ **赞助对象**：企业赞助活动要赞助的对象，即要接受企业赞助的单位或组织。

◆ **赞助目的**：表明企业为什么要进行赞助活动，通过赞助活动想要达到什么效果，与赞助活动最终结果测定相关联。

◆ **赞助形式**：企业在赞助活动中提供支持的方式，可以是物资赞助、资金赞助及场馆赞助等。

◆ **赞助主题**：即赞助活动的主题，方便企业领导了解赞助活动。

◆ **明确责任**：明确企业在赞助活动中的责任，要明确该活动是由企业主办、承办还是协办。

◆ **宣传方式**：宣传方式指企业在赞助活动中为了达到宣传目的所采用的宣传手段。

2.2.3 明确企业和行业形象要素

形象要素指用来描述一个对象的各个小点，例如个人形象六要素指仪容、表情、举止、服饰、谈吐和待人接物，通过这 6 个方面的描述即可大致描述一个人。

对于一个企业和一个行业来说，也可以通过相应的要素进行描述，下面分别进行介绍。

（1）企业形象要素

企业形象指社会公众和企业职工对企业整体的印象和评价。企业形象通常由产品形象、组织形象、人员形象、文化形象、环境形象和社区形象等方面构成，具体介绍如表 2-5 所示。

表 2-5　企业形象介绍

企业形象	构　　成
产品形象	质量、款式、包装、商标和服务
组织形象	体制、制度、方针、政策、程序、流程、效率、效益、信用、承诺、服务、保障、规模和实力
人员形象	领导层、管理群和员工
文化形象	历史传统、价值观念、企业精神、英雄人物、群体风格、职业道德、言行规范和公司礼仪
环境形象	企业门面、建筑物、标志物、布局装修、展示系统和环保绿化
社区形象	社区关系和公众舆论

因此，企业管理者可以从表2-5所示的几方面对企业形象进行描述，如下所示为一些常见的企业形象描述用语，可选用合适的词语来描述企业形象。

- ◆ 年轻的、充满活力、积极向上。
- ◆ 值得信赖，有安全感、好感。
- ◆ 卓越地位、龙头企业。
- ◆ 向多元化、集团化、国际化发展。
- ◆ 以人为本、人性管理。
- ◆ 以质量求生存。
- ◆ 对顾客服务至上，不满意即退货。
- ◆ 研发创新为导向，有革新精神。
- ◆ 高科技，有领先尖端技术。
- ◆ 企业迎合时代潮流，具有现代性。

（2）行业形象要素

行业形象指一个行业在服务对象及社会公众心目中的总体印象，或者说是服务对象和社会公众对行业的整体认识与综合评价。

行业形象可分为内在形象和外在形象。

- ◆ 内在形象是行业在内部员工心目中的形象，它在很大程度上左右着员工对自己工作的选择及对所从事工作的态度。行业内在形象好坏是通过行业凝聚力、向心力和吸引力大小反映出来的。
- ◆ 外在形象是行业在外部公众和服务对象心目中的形象，它表示行业对外的知名度、美誉度及外部公众和服务对象对行业的信赖度和忠诚度。

内在形象和外在形象是相辅相成的关系，良好的行业形象是二者完美结合的产物。下面具体来看不同行业的形象要素。

- ◆ **电气机器**：安定性、可信度、技术。
- ◆ **输送机器**：技术、可信度、安定性、规模。
- ◆ **纤维**：安定性、技术、可信度、销售网的实力与规模。
- ◆ **化学药品**：安定性、规模、可信度、技术、发展性。
- ◆ **经销商**：服务品质、可信度、安定性、社会风气、规模。
- ◆ **零售业**：规模、安定性、发展性、可信度。
- ◆ **银行**：规模、可信度、传统、安定性。
- ◆ **保险**：规模、可信度、安定性、发展性、强势宣传广告力。
- ◆ **建筑、房地产**：安定性、传统、规模、强势宣传广告力、新产品的开发富有时代潮流。
- ◆ **运输业**：传统、规模、可信度、国际竞争力、现代科技、经营者的积极性和亲和力。

2.2.4 搭建企业文化框架的要点

随着企业不断发展，近年来企业文化建设越来越受到管理者的重视。丰富的企业文化具有较好的凝聚力和活力，能提升团队的创新意识和协作意识。

在建设企业文化的过程中需要以人为本，兼顾历史、现在与未来，充分考虑民主性，最终实现企业与员工共同进步。通过企业文化建设形成企业与员工共同发展的利益共同体，培育企业的核心专长，提高企业的核心竞争力，实现企业的可持续发展。

企业文化的内容主要包括物质层、行为层、制度层和精神层等 4 个层次的文化，具体介绍如图 2-4 所示。

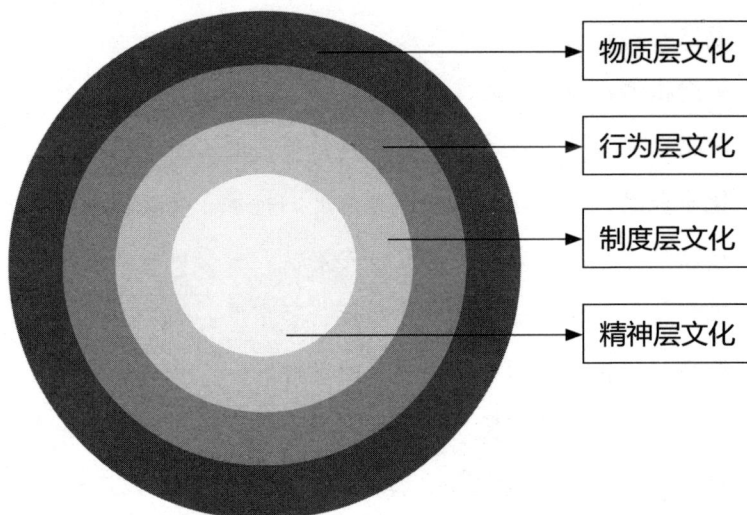

图 2-4　企业文化层级

下面具体介绍企业文化的 4 个层级。

◆　物质层文化

企业生产的产品和提供的服务相当于企业的经营成果，是物质文化的首要内容。此外，企业的生产环境、企业容貌、企业建筑及企业广告等也构成企业物质文化的重要内容。

◆　行为层文化

行为层文化指企业经营、教育宣传、人际关系活动和文娱体育活动中产生的文化现象，包括企业行为的规范、企业人际关系的规范和公共关系的规范。

①企业行为的规范指围绕企业自身目标、企业的社会责任、保护消费者的利益等方面所形成的基本行为规范。

②企业人际关系分为对内关系与对外关系两部分。

③公共关系的规范就是企业公关策划及其规范。

企业行为包括企业与企业之间、企业与顾客之间、企业与政府之间及企业与社会之间的行为。

◆ 制度层文化

制度层文化主要包括企业领导体制、企业组织机构和企业管理制度3个方面。

①企业领导体制是企业领导方式、领导结构和领导制度的总称。

②企业组织结构是企业为有效实现目标而筹划建立的企业内部各组成部分及其关系。

③管理制度是企业为求得最大利益，在生产管理实践活动中制定的各种带有强制性义务并能保障一定权利的各项规定或条例。

企业制度文化是对企业员工行为具有一定限制的文化，企业的制度文化是行为文化得以贯彻的保证。

◆ 精神层文化

精神层文化指企业生产经营过程中，受一定的社会文化背景、意识形态影响而长期形成的一种精神成果和文化观念。包括企业精神、企业经营哲学、企业道德、企业价值观念和企业风貌等内容，是企业意识形态的总和。

精神层文化要求企业员工与企业形成统一的价值观，价值观指组织在长期发展中所形成和遵循的基本信念和行为准则，是组织对自身存在和发展的意义，对组织目的、对组织员工和顾客的态度等问题的基本观点，以及评判组织和员工行为的标准。

企业文化的框架搭建可以从这 4 个方面入手，从物质层开始逐步进行提升，最终形成精神层面的文化。这几种层面的文化在企业中可以共存，管理者需要让更多的员工认同精神层面的文化。

2.2.5 了解影响塑造企业文化的因素

许多人认为，企业文化是在企业形成后才会逐渐形成的，其实不然，企业文化通常会不自觉地根植于创办企业的动机和观念中。因此及早创建企业文化也能够对企业的形成起到推动作用。

那么，企业在塑造企业文化之初，应当注意哪些影响因素呢？下面进行具体介绍。

◆ 行业因素

企业主要属于哪个行业，那么该行业特征应反映在企业文化中。具有行业特征的企业文化才能使企业更具辨识度，企业文化更容易被员工认可和接受。

例如，对一般服务业，强调"对顾客的服务"；对于建筑业，主要强调"安全施工，保质保量"；对于传播媒业、金融业，主要强调"对社会的服务"等。

◆ 企业家特质

企业家对企业的决定性作用十分突出，因此企业家特质、个人魅力、工作风格和经营哲学等因素都会在一定程度上对企业文化的形成产生较大的影响。

例如，有的企业家十分具有开拓精神；有的企业家具有个人吸引力；

有的工作认真，以身作则；有的经营理念前卫，具有哲学思想……这些特质都会对企业文化的形成产生影响。

◆ 现存的流行企业文化

企业在制定适合自身企业文化的过程中，通常会参考其他同类或成功企业的企业文化，在此基础上形成适合自身企业的企业文化。企业要做的是博采众长，而不是进行抄袭，这一点需要注意。

如今国内外企业都具有自己的文化模式，从而生成了一些流行的文化概念，使用较多的概念有和谐、诚实、努力、敬业、信用、服务、责任及安全等。

◆ 追求独特模式

追求独特模式与前一点相对应，就是说企业可以参考其他企业的企业文化，但是应当在参考的基础上不断探索，最终形成与企业相契合的独特模式。

企业文化最忌流于形式、趋于雷同，应追求自己特有的企业文化。

◆ 长期形成

企业文化不是通过短期设计后就能够长期使用的，随着企业所从事的主要业务发生变化，企业内部结构也会随之发生变化，当前企业文化可能与企业不契合，可能需要进行调整或更改。

此外，企业文化形成和被员工认可也不是一朝一夕的事，需要经过长时间潜移默化和渗透到心灵深处，才能成为企业员工的共同行为规范和共同意志。

2.3 相关制度模板

制度1 ××有限公司企业发展战略规划书

××有限公司企业发展战略规划书

（规划时限：2017 年—2020 年）

（1）销售目标：公司 3 年内将抓住市场机遇，通过稳妥经营，实现销售快速增长。

（2）利润目标：到 2020 年主线业务实现的净利润占公司净利润的 70% 左右；辅线实现的净利润占公司净利润的 30% 左右。

（3）拓展目标：力争三年时间实现企业集团化，到 2019 年，企业产值达 5 000 万元；2020 后向上市企业迈进。

（4）模式目标：核心业务领域和核心经营战略模式，未来 1～3 年内核心业务领域将从专业的主题商装定制转向为商装平台连锁加盟的经营模式，并做到全国主要省级城市都能普及。

根据战略发展需要，公司将持续打造核心竞争力，打造适合 ×× 发展的核心经营战略模式，即基于专业化的策划、设计、施工、运营等各方面服务管理流程植入，为客户提供一站式解决方案。

实施合伙制分公司，完成分公司布局，形成连锁性服务平台。

第一章 战略总则与分析

一、企业经营环境分析

1.行业分析

根据目前的行业情况分析，随着供求时代的终结，中产阶级成为主流消费群体、越来越多的企业意识到"主题化"会成为趋势，主题化的酒店、餐饮、公共场所等，提供更具特色的产品、服务、环境将成为新的刚需，而更为专业的商装服务企业将获得巨大发展空间。

（注：营销策划公司、装饰公司、设计公司、软装公司的未来发展，都必须要拥有品牌化的实体企业才能得到客户的信任，所以以装修单一的经营模式在未来的 3 到 5 年，将有极大的转变，因为客户不再满足于单一的装修及装饰，更专业的需求将越来越多，而欲满足客户需求则必须做到跨界经营，整合出新的商业模式。这也是未来的发展方向）

……

制度 2 经营计划管理制度

经营计划管理制度

第一章 目的

第一条 为了促进企业经营活动规范有序地进行，减少经营过程中的盲目性，公司应编制综合全面的经营计划。

第二章 管理职责

第二条 公司综合办公室负责经营计划工作。在做好调查研究工作的基础上，根据公司总体经营目标，统筹经营计划的各项具体目标，编制出切合实际的经营规划草案，报送公司总经理审批。草案审批后成为可实施的正式计划，对批准的正式计划，综合办公室负责检查反馈，并对计划实行滚动调整。

第三条 各职能部门将经营计划作为管理活动的纲领，努力完成计划中关于本部门的各项计划指标。在计划的编制过程中，应积极配合综合办公室的工作，提供必要的调研资料，真实反映客观情况，对于具有特殊内容的计划指标，相关部门可先拟出草案，综合办公室汇总编制。例如对于合同（购货计划）的特殊规定，物资设备部负责提交；因质量体系不能完全描述的内容，则由工程技术部负责提交。

第四条 公司综合办公室由总经理授权，负责公司经营计划的组织、审核、督导等方面的领导工作。根据各类计划（长期、中期、短期）的期限，及时地组织编制工作，并开展必要的论证分析，确保核准的各项计划内容具有科学性、合理性。对计划的执行过程应加大督察力度，促使计划任务按预期要求完成。

第三章 计划期限的划分

第五条 中长期计划、年计划、月计划。计划形式有单项和综合两类。

第四章 作用

第六条 通过综合平衡，统筹安排企业的人力、物力、财力，保证企业经营的各要素得到合理有效的利用，以取得最大经济效益。

第五章 经营计划的内容

第七条 长期经营计划的制订，应充分体现科技、经济与公司发展相结合，经济发展与培养人才相结合，技术改造与提高经济效益相结合的原则。其中提高经济效益是制订长期计划的核心。

......

第六章 经营计划编制方法

第七章 经营计划的贯彻实施

第八章 附则

制度 3 公关企划管理制度

公关企划管理制度

第一条 准则

1. 所确定的公关目标应与公司的总体目标一致。

2. 所确定的公关目标应表现为某项工作所要取得结果的具体描述。

3. 实现目标的时间必须有明确的规定。

4. 所确定的目标，在时间限制、效果指标等问题上要切实可行。

5. 所确立的目标要简明扼要，一个目标只能包含一个结果。

第二条 公众的确定和分析

1. 确定目标公众是对公众认识的第一步，利用谁被卷入、谁会影响、谁受这一问题的影响等来确定目标公众。

2. 全面分析公众对公司的期望和要求，并把它与公司利益加以权衡，以此来确定公关目标的层次及分析、判断的准确与否，这是公关工作能否切中要害、能否成功的关键。

3. 在对目标公众调研和公众期望要求分析的基础上，进一步将各构成成分细分，并将其与期望要求做出相关分析，以便更深入了解目标公众，确保具体公关方案的科学性。

第三条 确定公关信息

确定信息的目的是制订出符合公关目标、符合公共关系传播规律和要求的传播内容。确定信息的主要依据是公关活动目标的内容、公关活动对象的分析资料、公关传播的基本原则和规律等。公关信息的确定应注意以下几个问题：

1. 信息的确定要适合于实现公关目标的要求，不可泛泛而谈，或漫无目的地卖弄技巧。

2. 信息的确定要有明确的主题。在同一个公关活动中所传播的信息都要围绕着一个统一的主题、统一的基调来宣传。提供给各种不同媒介的信息，也要围绕着主题来宣传。

3. 对主题的表达必须清晰、明了，有明显的个性特征并易于记忆。

……

第四条 确定传播渠道

第五条 公关计划的制订

第六条 公共关系的预算编制

第七条 对公关计划方案的事前检查

制度管人

第 3 章

⇩

行之有效的行政管理助力企业稳定运营

　　行政管理是保证企业稳定运营的重要工作，行政工作出现问题会导致企业局部或整体工作混乱。管理者应当了解规范化行政管理的相关内容，保证企业正常运转。

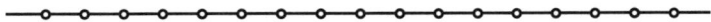

行政　+　人事　+　财务　+　营销

3.1 企业资料如何高效管理

企业资料对于企业来说属于高度机密，十分重要，如果企业资料遗失或损毁，有可能会给企业带来较大的不良影响，因此管理者要掌握高效管理企业资料的方法。

3.1.1 如何规范企业员工人事档案

员工人事档案是对员工入职信息、个人简历、劳动合同和薪酬调查等信息资料管理的统称，对企业来说至关重要。

人事档案既是企业用人的依据，也是开展管理的支撑，当企业与员工出现纠纷时还能作为法律凭证。因此，有必要掌握员工人事档案的建立方法，以便更好地为企业服务。

（1）清楚员工人事档案的作用

前面简单介绍了员工人事档案的作用，下面具体介绍员工人事档案对企业的意义和作用。具体介绍如表 3-1 所示。

表 3-1　员工人事档案对企业的意义和作用

作用和意义	具体介绍
用作决策参考	员工人事档案可以有效展现企业人力资源现状，进而为企业制定人力资源项目、招聘和培训等决策提供参考

续表

作用和意义	具体介绍
推动工作变动的展开	企业实施经营策略组织架构或岗位调整时预先做好相应人员的沟通或信息收集，能平稳和谐地开展各项变革工作，通过员工人事信息档案即可完成信息收集
查漏补缺	员工人事档案有详细的员工信息梳理，可以方便用人部门从档案管理中发现现有管理的不足和漏洞，以便及时查漏补缺，规避不必要的风险
用作法律凭证	企业在运营过程中难免与员工产生一些纠纷，员工人事档案可以为企业处理员工的有关问题提供依据和凭证

（2）员工档案涵盖的内容

员工人事档案是员工从进入企业到离职的所有相关资料的整合，因此员工人事档案应当内容全面，下面来看员工人事档案应当涵盖的内容有哪些，如表3-2所示。

表3-2 员工档案应当包含的内容

材料	具体内容
证件材料	即员工相关的证件材料，如本人身份证复印件、本人照片、学历证明复印件、职称证明复印件及评定专业技能的考核等
劳动合同	即企业与员工签订的相关合同，如劳动合同、敬业禁止协议及保密协议等
履历材料	即员工入职时提交的履历和员工在企业工作期间的履历等，包括个人简历、履历表和员工登记表等
培训材料	即员工参加相关培训的使用材料或考核材料等，如内部培训、外部培训和专业研讨会等
异动材料	即涉及公司内部员工的晋升、降职、内部调转、离职和辞退等各项工作的材料，如员工入职、员工离职、员工晋升和薪酬变更等

员工人事档案的内容是需要重点关注的，如果出现员工信息不全，或

是信息遗漏，会影响企业相关工作正常开展。

（3）员工人事档案管理

员工人事档案的管理对企业来说非常重要，管理员工人事档案也是对企业机密的保管。员工人事档案管理可以参考以下内容。

- ◆ 以人立卷，所有员工从进入本公司之日起，即为其建立员工档案。管理层人员的档案做好一人一档。
- ◆ 与《中华人民共和国劳动法》（以下简称《劳动法》）和《中华人民共和国劳动合同法》（以下简称《劳动合同法》）等条例相关的人事行为应以纸质档、电子档的方式留存。
- ◆ 员工人事档案要统一保存，由专项部门专项保管。
- ◆ 员工档案遵循条理清晰、完整真实、精确实用、系统规范、动态更新的原则。
- ◆ 档案的存放地点和存放器具应当满足防潮、防霉、防蛀和防失等档案安全要求。
- ◆ 所有纸质档案应有员工的签字或手印盖章；电子档案应当建立数据安全级别，如只读、编辑和隐藏等。
- ◆ 公司人力资源部以外的工作人员，借阅员工档案要经过批准，并办理借阅手续。
- ◆ 员工离开公司后，作业层员工档案继续保留一年，管理层员工档案继续保留两年，有特殊情况的继续保留更长时间。

3.1.2 企业文件管理要求

企业文件主要包括两类，分别是纸质文件和电子文件，因此对文件进行管理也分为对纸质文件进行归档立卷管理和对电子文件归档管理，下面分别对两种管理方式进行介绍。

（1）纸质文件归档立卷管理

文件的归档立卷指文书部门将办理完毕的、具有考查和保存价值的文件材料，按照形成过程中的联系和规律，组成案卷进行保存。

◆ 文件的整理

归档立卷之前首先需要收集、整理需要的所有文件。文件整理工作内容主要包括分类、组卷、卷内文件的整理、案卷封面的编目、案卷的装订、案卷的排列和案卷的编制等。

◆ 文件归档

文件归档指将企业文件分类保存，管理者需要做好督促和监督工作。进行归档操作时需要注意以下两点。

严禁私自占有资料。企业文件不是私人的资料，而是属于企业的公有资料，相关人员应组织妥善保管，严禁私自占有。

定期销毁。对于已经保存的许多年前的无用文档资料，相关负责人应申请并组织销毁，以保持整洁的工作环境。

◆ 文件立卷

文件立卷指按照一定的立卷原则或类目编制案卷，在此过程中需要注意如下所示的内容。

编制案卷类目。案卷类目对立卷工作的完成十分重要，它可以保证文件的完整性，便于工作人员查找并利用文件。

确定立卷归档的范围。企业每年都要处理大量的文件和材料，但不能将所有的文件、材料都立卷。立卷时应以本单位形成的文件、材料为主。

在进行立卷工作时还需要掌握立卷的方法，能够提高工作效率，如表3-3所示。

表3-3　立卷方法介绍

方　　法	具体介绍
按主题特征立卷	指将主题性质相同的文件组成案卷，主题可以概括也可以具体。例如，按公司一年中不同的业务性质进行分类
按时间特性立卷	指按文件形成的时间或文件内容所针对的时间立卷，如年度预算、季度计划、统计报表及期刊等
按作者特征立卷	"作者"指发件的个人或者部门，将统一个人或部门的文件组成案卷就是按作者特征立卷
按文件名称立卷	指将统一名称的文件、材料组成案卷，如总结、报告、批复、简报及通知等。一般情况下，此种方式与按作者特征立卷相结合使用，通常不单独使用

（2）电子文件归档管理

行政管理人员在对电子文件进行归档时首先需要了解电子文件归档的具体要求。

◆ 纸质文件的归档方法对电子文档同样适用。

◆ 电子文件管理者应在存储电子文件的载体或装具上贴上标签，注明载体序号、档号、密级和存入日期等内容，应将归档后的电子文件载体设置成"禁止写入"操作的状态。

◆ 电子文件管理者应将电子文件与机读目录、相关软件及其他说明等同时归档，并将电子文件的档案号录入电子文件登记表。

◆ 具有永久保存价值的文本或图形形式的电子档案，如没有纸质文件和其他复制件，必须制成纸质文件或缩微品等。归档时应同时保存文件的电子版本及相应支持软件、纸质版本或缩微品。

◆ 永久和定期保存的电子档案，应复制一式3套（一套封存保管、一套异地保管、一套提供使用）。

◆ 归档完毕后，电子文件形成部门应当将存有归档前电子文件的载体保存 1 年。

◆ 对需要长期保存的电子文件，电子文件管理者应将机读目录与相应的电子文件存储在同一载体中，同时应当确保载体中存储的归档文件名与机读目录名称一致。

电子文件归档通常分为两个步骤，首先对电子文件进行逻辑归档，每隔半年进行一次物理归档。

◆ 逻辑归档

对于具有稳定可靠的网络环境、严密的安全管理措施及对内容重要的电子文件制作了纸质版本的部门，可以直接向档案室实施逻辑归档。

①电子文件归档操作由具体经办人完成，办理完毕的电子文件要注明标识。档案室要会同各部门设定查询归档电子文件的权限。

②网络管理人员要把归档电子文件的物理地址存放于指定的计算机服务器上，对服务器必须采取双机备份等可靠的备份措施。

③局域网内部要有可靠的安全防范措施，并及时清除重复文件。

◆ 物理归档

物理归档指将逻辑归档的电子文件分类进行光盘制作，转换为物理形式，并制作相应的电子文件登记表。物理归档的基本要求如下。

①相关归档人员应根据归档范围，在电子文件产生时就对应归档电子文件标注一定的标记（文件题名、形成日期、编号等）。

②对于处理完毕的电子文件应进行逻辑归档，每半年进行物理归档，进行物理归档后的电子文件仍需要保留 1 年。

③对于特殊格式的电子文件，在进行归档时还需要在存储载体上同时备份查看软件等。

3.1.3 企业图书管理规范

图书管理通常只有在一些大型的企业才会涉及，小型企业不会专门设置图书室，这对中小企业来说也是一笔较大的开支。那么对于拥有图书室的大型企业而言，应当如何进行图书管理呢？

下面来看某企业的公司图书管理规定。

案例实操 **公司图书管理规定**（节选）

第一章 总则

第一条 为规范公司图书管理工作，特制定本规定。

……

第二章 图书购置

第五条 需购置图书（杂志）的品种和数量，应广泛征求有关部门的意见，由总经办档案员汇总，总经办主任批阅后报总经理审批。

第六条 凡个人提出购买图书资料的应先征得本部门经理同意，并报总经理审批后方可办理。

第七条 有关人员在购回图书后，应及时送至档案室验收归档，并由档案员在单据上签字后，方可按正常审批程序到财务部报销。

第三章 图书保管

第八条 新购图书应按顺序编号，将书名、出版社名称、著作者、册数、出版日期、购买日期、金额及其他有关资料详细登记于"本公司图书登记总簿"并填制图书卡插放于图书末页。

第九条 本公司图书由总经办档案员编制名目卡供职员查阅。

第十条 档案员对所保管的图书资料，应做到防潮、防霉、防蛀；对损坏的图书资料应及时修补、保证其完整性；对各类期刊要按年度装订成册。

第四章 图书借阅

第十一条 职员借书分为个人借书与部门借书两种，部门借书是指部门专用图书，由部门经理签字方可借用。

第十二条 公司职员因工作需要，可借阅各类图书，但必须办理借阅手续，其借还手续比照本方法第二十三条、二十四条规定办理。

第十三条 外单位借阅有关图书的，须持单位介绍信，并经主管领导批准后方可办理，但须严格限定借阅时限，一般不超过两周。

第十四条 词典、宝贵图书或被指定为公共参考图书（如词典类）只供查阅，原则上不外借。有专门需要的人员，可酌情给予配备。

第十五条 专业性强的工具书经研究能够长期借用。一种技术图书每人一次最多可借阅两册，借阅时限不得超过一个月。

第十六条 一般书报杂志随意阅览，阅毕归回原处，不得擅自带出公司或撕剪，但公司广告、公告及其他与业务有关资料剪贴供公司参考不在此限。

第十七条 职员所借之图书，如遇清点或公务上需参考时应随时通知收回，借书人不得拒绝。

第十八条 公司职员在解雇、辞职时，须将所借图书归还。

第五章 借书时间、借阅期限与册数

第十九条 借书时间限于上午 10:30 至 11:00，下午 3:00 至 4:00，其他时间概不受理。

第二十条 借书时限一律不得超过一个月，到期应立即归还，倘有专门事由需续借者，务必办理续借手续，但以续借一次为限。

第二十一条 借书册数以两册为限。

第二十二条 部门借书期间与册数不受前两条的限制，但遇调（离）职应将借用图书全部归还。

第六章 借还书手续

第二十三条 职员借书应先查阅图书名目卡片，填写借阅单向档案员取书，档案员将图书交于借书人应先抽出图书卡由借书人签字后，一并与借阅单妥为保管。

第二十四条 职员还书时应将所借图书交予档案员收讫，档案员除将借阅单归还借书人作废外，并应将图书卡归放书内。

第七章 处罚

第二十五条 职员借出图书不得批改、圈点、画线、折角、拆散、剪贴、涂写，如有损坏或丢失等情形，一律照原图书版本购赔或照原价加倍赔偿。

第二十六条 职员借书期限届满，经通知仍不还书者，或遇清点期而仍不还书者，除停止其借书权外，必要时报其直接上级论处。

该企业的图书管理规定从图书相关的各个方面对图书管理工作进行了规范，包括图书采购、图书保管、图书借阅、借书时间、借阅期限与册数、借还书手续及相关处罚规定。

从整体来看，即从图书采购保管、图书借阅和违规处罚3个方面对图书管理工作进行了规范。企业管理人员在进行企业图书管理时可以制定相应的管理制度，对图书管理和借阅的相关工作和事项进行细致的规范，从而让企业相关管理人员和员工能够按照具体制度进行操作。以上制度可供管理者参考。

3.2 企业会议如何规范

会议对于企业来说是比较常见的，企业部门会议、日常例会、股东会议及总结会议等都是企业需要经常召开的。因此企业管理者应当做好相关会议管理工作，对企业会议进行规范化管理。

3.2.1 会议室如何管理

会议室管理是一个较为复杂的内容，可以将其划分为会议室基本信息管理、会议室预约管理及会议室使用管理3个部分。

（1）会议室基本信息管理

会议室基本信息管理主要是对企业会议室的基本信息进行管理，会议室基本信息有助于管理员维护会议室的基本信息，如新增会议室信息、禁用维修状态的会议室等，确保企业员工能正常预约使用会议室。

会议室基本信息管理通常包含以下要素。

◆ **会议室名称**：区分每个会议室的名称标识。准确公布企业会议室的相关信息，避免出现企业员工想要预定会议室却不知道具体有哪些会议室。

◆ **所在位置**：会议室所在的大楼与楼层，方便用户通过位置进行筛选，快速找到距离最近的可用会议室。

◆ **容纳人数、设备情况**：会议室最多支持多少人同时进行开会，提供哪些硬件设备，如投影仪、麦克风等。

◆ **启用状态**：会议室可用状态，避免员工预约维修中的会议室，导致会议无法按时召开。

如果企业有新增的会议室，管理者要组织相关人员及时将新增的会议室信息进行公布，方便员工预定使用。

此外，需要注意会议室基本信息是否清楚对员工预定会议室也有一定的影响，如果没有会议室的详细信息，员工就无法按照参会人数选择合适大小的会议室。可能选择的会议室过大，浪费企业资源，也可能预定的会议室较小，无法满足会议需要。

（2）会议室预约管理

要做好会议室预约管理，要让会议组织者能够快速获悉目标日期的会议室信息，如哪些会议室已经被预约，哪些会议室有投影仪等。会议预约管理的最终目的就是快速筛选出符合组织人员需求的会议室，并以最少的步骤完成预约。

预约会议室至少包含以下要素。

◆ **日期**：能够向员工展示不同日期的会议室预定情况，毕竟提前一天乃至一周预约会议室是常有的事情，相关人员应做好预定信息管理工作。

◆ **楼层**：会议室多的企业，需要通过楼层来快速筛选会议室，因为一般都会在自己所在的楼层开会，因此各楼层会议室的预定和使用状况也是需要公布的信息。

◆ **会议室情况**：会议室哪些时间段被预约，会议室有哪些设备，最多支持容纳多少人，这些重要信息都需要告知会议组织者，方便其选择符合条件的会议室。

◆ **快捷筛选**：影响组织者选择会议室的要素比较多，可以将会议室空闲时间、所含设备及容纳人数等信息做成筛选项，方便用户按照自己的需求筛选出符合要求的会议室。

企业会议组织人员应按照会议预约管理的相关要求进行会议室的预定，并对会议室的设备、设施负责。

（3）会议室使用管理

会议室是企业用来召开会议或开展活动的场所，会议室的使用应当进行严格、规范地管理。如果没有按照规范使用会议室，应该受到相应的惩罚，会议室使用管理的相关内容如表 3-4 所示。

表 3-4　会议室使用管理内容

方　　法	具体介绍
会议室用途管理	会议室仅限于本公司用于举行会议、接待访客、商务研讨及招聘等工作，各部门安排的各种会议、工作需提前登记。未经允许不得擅自使用，如特殊情况需借他人使用，需通过申请经办公室同意方可
会议室使用申请	各部门因公使用会议室，需要提前填写会议室使用申请表进行报备，会议室管理人员根据会议室当前安排情况确定是否通过申请。通过申请后，应在预定时间前往召开会议，并控制好会议时间
会议室使用过程管理	会议室使用过程管理主要指在召开会议的过程中应当遵守的相关要求，例如会议室内禁止吸烟、大声喧哗；爱护公物，所有物品使用完毕后应放回原位；会议室内所有的设备、用具未经允许不得私自带出或作为他用等
会议室使用结束后的管理	会议结束后，使用会议室的相关人员负责室内桌面卫生清理和物品整理，并关好门窗、空调、电器等设施、设备的电源，切实做好防火、防盗及其他安全工作，由人员核查使用物品状况后，完成会议室的使用流程。如果因为与会人造成损失，将追究使用人的相关责任

企业管理者可能会觉得会议室管理比较麻烦，那么如何才能高效管理企业的会议室呢？主要分为两种情况，分别是企业会议室较少和企业会议室较多。

会议室较少。对一些中小企业而言会议室相对较少，这种情况下通常只需要通过简单的记录或表格统计会议室的使用情况，对会议室预定情况进行统计即可。

会议室较多。企业的会议室较多，如果仅依靠相应的管理人员通过表格、记录等形式进行管理通常难以实现，且信息较多容易出现管理混乱，影响企业会议的有序开展。这时企业就可以通过开发或购买会议室预约管理系统，从而简化企业会议室预约管理工作。图 3-1 所示为德睿电子提供的会议室预定系统。

图 3-1 会议室预定管理系统

3.2.2 明确会议记录工作的要点

会议记录指在会议过程中，由记录人员把会议的情况和具体内容记录下来，形成会议记录。会议记录有详记和略记的区别，详记要求记录的言论必须详细完整，可通过录音录像等手段记录，最终转换成文字；略记是记录会议概要，会议上的重要或主要言论。

（1）会议记录的基本要求

不同的企业对于会议记录的要求可能各不相同，但会议记录的基本要求是相同的，下面具体介绍会议记录的基本要求。

明确会议的基本信息。 准确写明会议名称（要写全称），开会时间、地点，会议性质。

会议具体情况记录。 即记录会议详细信息，包括会议主持人，出席会议应到和实到人数，缺席、迟到或早退人数及其姓名、职务，记录者姓名；如果是群众性大会，只要记参加的对象和总人数，以及出席会议的较重要的领导成员即可；如果某些重要的会议，出席对象来自不同单位，应设置签名簿，请出席者签署姓名、单位、职务等。

记录会议上的发言和有关动态。 会议发言的内容是记录的重点。其他会议动态，如发言中插话、笑声、掌声，临时中断以及别的重要的会场情况等，也应予以记录。多数发言只要求记录发言要点，即把发言者讲了哪几个问题，每一个问题的基本观点与主要事实、结论，对别人发言的态度等，做摘要式的记录。

记录会议的结果，如会议的决定、决议或表决等情况。 会议结果即通过会议得出的最终结果或达成的共识，会议记录要求忠于事实，不能夹杂记录者的任何个人情感，更不允许有意增删发言内容。会议记录一般不宜公开发表，如需发表，应征得发言者的审阅同意。

（2）会议记录的要点

前面介绍到企业会议记录通常是记录会议要点，那么进行会议记录主要需要记录哪些内容呢？

◆ 会议中心议题以及围绕中心议题展开的有关活动。

◆ 会议讨论、争论的焦点及其各方的主要见解。

◆ 权威人士或代表人物的言论。

◆ 会议开始时的定调性言论和结束前的总结性言论。

◆ 会议已议决的或议而未决的事项。

◆ 对会议产生较大影响的其他言论或活动。

通常情况下，记录人员在开会前要提前到达会场，并落实好用来做会议记录的位置。此外，企业还会针对会议记录设计专门的会议记录表。表 3-5 所示为会议记录表模板。

表 3-5　会议记录表模板

会议记录表

NO：

会议名称					
时间		地址			
主持单位		主持人		记录人	
参加者					
缺席人员及原因					
会议内容					

会议记录表的格式大同小异，都需要将会议相关的信息进行记录，包括会议名称、时间、地址以及参与者等，在会议召开的过程中填写会议内容，或是通过录音的方式记录，会后进行整理。

3.2.3 如何制定企业会议管理制度

制定企业会议管理制度是一项比较复杂的工作，各个环节需要相互协作，难以统一，为了能够对企业的会议工作进行明确规定，方便进行会议管理，则需要制定会议管理制度。

许多管理者可能觉得会议管理制度不知道从何处着手制定，通过不断总结发现，企业会议管理制度通常包括五大部分，分别是会议类别、会议组织、管理和服务，会议资料管理，会议精神督办以及会议纪律和要求。（制度主要内容之前通常会添加"总则"，用于说明制度制定的原因、原则等）

（1）会议类型

会议类型指为企业内部存在的会议类型进行介绍，不同的企业规模，涉及的会议类型有所不同。

对于大型企业而言，可能涉及总经理办公会议、中层干部会议、经济分析会议、部门日常管理会议以及全体会议等；对于小企业而言，可能包括部门会议、管理会议以及全体员工会议等。在会议类型部分需要分别介绍各种会议的具体情况、时间、参与人员以及目标等。

（2）会议组织、管理和服务

这一部分主要从会议组织、管理和服务 3 个方面来对会议管理制度进行搭建，具体介绍如表 3-6 所示。

表 3-6　会议组织、管理和服务介绍

项　　目	具体介绍
会议组织	会议组织相关的规定主要包括拟定会议题目、会议审批、确定与会人员、会议通知和会议准备
会议管理	明确会议管理部门、原则，会议室的使用和要求，例如由公司综合行政部负责统一管理
会议服务	明确会议服务内容，以及由哪个部门提供会议相关服务，如会议召开前的 30 分钟准备完毕，由会议组织部门安排服务

（3）会议资料管理

会议资料管理是对会议召开过程中的相关资料进行管理，管理者在规范会议管理资料时，可以从会议纪要的整理、会议纪要的格式以及会议资料的存档这三方面进行具体规范。

（4）会议精神督办

会议精神督办指在会议中确定或通过的事项，相关部门要监督各部门实施。管理者在规范这部分内容时，需要明确由哪个部门具体负责对企业会议精神进行监督。

其次，还需要明确各部门各员工具体需要履行何种规定，需要在多长时间内完成，以及监督结果如何处理等。例如"对会议的决议和明确的内容，责任部门和人员必须认真履行，按照会议要求的时间完成。公司行政综合部负责对会议决定事项进行分类整理，按照会议要求的时间对有关责任人和责任部门进行逐项督办，并定期向公司领导汇报。"

（5）会议纪律和要求

对于企业而言，要想会议能够高效开展，达到满意的效果，就需要强调会议的纪律，避免因为一些个人原因，浪费所有与会人员的时间，造成不必要的损失。

会议纪律可以通过会议考勤进行规范，例如要求与会员工不得无故迟到、早退，无法到场的应履行请假手续等。

会议开展过程也应当进行管理，包括会议过程电子设备使用管理、发言要求、会议时长控制以及讨论适度等。

管理者可以结合企业实际情况，通过对这 5 个方面进行具体规范，即可大致完成企业会议管理制度的制定，从而对企业会议管理工作进行具体规范。

3.3 企业办公用品采购和证照使用要点

办公用品的采购与证照的使用是企业管理中的重要工作，做好这两项工作，有助于企业更加稳定地运营。

3.3.1 会议室如何管理

办公用品一般是公司员工在日常办公中必须使用到的物品，且大多为消耗品，一旦耗尽可能会影响到正常工作。因此，管理人员要加强办公用品的管理，防止因缺少办公用品影响日常工作。

（1）提出采购申请

各部门员工在日常工作中如果出现办公用品不足的情况，应当及时向行政管理部门提交办公用品采购申请单。相关负责人员也应当定期检查各种办公用品的剩余量，提前进行采购。

（2）制订办公用品采购计划

如果管理人员每收到一份办公用品采购申请单就组织进行一次办公用品采购，不仅会降低工作效率，也会使采购工作具有局限性，不适合长期操作。

因此，相关管理人员应当要求相关部门在物品即将消耗完之前提前提出申请。管理人员在一段时间内收集多份采购申请，再制订办公用品需求计划，最后组织采购，可以在一定程度上减少工作量。

（3）办公用品采购技巧

采购办公用品是每个企业必须要做的工作，能够保证企业办公活动的正常进行。而且企业采购往往需要一次性购买大量的办公用品，所以采购的办公用品种类会非常多，数量也会很大。

面对如此烦琐的工作，必须在有限的时间内做好，这就需要企业采购人员掌握一些采购办公用品的技巧。

确定种类和数量。通过办公用品需求计划表能清楚了解办公用品的种类和数量的需求，采购过多可能导致浪费现象；采购过少可能会出现消耗过快的情况。

寻找稳定的办公用品供应商。企业采购人员可以把统计好的办公用品清单发给一些专业的办公用品公司报价，从中寻找一家专业的办公用品供应商合作。采购办公用品切忌经常换供应商，这样会浪费很多时间。

尽量统一采购。采购办公用品的项目本来就多，如果是分散采购，这样既会浪费时间，也会造成供应商成本高，导致无法长期合作。对于一些必须单独采购的应由多人组队同时采购。

3.3.2 印章启用、停用与销毁规范

印章是企业的重要物质之一，印章管理对企业来说是十分重要的。在实际工作中，有些企业的印章管理却比较混乱，这样可能会造成损失。下面主要介绍印章启用、停用与销毁的具体规范。

（1）印章的刻制和启用

印章刻制是印章管理中十分重要的一个环节，刻章单位无论刻制哪一级单位的印章，都要审核确认上级单位批准的成立该单位的正式公文，确认无误后才能刻制。

在刻制印章前，企业或部门必须填写印章刻制申请表，开具公函，并写明印章的名称、式样和规格。上级单位批准后，到企业所在地的公安部门办理登记手续。企业必须在持有公安部门颁发的特种行业营业执照的刻章单位制作印章。

需要注意的是，在印章刻制的过程中，所有人员都要严格保密。承担印章刻制工作的单位和刻制者一律不许留样和仿制，企业不许自行刻制企业印章。

在确定了印章启用时间后，企业应向相关单位发出正式启用印章的通知，注明正式启用日期，并附上印模，同时报上级单位备案。

颁发机关和使用机关、单位都要将关于启用时间的材料和印模立卷归案，永久保存。在启用日期之前，印章是无效的，只有在启用后，印章才能有效使用。

（2）印章的停用

若企业因名称变更、撤销等原因要停止使用印章，相关管理人员应该按照上级规定和要求，认真做好印章停用后的各项工作。

①行政管理人员要发文给有业务往来的单位，通知其企业已停止使用印章，并说明停用的原因，标明停用的印模和停用的时间。

②行政管理人员要彻底清查所有的印章，不能在企业长期留存停用的印章，要将其及时送交颁发单位处理。

③当旧印章停用或作废并启用新印章时，行政部门要发布"旧章作废、启用新章"的通知。分别展示出作废的旧印章和启用的新印章。

（3）印章的销毁

因单位撤销、名称改变或换用新印章而停止使用时，应及时送交印章制发机关封存或销毁，或者按公安部会同有关部门另行制定的规定处理。

通常情况下，注销公章的同时应该进行收回、销毁。如果该合同是在公章注销之前签订并盖章的，该合同有效。

拓展贴士 *印章的使用注意事项*

按规定，旧印章被停用后，便已失去原有的法人标志，不能作为现行企业职权和活动的凭证。当必须使用原企业名称时，也须使用新印章，不能使用旧印章。相关人员可以到公证处进行公证，公证"××单位"就是"原××单位"。这样做既遵守了印章使用制度，又可顺利开展工作。

3.3.3 证照的管理和使用规范

证照是企业的重要资产，也是行政管理的重要工作。下面从 4 个角度来介绍证照的管理和使用规范。

◆ 证照管理的规范

首先，需要明确证照种类，主要可以分为四类，分别是企业类（法人营业执照、组织机构代码证等）、资质类（行业经营许可证、相关资质证书、高新技术证书）、荣誉类（荣誉认证、著作权证、专利证书、版权证书）以及其他证件（房产证、土地证）。

其次，要明确相关责任，保管人员的责任是要妥善保管各类证照，做好防火、防盗、防损坏。未经批准，不得将证照转借他人，严格按照制度使用证照，严格登记使用记录。

证照使用人不得擅自使用证照进行担保，不得擅自挪作他用，试用期间不得转借他人。

对一般违规的处以通报批评和经济处罚，严重违规可以进行开除，情节严重的移交公安机关处理。

◆ 明确保管规范

首先是保管方式要规范，应由专人负责保管。还需要建立证照档案，编制证照备案登记表，严格按照保管要求进行保管。

证照管理的过程中可能出现的意外情况如证照丢失或损坏，证照管理人员要立即报告，并及时联系发证机关进行挂失或补办。

◆ 明确使用规范

证照使用人要使用证照，首先需要填写证照使用申请表，相关领导审批后，登记台账后方可使用。

需要注意的是，要使用原件必须经过总经理同意，使用复印件必须注明用途。

◆ 做好后期相关事项的办理工作

除了以上的工作内容外，有的证照还需定期进行检验、续期或变更，具体介绍如表 3-7 所示。

表 3-7　证照后期管理工作

内　　容	具体说明
检验内容	检验内容主要是依据法律法规定期检验重新认定资格
续期内容	对于有效期限规定的证照，需要定期到发证机关进行续期
变更内容	企业的经营范围、服务内容、企业法人及注册资本等发生变更时要重新办理证照

3.4　企业网络信息管理规范

在当下互联网使用较为频繁的情况下，企业内越来越多的工作都由纸质文件转换为了电子文件，因此，网络的安全性问题就显得尤为突出，需要企业相关管理人员引起重视。

3.4.1　如何规范企业内部互联网接入

要加强企业的互联网管理，首先需要加强企业内部互联网接入管理，对员工的操作进行规范，从而起到管理网络的作用。不仅如此，规范员工的上网操作还能有效避免网络故障和网络病毒。

下面将具体介绍互联网接入的规范要求。

◆ 各位职工可根据实际工作需要，填写网络申请表，经部门领导同意，与企业签订网络使用安全责任书后，向信息部门申请账号上网（申请书和责任书各一式两份，申请人与信息部门各执一份）。职工离、退休后或调离本单位，账号将被注销。

◆ 各部门应加强对使用人员的教育、管理工作，使用人员不得随意更改配置和参数。

◆ 员工应当按照国家有关法律、行政法规，严格执行安全保密制度，不得利用国际互联网从事危害国家安全、泄露国家秘密等违法犯罪活动，不得制作、查阅、复制和传播妨碍社会治安的信息。

◆ 不得泄露本企业有关生产、销售、技术以及其他需要保密的内容，不向他人发送恶意的、有损企业形象的电子邮件、文件和商业广告。

◆ 用户不得在互联网上进行大量与工作无关的查询和交谈，特别是浏览股市及暴力色情信息，不得浏览国家禁止登录的网站。

信息部门在整个上网接入服务中，有权对所有上网用户进行实时监控，并对上网用户的上网记录进行抽样检查，如果出现不规范的上网记录要及时提醒相关员工，若发现重大违规现象应当上报相关领导，进行后续处理。

信息部门根据服务器自动记录的上网数据，对违规用户将上报企管科进行统一考核并立即终止该用户的上网服务，如需再次开通必须经过该部门主管领导签字认可。

3.4.2 网络系统维护管理要点

网络系统维护是网络管理的工作职责之一，网络管理员需要引起重视，那么网络系统维护管理的要点主要有哪些呢？下面分别从网络管理的要点进行介绍。

◆ 网络管理员在提供现场支持服务前，应做好相应的准备工作，避免到时手忙脚乱。现场支持服务过程中，使用规范的服务用语，凡涉及用户数据等相关方面的操作，都应转交终端维护人员处理。服务完成后，应做好相关记录单，每月对维护记录进行汇总和总结。

◆ 对于现场无法处理的问题才允许进行网络远程支持服务。如网络远程支持服务涉及网络配置更改，必须在调试前备份设备的配置文件。

◆ 若公司网络出现重大问题，如违法性网络行为、网络瘫痪等，应进入事件处理流程并向主管领导汇报。

◆ 网络系统管理员应定期检查网络设备的运行情况，所有的网络设备应该至少每天检查一次，做好检查记录。

◆ 网络系统管理员应定期备份网络设备的配置，定期修改网络设备的维护密码，确保维护密码安全。

◆ 网络管理员只允许通过命令方式进行调试设备，并确保调试失败能通过设备重启恢复上次配置，而不能够对系统进行修改或重装。服务完成后，应做好相关记录单。

3.4.3 信息保密管理规范

由于现在网络较为通畅，信息流动速度较快，因此对企业机密数据的保护也变得十分困难，企业内部的资料通过网络向外流出的可能性较大，企业管理者要引起重视。

企业内部的某些信息属于企业内部的机密资料，通常企业都会要求进行保密，公司机密通常可以分为绝密、机密和秘密 3 个等级。常用保密措施工作要点如下。

◆ 加强保密教育

各部门的办公室必须加强对办公人员的信息保密教育，加强工作人员的保密观念，使他们了解保密工作的重要性，了解新时期保密工作的特点。

各部门领导和办公人员都必须遵守国家的保密规定，学习保密知识，养成良好的保密习惯。

◆ 建立保密制度

仅靠信息保密教育并不能保证不失密，还需要有制度进行规范，因此各部门一定要建立一套完整的保密制度。

制度的具体内容应根据各部门的具体情况来确定，一般应包括文件信息保密、会议信息保密、档案信息保密以及通信保密等。

有了制度还要经常检查执行情况，使制度不断完善，不流于形式，使保密工作经常化、持久化、规范化。

◆ 严格挑选机要人员

保密工作的好坏，保密制度能否执行，与工作人员的责任心和业务水平有重要关系。因此，各部门对机要保密人员一定要坚持"先审后用"的原则，严格挑选。对他们要加强管理，严格要求。

某知名企业就出现过一名子公司的前员工拿走了包含员工信息的外部硬盘，最终导致企业大量员工的信息被泄露，最终给该企业造成了较大的负面影响。

由此可见，通过各种高新技术加强保密管理固然重要，企业内部员工给信息保密带来的影响则更大。对于企业接近高度机密信息的员工一定要严格挑选，保证机密信息安全。

3.5 相关制度模板

制度 1 企业文件管理制度

企业文件管理制度

第 1 章 总则

第 1 条 目的

通过对公司内部文件控制流程进行管理，使文件管理控制工作更加系统、科学、规范、高效，以保证各部门及人员及时、正确地使用有效文件，提高工作效率。

第 2 条 适用范围

本制度中的"文件"包括公司日常运营过程中产生或所需的文件资料、公司业务往来公文以及公司对内发布的所有流程、制度、作业标准与规范、作业指导书等。

根据公司各类文件的性质进行纵向层级划分，可分为下列五级文件。具体如下所示。

（1）一级文件：公司章程、基本法、质量手册等体系文件、公司营运资质证照等。

（2）二级文件：公司核心的业务流程和管理流程等。

（3）三级文件：公司日常工作流程和制度。

（4）四级文件：各部门、车间内部文件。

（5）五级文件：各类记录。

第 3 条 管理职责划分

（1）各级主管副总主要负责所辖职责范围内的文件进行审核、批准工作，其中，总经理（或管理者代表）还承担着对公司各类体系文件进行定期评审的职责。

（2）总经理办公室主要负责公司一级文件的组织编制、审核，以及二级文件的会审组织工作。

（3）综合管理部负责本制度的编制、解释与修订工作，并由行政专员负责公司营运、资质类文件资料的保管；其中，综合管理部下辖体系文件管理室，并由专门文员专职负责公司各类体系文件的统一编号、收发、存档、作废等管理事宜。

第 2 章 公司内部文件编码细则

第 3 章 公司各级文件编制、审核、审批规定

第 4 章 文件发放管理规定

第 5 章 公司内部文件使用与借阅规定

第 6 章 公司内部文件更改、回收、作废与评审规定

第 7 章 附则

制度 2 企业会议管理制度

企业会议管理制度

第一章 总则

第一条 为规范会议程序，提高公司总体决策管理能力和办事效率，保证公司各项管理工作规范、高效、有序，特制定本制度。

第二条 会议召开原则。

（一）高效原则。会议召开应确有必要，注重实效，主题鲜明，准备充分，严禁召开没有明确目的、缺乏实际内容的研讨会、座谈会、经验交流会等。

（二）精简原则。大力精简会议，尽量缩短会期，控制会议规模，减少与会人员。尽量控制大型会议召开；能合并召开的会议统筹合并召开；对可开可不开的会议坚决不开；对能会下协调解决或用其他方式解决问题的尽量不会议。

（三）节约原则。会议要厉行勤俭节约，严禁铺张浪费。

第三条 与会人员对会议的各表决意见及有关保密内容做到：不该说的不说，不该问的不问，不该看的不看，并严格遵守执行会议的各项决定。

第四条 会议按类别、内容不同由相关单位和部门组织，会议管理归口行政综合部，负责指导和统筹协调公司各类会议工作，制定和修订会议管理有关规章制度并监督执行。

第五条 本制度适用于公司及所属各单位各类会议的组织管理。

第二章 会议类别

第六条 本制度所指的会议包括公司总经理办公会议、中层干部会议、经济分析会议、经营管理协调会议、专题会议、部门日常管理例会和接待会议等。

第七条 专题会议指公司有关生产管理、安全管理、质量管理、市场管理、资金管理、经营管理、预算管理、合同评审等会议。

......

第三章 会议的组织、管理和服务

第四章 会议资料管理

第五章 会议精神的督办

第六章 会议纪律和要求

第七章 附则

制度 3 办公用品管理制度

办公用品管理制度

一、总则

（一）为加强办公用品管理，规范办公用品领用程序，提高利用效率，降低办公经费，特制定本制度。

（二）办公用品分为固定资产和一般办公用品

1. 固定资产主要指桌椅、公文柜、电脑、电话机、打印机、复印机等，固定资产需要遵守固定资产管理制度。

2. 一般办公用品包括剪刀、胶条、胶棒、橡皮擦、回形针、直尺、订书器、涂改液、裁纸刀、签字笔、铅笔、信笺、信封、打印纸、复印纸、复写纸、印刷品、印泥、订书针、大头针、夹子、图钉、名片、账册、卷宗、档案袋（盒）、标签、纸杯、计算器、电池等。

（三）员工对办公用品应本着节约、杜绝浪费的原则。对于消耗品第二次发放起，必须实行以旧换新。

（四）每名员工须建立个人领用台账。办公用品应为办公所用，不得据为己有，挪作私用。

（五）不得用办公设备干私活、谋私利。不许将办公用品随意丢弃废置。精心使用办公设备，认真遵守操作规程。

二、办公用品计划

（一）各部门根据本部门办公用品消耗和使用情况，每月 25 日前编制并提报下月办公用品领用计划，部门负责人审批签字后报行政管理中心。经行政总监审核后方交办公用品管理员进行登记申领。（附件：部门办公用品申领单）

（二）管理员核对办公用品领用申请表单与办公用品台账库存后，编制办公用品申请购置计划表，经行政总监、董事长／总裁审批签字后，将采购计划交由采购中心进行采购。

三、办公用品购置

（一）采购中心根据审批签字后的办公用品申请购置计划表实施购买，并于月底完成。

（二）采购员须经常调查办公用品供应商及市场价格，要保证最优性价比和质量。

……

四、办公用品的发放及领用

五、管理员职责

六、办公用品的交接与收回

制度4 印章管理制度

印章管理制度

1. 总则

1.1 目的：为规范印章的管理和使用，确保印章管理的安全性、严肃性、有效性，特制定本制度。

1.2 适用范围：本制度适用于集团总部及各公司。

2. 印章种类

2.1 法人印章：集团公司及具有独立法人资格的各公司公章。

2.2 专用印章：集团及具有独立法人资格的各公司履行某种特定职责和权力的印章（包括合同专用章、财务专用章、项目部章等）。

2.3 法定代表人印章：公司法定代表人用来行使职权的个人印章。

3. 印章的归口管理

3.1 集团办公室为集团印章归口管理部门，负责集团总部和各公司各类印章的管理、使用监督、印章刻制的审批。

3.2 集团总部财务部是财务专用章的归口管理部门，负责集团总部及各公司财务印章的使用管理。

3.3 集团法定代表人印章由办公室和财务部各保管一枚。

4. 印章的刻制

4.1 因公司新设或更名需刻制印章的，由集团办公室法律事务人员负责，严格按照工商行政部门的要求进行刻制，刻制完毕后交相应的印章管理人员保管并报上级印章管理部门备案。

4.2 因损坏或使用时间过长不能继续使用的印章，需由印章管理部门提出申请，分管领导审批后，由集团办公室印章保管人员严格按照工商行政部门的要求进行刻制。印章管理部门需在印章更新后通报财务部门。

4.3 集团公司、各公司不允许私自刻制部门章。

4.4 所有印章只能刻制一枚，不得重复刻制。

4.5 印章管理部门接收新刻印章后，应在印章信息统计表上拓具印模并标明经手人及接收时间，并妥善保存。

5. 印章的保管

6. 印章的加盖与外借

7. 印章的停用、销毁

8. 罚则

制度 5 网络管理制度

网络管理制度

为了有效、充分发挥和利用公司网络资源，保障网络系统正常、安全、可靠地运行，保证日常办公的顺利进行，规范网络建设工作，建立信息网络系统，发挥计算机网络的作用，提高办公效率，改善管理方法，提高管理水平，特制定本制度。

一、适用范围及岗位设置

（一）集团公司总部、所属子公司及项目公司或项目部。

（二）集团公司总部设网管员，子公司及项目公司或项目部设网管员或相应管理员。

二、机房管理

（一）机房的日常管理、维护工作由网管员专职负责。

（二）机房内各种设备的技术档案，由网管员或相应管理员妥善保管并建立机房内各种设备运行状态表，并报集团公司网管员备案。

（三）机房需保持环境清洁卫生，设备整齐有序。由网管员每周对设备进行一次维护保养、加负载满负荷运行测试设备性能以保证公司网络正常运行。（维护、维修记录表）

（四）未经许可，非机房工作人员不得随意进出机房。

（五）为保证机房设备运转，未经允许，不得改动或移动机房内的电源、机柜、服务器、交换机、换气扇等设备。

（六）未经网管员或相应管理员授权，严禁他人开关、操作服务器、交换机等各种网络设备。

（七）未经总裁或子公司总经理批准，不能带外来人员参观机房设备，禁止在服务器上演示、查询信息，收、发 E-mail，浏览网页，上 QQ 等网上操作。

三、电脑办公网络管理

（一）电脑及其配件的购置、维修和使用。

1. 需要购买计算机及其备品配件的，先由申请部门的使用人填写申购单，相应的配置型号由总裁办网管审核后执行办公物资申购程序。

2. 电脑及办公设备（复印机、打印机、传真机、投影仪等）需外出维修的，必须填写申请单经总裁办或子公司负责人签字后方可外出维修，如设备未出保修期，由网管员或相应管理员通知供应商及设备售后维修部更换及维修。

四、电脑外设、办公设备及耗材管理

五、信息的安全保密

六、处罚

七、本制度于颁布之日起试行。

制度管人

第 4 章

完善人力资源，做好企业人事管理

人力资源对于企业的重要性不言而喻，企业工作需要由员工承担，做好人力资源管理能够确保企业的各项工作有条不紊地开展，让员工都能愿意为企业工作，促进企业与员工共同发展。

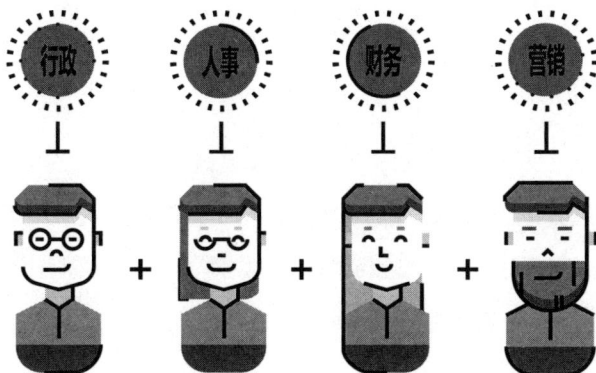

行政 ＋ 人事 ＋ 财务 ＋ 营销 ＋

4.1 员工招聘与培训工作重点

员工招聘与培训是人力资源管理工作中较为重要的部分，通过员工招聘能够为企业注入新鲜血液，招聘到适合企业的优秀人才，提升企业的竞争力；通过培训不仅能让员工更加适应企业，尽快融入企业工作，还能够提升员工的技能水平，帮助员工快速进步。因此，做好招聘与培训工作能够帮助企业拥有更好的发展潜力。

4.1.1 面试和录用的基本流程

员工招聘工作是一项较为繁杂的工作，涉及较多部门和较多员工，企业管理者要注意协调其中各方的关系。在招聘的各项工作中，需要特别引起重视的是员工的面试和录用工作。

员工的面试与录用不仅是招聘流程中的重要阶段，也是决定整个招聘工作能否招聘到符合企业要求的人才的重要阶段。因此，做好企业面试和录用工作就显得尤为重要。

对于企业管理者而言，如果要亲自对面试和录用的各项工作进行管理显然是难以实现的，因此要想面试和录用工作顺利进行，可以设计面试和录用基本流程，让相关部门按照流程办事，避免面试和录用工作变得混乱，影响最终结果。面试和录用基本流程如图 4-1 所示。

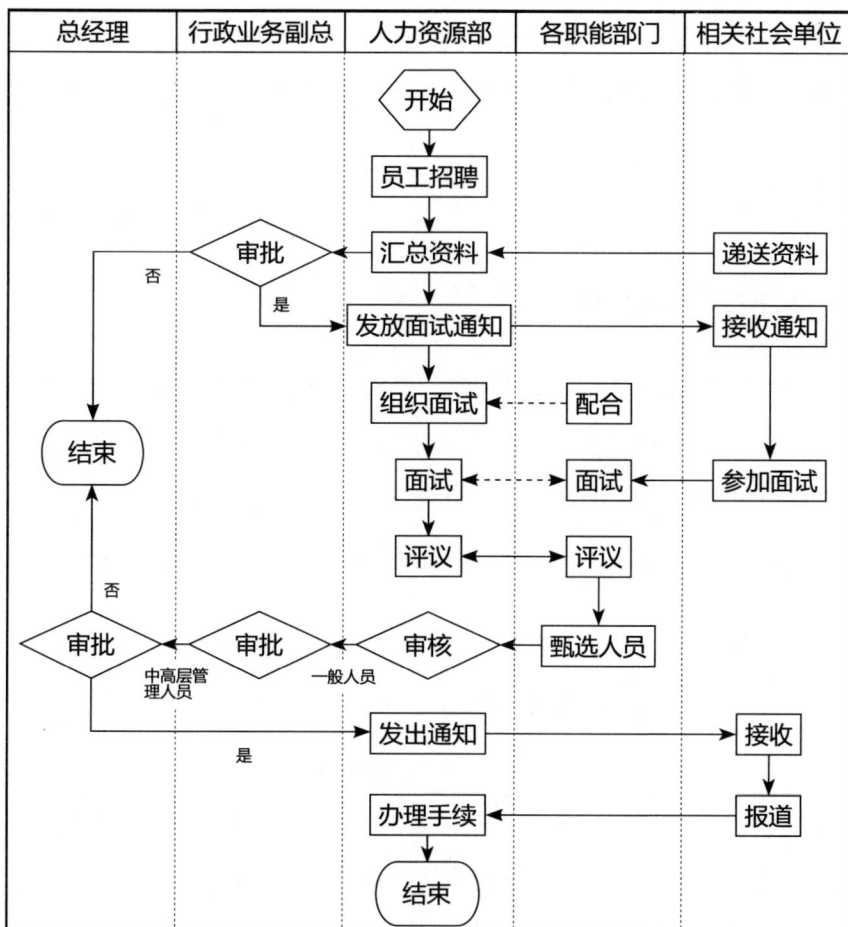

图 4-1　面试和录用基本流程

从图 4-1 可以看到，通常情况下面试过程涉及企业的 4 个部分，即各职能部门、人力资源部、行政业务副总和总经理，相关社会单位指的是应聘的社会人士。企业各部分的作用如下。

- ◆ **各职能部门**：负责配合组织面试、参与面试、参与评议工作以及甄选符合条件的人员。

- ◆ **人力资源部**：负责组织面试、汇总资料、参与评议、审核待录用人员、发出通知和办理入职手续。

◆ **行政业务副总**：负责审核汇总资料、审批待录用的一般员工和中高层管理人员。

◆ **总经理**：审批待录用的中高层管理人员。

4.1.2 劳动合同如何管理

劳动合同是劳动者与企业之间签订的确定双方权利义务关系的书面协议，劳动合同是双方履行义务和享有权利的法律依据。因此，企业对于劳动合同的管理构成了企业管理的一个重要部分，十分必要和重要。

那么劳动合同应当如何进行管理呢？管理者主要可以从以下几个方面进行。

（1）重视劳动合同的终止与续签

在企业员工劳动合同到期后，不能够将劳动合同续签工作视作一项手续来完成，员工是否能够续签合同，管理者需要特别注意，应当安排相关人员对员工进行认真考核，考核结果决定是否续签合同。

劳动合同是否续签，对职工本人来说也是一次重新选择的机会，如下例所示。

某员工的劳动合同到期后，认为自己不太适合本岗位的工作，而愿意从事管理岗位工作，因此决定不继续续签合同，而是选择其他更适合自己的岗位。

此外对于企业表现较差、出勤不出力或是不能胜任的职工，应当直接终止劳动关系，不能因为一些其他原因继续续签，否则容易给企业造成诸多隐患，影响企业工作。

（2）企业用工需实施规范化管理

企业应当禁止各部门私自聘用未办理用工手续的人员，企业用工制度应规范化，避免形成无效的用工合同，一旦形成事实劳动关系会对企业造成一定损失。

有的部门认为聘用临时工，方便使用，还可以在一定程度上避免缴纳社会保险费及录用手续，双方就工资问题谈妥后即可使用该员工。实际上并非如此，由于很多用人单位与劳动者之间没有签订劳动合同，给双方的劳动关系界定带来了很多麻烦。一旦发生纠纷，单位往往是得不偿失，要投入很多不必要的精力来处理这些事情。

（3）完善员工合同管理的措施

企业劳动合同的管理，是企业管理的一项非常重要的工作。因此，企业应高度重视，加强领导，切实做好加强劳动合同管理、完善劳动合同制度的工作，具体措施如表 4-1 所示。

表 4-1　完善员工合同管理的措施

措　施	具体介绍
加强劳动合同管理的宣传	加强劳动法律、法规和劳动合同管理重要性的宣传和教育，提升员工的合同意识。教育和引导广大职工特别是各级管理人员，认清加强劳动合同管理的必要性和重要性，增强法制意识，使各级管理人员改变企业内部的不合理用工形式，使广大职工增强依据劳动合同来维护自身合法权益的自觉性
严抓合同管理的 3 个环节	①拟定劳动合同环节。劳动合同文本和其补充条款既要符合本单位实际情况，又要符合劳动者所在岗位或所任职务的情况 ②合同期管理环节。应着重把握好固定期限、无固定期限、以完成一定工作为期限这 3 种劳动合同期限的区别。根据劳动者情况的不同和企业职工队伍结构及其对职工需求情况的不同，有区别地签订劳动合同 ③劳动合同终止和续签环节。前面介绍过，劳动合同到期后不能简单地办理续签合同手续，必须进行考核，视考核情况再做决定

续表

措　　施	具体介绍
加强劳动合同的监督检查	企业劳动合同主管部门，要定期对劳动合同的管理情况进行检查，及时发现和解决劳动合同管理工作中出现的问题，提出改进和完善的对策和措施
专人负责落实责任	企业必须配备专职人员或兼职人员从事劳动合同管理工作，并且落实责任制，对违反规定的管理人员进行处罚
加强培训和信息交流	企业应当与其他企业加强交流与信息沟通，及时总结并相互借鉴成功的劳动合同管理经验，取长补短，相互促进。此外，企业应加强对职工和有关管理人员的培训，使他们能适应当前劳动合同管理的需要

此外，要加强企业劳动合同管理，还可以通过制度的形式，明确与企业劳动合同相关的事项。下面具体来看某企业的劳动合同管理制度。

案例实操 某企业劳动合同管理规定（节选）

1. 总则

1.1 目的。

为了规范本公司的劳动合同管理工作，促进依法履行劳动合同，保护公司与员工的合法权益，根据《中华人民共和国劳动法》和有关法律、法规，结合本公司实际情况，制定本制度。

1.2 适用范围。

在本公司工作与公司签订劳动合同的所有员工。实行劳动合同制度，无论公司管理人员还是一般员工，所有员工必须熟悉了解劳动合同管理制度，依照劳动合同管理制度调整、稳定、和谐本公司的劳动关系。

2. 管理部门：行政中心人事部

3. 职责

3.1 认真学习并贯彻执行有关劳动合同的法律、法规和政策。

3.2 依据本制度办理劳动合同的订立、续订、变更、解除、终止等手续。

3.3 加强劳动合同的基础工作，实行动态管理，促进劳动合同管理的规范化、标准化。

4. 劳动合同的订立

4.1 劳动合同以书面形式订立。公司遵循自愿、公平、公正的原则，提供劳动合同文本。劳动合同一式两份，公司和员工各执一份。签订劳动合同时，公司有义务为员工解释合同条款内容。

......

5. 劳动合同的解除和终止

5.1 劳动者有下列情形之一的，公司可与劳动者解除劳动合同：

5.1.1 在试用期期间被证明不符合录用条件者。

5.1.2 严重违反用人单位的规章制度的。

5.1.3 严重失职，营私舞弊，给用人单位造成重大损害的。

5.1.4 劳动者同时与其他用人单位建立劳动关系的，对完成本单位的工作任务造成严重影响，或者经用人单位提出，拒不改正的。

......

从以上劳动合同管理的部分内容可以看出，通常由企业的人事行政中心负责对企业劳动合同进行管理，要求学习并贯彻相关法律法规，根据制度内容订立、变更和解除劳动合同，加强劳动合同动态管理，促进劳动合同规范化和标准化。

4.1.3 员工培训如何开展

员工培训指一定组织为开展业务及培育人才的需要，采用各种方式对员工进行有目的、有计划的培养和训练的管理活动。通常情况下，企业都会面对需要培训的情况，因此了解培训的开展十分重要。

员工培训按内容来划分，可以分为员工技能培训和员工素质培训。员工技能培训是针对岗位的需求，对员工进行的岗位能力培训；员工素质培训是对员工素质方面的要求，主要有心理素质和个人工作态度等培训。

按照培训发生时间不同，可以将培训分为入职培训和其他培训。员工入职培训指在完成招聘工作员工入职前进行的培训，旨在帮助员工尽快熟悉岗位工作，融入集体；其他培训则包括除入职培训外的其他培训，如技能培训、员工职业操守培训等。

了解了培训的分类后，要想合理开展培训，管理者还需要了解常见的培训方法有哪些，具体如表4-2所示。

表4-2　常见的培训方法

培训方法	具体介绍
讲授法	属于传统的培训方式，运用起来方便，便于培训者控制整个过程。但是信息传递、反馈效果差。常被用于一些理念性知识的培训
视听技术法	通过现代视听技术（如投影仪、DVD、录像机等工具），对员工进行培训，直观鲜明。但学员的反馈与实践较差，且成本高，内容易过时。多用于企业概况、传授技能等培训内容
网络培训法	是一种新型的计算机网络信息培训方式，投入较大。符合分散式学习的新趋势，节省学员集中培训的时间与费用。这种方式信息量大，新知识、新观念传递优势明显，更适合成人学习
个别指导法	师徒传承也叫"师傅带徒弟""学徒工制""个别指导法"，是由一个在年龄上或经验上资深的员工，来支持一位资历较浅者进行个人发展或生涯发展的体制

培训方法	具体介绍
角色扮演法	受训者在培训教师设计的工作情况中扮演其中角色，其他学员与培训教师在学员表演后作适当的点评。由于信息传递多向化，反馈效果好、实践性强、费用低，因而多用于人际关系能力的训练

虽然培训方法多有不同，其各自的特点也不相同，但培训都需要指定计划和实施。

（1）制订培训计划的步骤

在培训正式实施之前都需要制订培训计划，一方面让培训工作顺利开展，另一方面也能方便领导审批，制订培训计划的步骤如图 4-2 所示。

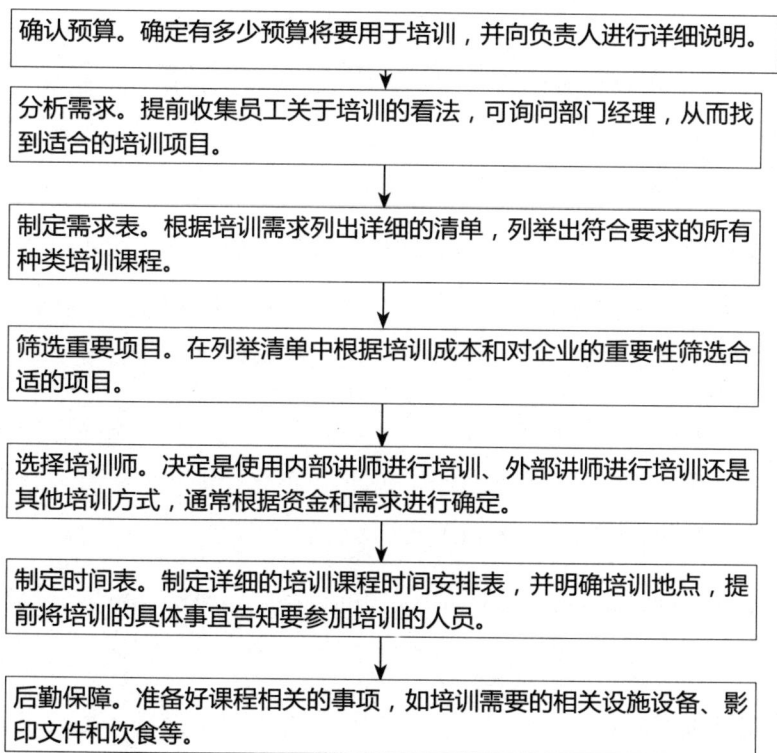

确认预算。确定有多少预算将要用于培训，并向负责人进行详细说明。

分析需求。提前收集员工关于培训的看法，可询问部门经理，从而找到适合的培训项目。

制定需求表。根据培训需求列出详细的清单，列举出符合要求的所有种类培训课程。

筛选重要项目。在列举清单中根据培训成本和对企业的重要性筛选合适的项目。

选择培训师。决定是使用内部讲师进行培训、外部讲师进行培训还是其他培训方式，通常根据资金和需求进行确定。

制定时间表。制定详细的培训课程时间安排表，并明确培训地点，提前将培训的具体事宜告知要参加培训的人员。

后勤保障。准备好课程相关的事项，如培训需要的相关设施设备、影印文件和饮食等。

图 4-2

拓展贴士 *培训预算注意事项*

在制订培训计划的过程中，还需要考虑教材的问题。如果需要使用公开出售的教材则需要提前进行购买；如果使用企业内部的教材，则需要提前进行复印；如果需要使用培训师自己编写的对外不公开的教材，则需要提醒员工做好记录。

（2）培训计划的实施

培训计划制订后，如何实施无疑是最关键的。这个过程决定了培训的成败，要想培训计划按质按量地实施，会涉及以下几个方面，需要引起相关负责人重视。

确定培训师。要寻找到一位合适的培训师不是一件容易的事，企业要培养一位合格的培训师需要花费较高的成本，而培训师的好坏直接影响到培训的效果。一位优秀的培训师既要有广博的理论知识，又要有丰富的实践经验，还要有吸引人的高尚人格，才能让培训较好地开展。

确定教材。一般由培训师确定教材，教材来源主要包括外面公开出售的教材、企业内部的教材、培训公司开发的教材和培训师编写的教材。高质量的教材应该是围绕目标、简明扼要、图文并茂、引人入胜。

确定培训地点。培训地点的优劣也会影响到培训的效果。培训地点通常有几种选择，分别是企业内部的会议室、企业外部的会议室、酒店内的会议室。要根据培训的内容来布置培训场所。

准备好培训设备。进行培训所需要的设备，常见的如电脑、投影仪以及屏幕等。

决定培训时间。要考虑是在白天，还是晚上，工作日还是周末，旺季还是淡季，何时开始，何时结束等问题。

发通知。要确保每一个应该来的人都收到通知，因此最后有一次追踪，使每一个人都确知时间、地点与培训基本内容。

4.2 员工考核与薪酬要点详解

员工考核与薪酬都与员工息息相关，也是员工比较关注的。员工业绩的考核决定了员工对企业的贡献和自身的价值。薪酬则是员工通过劳动获得的回报。管理者需要了解这两者的内涵以及如何进行规范管理。

4.2.1 试用员工如何规范考核

试用员工是通过企业面试的员工，正处在试用期的员工。试用期员工考核在许多企业往往很随意，没有具体规定，完全看员工的表现，难以进行具体量化。

针对这种情况，管理者应当结合行业和企业的实际情况制定符合自身的试用员工考核规范，其实试用期的员工通常可以通过量化指标进行考核，最终确定员工是否合格。常见的通用性量化指标如下。

①试用期内的考勤可以作为通用型考核指标，如试用期内超过多少次的请假或迟到早退等，可以作为不适用的一个硬性指标。

②培训考试合格。在试用期内，可以通过员工培训后进行考试对试用期员工进行考核。这也代表着试用期员工对新公司新工作的认可和融入程度，如考试不合格，可以作为不适用的一个硬性指标。

③工作任务完成项有几项不达标。如果试用期内的员工，有几项工作

没有完成或达到预期，可以作为一个硬性指标进行考核。

此外，还可以针对各岗位的工作内容和特点进行量化指标的设定，如司机岗位，不能出现主观违章；如客服岗位，不能出现客户投诉等，一方面在员工入职后即进行讲解和要求，另一方面，积极关心并帮助新员工及早适应公司，提供必要的工作资源与信息。

需要注意的是，即使量化考核，也需要人性化关怀，新员工由客观因素导致的工作失误与拖延，企业还是要有容人之心。企业引进优秀的人才，人才选择合适的平台，唯有双赢，才能共赢。如下所示为某企业试用员工的通用考核指标。

案例实操 **某企业的试用期员工的通用性量化指标**（节选）

3. 新员工在入职一个月内须接受入职培训，培训考核成绩作为转正条件之一，不参加培训或考试成绩不满 70 分者不予转正。

4. 试用期内，有下列情形之一的，终止试用，解除劳动合同：

4.1 无故旷工 1 天及以上的。

4.2 每月事假累计超过 3 天的。

4.3 每月病假累计超过 5 天的。

4.4 当月考核成绩为"差"的。

4.5 单项考核成绩不足 50% 的。

4.6 明显不能胜任工作的。

4.7 违反《员工手册》及集团其他规章制度规定的。

5. 试用期内，有下列情形之一的，可以延长试用期一个月。

5.1 每月事假累计超过 1 天不足 3 天的。

5.2 每月病假累计超过 3 天不足 5 天的。

5.3 试用期满，考核成绩为"一般"的。

5.4 集团制度规定的其他情形。

4.2.2 管理人员应当如何考核

管理人员和企业的一般员工有所不同，对于管理人员的考核需要特别注意。下面具体介绍针对企业管理者常见的考核指标，具体如表 4-3 所示。

表 4-3 管理者常见考核指标

注意事项	具体介绍
领导能力	管理人员必须具备一定的领导能力，管理者要追求效力，必须以身作则，能够经常给予员工必要的帮助，足够了解自己的下属
计划性	作为高层管理人员，其工作中的决策往往是战略性的，因此，在实施之前必须要有周密的计划
预见性	在工作中，计划的实施难免会遇到一些困难和阻力，高层管理者在制订计划之前必须对此要有充分的考虑，甚至应该在开展一项工作之前进行预算
危机处理能力	企业发展的最大敌人可能要算企业的危机，企业要想获得较好的发展就需要具备危机感，特别是企业管理人员，应当具备一定的危机处理能力
管理能力	管理者主要是对企业各项事务进行组织和管理，无论是人力资源管理，还是财务管理等，都在一定程度上依赖于高层管理者的管理能力，要努力控制企业高级人才的流失率
创新能力	企业或组织在考核中会不断遇到各种各样的问题，作为高层管理者，必须要有很强的创新能力，不断寻求更好、更新的方法去解决这些问题，突破企业发展的瓶颈

注意事项	具体介绍
人才培养能力	企业高层管理者，在平时的工作中应当注重培养更多的人才，这些人才将是企业的发展希望
沟通和协调能力	高层管理者由于工作原因，会经常处理一些部门与部门、员工与员工之间的矛盾；由于工作中的阻力，一些员工也会寻求与高层管理者进行沟通交流，解决自己的实际问题；另外，高层管理者与企业决策者的沟通对于自己部门或组织的发展也有着重要的意义
年度业绩考核	考核小组统计高层管理人员所领导部门的月度目标实现情况，并最终汇总出年终业绩指标

下面来看某企业的管理人员考核制度。

案例实操 管理人员考核制度（节选）

第五章 考核权限

第九条 对部门的整体考核，由公司主管领导和基层单位按专业管理系统分别进行。

第十条 对部门正副职的考核，由公司主管领导，相关部门的负责人和部室内一般管理人员负责。

第十一条 对项目部、专业公司行政一把手的考核由公司主管领导、相关部门和所在单位的一般管理人员负责。

第十二条 对机关一般管理人员的考核，由部门正、副职和本部室的其他管理人员负责。

第十三条 对项目部、专业公司（除行政一把手以外）其他管理人员的考核由各单位自行组织。

第六章 考核内容

第十四条 对部门的考核：以基本职责的完成情况为主要依据，涉及内容包括：业务指导能力，为基层服务的意识，服务的质量，监督检查的力度等方面。

第十五条 对部门正副职的考核以部门的业绩为主要考核依据，内容包括组织管理能力，业务指导能力，为基层服务的意识，团结协作的精神等方面。

第十六条 对各单位一把手的考核，以各单位效益为主要考核指标，内容包括对接市场承揽任务的能力，管理协调能力，指标完成情况，单位整体效益等方面。

第十七条 对一般管理人员的考核，以岗位职责的完成情况为主要依据，内容包括岗位工作的完成情况，工作态度，责任心，劳动纪律等方面。

第七章 考核标准

第十八条 对部门工作的整体考核，标准为很满意、满意、基本满意和不满意四项。考核人对被考核人的考核结果所占比例为：

主管领导占50%，基层单位占50%。

第十九条 对部门正副职的考核，标准为优秀、称职、基本称职和不称职四项。考核人对被考核人的考核结果所占比例为：

主管领导占20%，基层单位对部门整体的考核结果占20%，相关部门负责人占10%，本部室内一般管理人员占50%。

第二十条 对项目部、专业公司一把手的考核，标准为优秀、称职、基本称职和不称职四项。考核人对被考核人的考核结果所占比例为：

公司领导占 20%，相关部门占 20%，指标完成情况（以责任状为准）占 30%，所在单位的管理人员占 30%。

第二十一条 对一般管理人员的考核，标准为超额完成、完成、基本完成和未完成四项。考核人对被考核人的考核结果所占比例为：

部门正副职占 50%，基层单位对部门整体的考核结果占 10%，部室内相关管理人员占 40%。

以上为某企业的管理人员考核的相关内容，首先明确了企业管理人员考核的相关权限，明确由谁进行考核。

接着介绍了各部门和企业管理人员对应的考核内容以及各项考核内容的考核标准，方便考核内容落实。

4.2.3 如何建立合理的薪酬制度

薪酬制度对于企业和员工来说都十分重要，建立薪酬制度首先需要建立合理的薪酬体系，这也是薪酬制度的重中之重。合埋的薪酬体系能够帮助企业留住人才，甚至吸引人才，下面进行具体介绍。

（1）建立合理薪酬体系的步骤

薪酬体系具有一定的规范性，在制定时需要遵循一定的步骤，才能使制定的薪酬体系内容完备，符合实际需求。

◆ 工资分配模式多元化

工资分配的模式主要包括职务工资、职能工资、绩效工资以及资历工资等。以职务工资为例，员工所承担责任的大小、对企业的贡献程度等是影响员工工资收入的主要因素。在确定工资分配方式时尽量多元化，更有利于企业发展。

◆ 非工资性薪酬"自助化""个性化"

薪酬不止包括工资和奖金，带薪休假、商业保险、购房津贴等各种福利，甚至员工持股和股票期权等激励方式都可以从广义上算作薪酬。因此，在设计薪酬制度时，眼光不能局限于工资制度，各种非工资性制度也应纳入考虑范围。

◆ 重视集体绩效与集体奖励

现在企业在设计薪酬制度时越来越重视员工绩效表现与其薪酬收入之间的紧密联系。企业除了要重视员工个人的绩效考核，还要关注集体的绩效。

◆ 在公开与保密之间做出适当选择

薪酬的公开或保密一直是一个值得企业思考的问题，因为企业状况不同，薪酬政策也不同。常见的薪酬政策主要有 3 种，一是完全公开，包括不同员工的薪酬标准、金额等内容；二是部分公开、部分保密，一般是企业政策公开，但每个员工薪酬标准、金额保密；三是完全保密，即企业的薪酬政策、工资标准、金额等完全保密。

（2）建立薪酬管理制度

企业薪酬制度是诱导员工行为因素集合与企业目标体系最佳的连接点，即达到特定的组织目标，员工将会得到相应的奖酬。制定健全科学的薪酬制度，是管理中的一项重大决策。

◆ 确定企业薪酬的原则与策略

企业薪酬原则和策略也属于企业文化的一部分，是企业许多环节进行的前提。在此基础上，可确定企业有关分配政策与策略，如分配的原则、拉开差距的标准、薪酬各组成部分的比例等。

◆ 职位分析

职位分析是确定薪酬制度的基础，在对企业业务分析和人员分析的基础上，结合企业经营目标明确部门职能和职位关系，并编制组织结构图。

◆ 职位评价

职位评价主要是解决薪酬的内部公平性问题，其目的主要包括以下两个方面。

①比较企业内部各个职位的相对重要性，得出职位等级序列。

②为进行薪酬调查，建立统一的职位评估标准，消除不同企业间由于职位名称不同，或即使职位名称相同，但实际工作要求和工作内容不同所导致的职位难度差异，使不同职位之间具有可比性，为确保薪酬的公平性奠定基础。

◆ 市场薪酬调查

通过市场调查了解市场中该岗位的具体薪资状况，从而解决外部公平性问题。薪酬调查的对象最好选择与自身有竞争关系的企业，了解员工流失去向和招聘来源。

◆ 确定薪酬水平

确定薪酬水平也是薪酬管理的主要步骤，通过薪酬结构设计为企业中的不同岗位设定薪酬标准，但是每个岗位都设置不同薪资容易引起混乱。实际工作中可以采取设置登记的方式，这样只需要给不同等级设置工资标准即可。

◆ 薪酬的实施与修正

建立薪酬制度后，就需要按制度执行，但是在执行过程中，还需要根据实际情况对薪酬制度进行调整，不断完善薪酬管理，例如激励制度等。

4.2.4 薪酬激励如何实施

薪酬激励就是有效地提高员工工作的积极性，在此基础上促进效率的提高，最终能够促进企业发展。薪酬激励是众多激励方式中的一种，在实际工作中效果较好，容易被员工接受。下面具体介绍如何实施适合企业的薪酬激励。

◆ 在薪酬构成上增强激励性因素

从对员工的激励角度上讲，可以将广义的薪酬分为两类：一类是保健性因素，如工资、固定津贴、社会强制性福利和统一福利等；另一类是激励性因素，如奖金、物质奖励和培训等。

尽管高额工资和多种福利项目能够吸引员工加入并留住员工，但这些常常被员工视为应得的待遇，难以起到激励作用。真正能调动员工工作热情的，是激励性因素。

如果组织中员工的工作热情不高、比较懒散，可采用高弹性的薪酬模式，加浮动工资、奖金等构成比例，缩小刚性成分。相反，因品牌弱小导致招聘困难的新兴公司，可以采用高稳定的薪酬模式，增加薪酬中的固定成分。

◆ 设计适合员工需要的福利项目

企业福利项目设计得好，不仅能给员工带来方便，解除后顾之忧，提高忠诚度，还可以提高公司的社会声望。

员工个人的福利项目可以按照政府的规定分成两类。一类是强制性福利，企业必须按政府规定的标准执行；另一类是企业自行设计的福利项目，这些对于员工有较大吸引力。

企业可以采用菜单式福利模式，即根据员工的特点和具体需求，列出一些福利项目，并规定一定的福利总值，让员工自由选择，各取所需。这种方式具有很强的灵活性，很受员工的欢迎。

◆ 在薪酬支付上注意技巧

人的需求是不同的，分为不同层次，只有满足了低层次的需求之后，才能考虑高层次的需求。工资作为满足低层次需求的保障条件，工资低的公司，通常难以留人。

将现金性薪酬和非现金性薪酬结合起来运用，有时能取得意想不到的效果。前者包括工资、津贴等，后者则包括公司举行的旅游、文体娱乐等。

适当缩短常规奖励的时间间隔、保持激励的及时性，有助于取得最佳激励效果。频繁的小规模的奖励会比大规模的奖励更为有效。

◆ 选用具有激励性的计酬方式

计酬方式通常包括按时计酬、按件计酬、按绩计酬等。最缺乏激励效果的是按时计酬，其激励作用只是体现在每年调薪前后的一段时间，很难持久。计件薪酬对员工的激励作用十分明显，但它仅适用于产出数量容易计量且质量标准明晰的工作，对知识白领的工作很难计件。按绩计酬的业绩工资由团队业绩和个人业绩两部分所决定，企业可以根据实际情况选择合适的计酬方式。

◆ 重视对团队的奖励

企业为了促使团队成员之间相互合作，同时防止上下级之间由于工资差距过大导致出现低层人员心态不平衡的现象，所以有必要建立团队奖励计划。

有些成功企业，用在奖励团队方面的资金往往占到员工收入的很大比重。对优秀团队的考核标准和奖励标准，要事先定义清楚并保证团队成员都能理解。例如，按照一定的百分比将团队绩效奖励分配给所有员工。

◆ 善用股票奖励形式

企业高层人员或是技术核心人员，他们通常掌握企业的机密技术或是负责企业的发展，对于这类员工，不仅需要工资、福利，还需要将其与企业的利益进行捆绑，这样才能促进企业长久发展。

要想实现利益捆绑，可以通过股权激励的方式，让员工持有企业的股票，享受因企业发展带来的收益。

◆ 厚待高层员工和骨干员工

在薪酬有限的情况下，企业为了发展，不得不保留住重点员工和业务骨干。如果企业当前发展出现问题，则更应该优待企业重点员工和业务骨干，这样才能使企业保持稳定。

4.3 员工福利与人员变动管理

福利对于企业来说是一种吸引员工和留住员工的方式，好的福利能够提升员工满意度，让员工更加努力地工作。人员变动对企业来说在所难免，做好企业人员变动管理，提升员工管理效率。

4.3.1 员工福利的基本构成

福利主要指企业给员工提供的用以改善员工本人及其家庭生活质量的，以非货币工资或延期支付形式为主的各种补充性报酬和服务。

一般来说，企业福利由法定福利和企业自主福利两部分组成。下面具体介绍常见的企业福利，如表 4-4 所示。

表 4-4　常见的企业福利

类　别	具体介绍
法定类	即属于经济和社会制度，包括社会保险、带薪假期
保险类	有的保险是由企业承担，有的是由企业和个人共同承担，包括医疗保险、补充医疗保险、工伤保险、养老保险、住房公积金、年金和退休计划等

类　　别	具体介绍
补助类	即日常的补助，这也是很多求职者很看重的部分，包括交通补助、通讯补助、住房补助、结婚补助和生育补助等
活动类	即为了加强员工之间关系的活动，比如员工活动、员工聚餐以及员工旅游等
实物类	在日常工作中或者特殊节日发放的物品类，比如购物卡、代金券、图书、水果、电影票、健身卡、美容卡和日用品等
公司层面类	这类是和公司息息相关的一种福利，能够把公司和个人紧密地联系起来。如奖金、津贴、员工持股、员工股票期权、节假日／生日礼金和本公司产品优惠等
生活保障类	最基本的生活保障和社会保障，包括购房贷款、购车贷款和员工互助基金等
俱乐部类	包括游泳俱乐部、健身俱乐部、篮球俱乐部、乒乓球俱乐部和象棋俱乐部等
身心健康类	越来越多的公司注重员工的身体和心理健康，包括年度体检、健康顾问和 EAP（Employee Assistance Program，员工帮助计划）等
个人发展类	这是公司供员工全面发展和不断成长的福利，如员工职业生涯规划、进修教育和图书阅览室等

4.3.2　如何建立企业福利管理制度

企业福利制度主要用来规定企业员工能够具体享受到的福利，下面来看制定企业福利制度应当如何进行考虑。

◆ 首先建立员工的福利制度应遵循国家有关劳动与社会保障法律和法规，维护劳动者和用人单位的合法权益。

◆ 制定的制度应该是，企业生产和工作岗位上的所有员工均可享受公司规定的劳动保护用品，试用期的员工可发放必需的劳保用品。

◆ 福利制度还需要制定统一福利，如法定的节假日福利，外出人员车补和餐补等。

◆ 制定制度时应考虑专项福利，如婚假、产假、丧假的工资正常发放及准备一些物品。

◆ 为了增强企业员工归属感，提高员工的满意度及对企业的认同度，企业应定期组织员工参加各种能力拓展及集体文娱活动等。

◆ 最后就是规定养老保险、医疗保险、失业保险、工伤保险和住房公积金等福利。

下面来看某企业的福利管理制度。

案例实操 某企业福利管理制度（节选）

为加强公司及其子公司员工福利管理，保障公司员工享受到较为健全的福利政策，明确集团公司及其子公司员工的福利标准，特制定本制度。

……

第五条 福利类别及标准

一、防寒降温

1.每年夏季7、8、9月公司发给员工降温费，冬季12、1、2月公司发给员工防寒费。

2.防寒降温费计发标准：工作场所未安装空调的员工为80元／（人·月），工作场所已安装空调的员工为40元／（人·月）。

入职半个月以上的新员工按标准计发，入职未满半个月的新员工按标准的一半计发。

二、节日礼金或物品

1.春节、端午节、中秋节公司发给员工节日礼品，以示慰问。春节等值物品的最高限额为每人 300 元，端午节、中秋节等值物品的最高限额均为每人 200 元。试用期员工的最高限额为标准的 50%。节日礼品礼金的采购计划与实施由集团公司办公室负责，保管和分发由各公司办公室负责。

2. 国际"三八"妇女节，由公司举办庆祝活动，送礼品，其费用按在册女员工人数每人 100 元的标准控制。集团公司庆祝活动的组织与礼品的采购、分发由集团公司办公室负责。

三、伤病补贴

凡公司员工因伤病住院治疗三天以上者（含三天），由公司派员工进行探望，并给予 100 元补贴或等值物品。

集团公司员工因伤病住院治疗，由集团公司人力资源部代表公司领导前往探望；子公司部门经理以上员工在市住院治疗，由集团公司人力资源部与其所属公司共同派员一起探望；地区公司部门经理以下员工在本市住院治疗，由公司办公室组织探望；外地市公司员工在公司所在地住院治疗，由外地市公司组织探望。

四、婚丧

1. 员工结婚：在职期间依法办理结婚登记的员工，由所属公司发给庆贺金 200 元。

2. 父母、配偶及子女亡故的员工，由所属公司发给慰问金 200 元或等值物品。

3. 庆贺金或慰问金的申办由各公司人力资源主管部门负责。

五、生日祝贺

员工每年的生日，由公司人力资源主管部门办理祝贺活动。送礼品，报销费用限额每人 30 元。

六、免费工作餐

1.员工在工作日可享受由公司提供的免费工作午餐。

2.晚上加班（含参加公司组织的培训会议）90分钟以上的员工可享受由公司提供的免费工作晚餐。

七、健康体检

公司每两年组织全体员工体检一次。体检的申报、安排由集团公司人力资源部负责。

以上福利制度的适用范围为企业全体员工，福利项目包括防寒降温、节日礼金和物品、伤病补贴、婚丧、生日祝贺、免费工作餐以及健康体检，从员工工作、生活等各个方面提供帮助，提升员工的生活质量，从而提升员工对企业的满意度，促进企业发展。

4.3.3 如何建立员工晋升通道

某大型集团公司，凭借自身技术水平和质量控制体系发展迅速，公司规模逐渐扩大。但是随着企业的迅速发展，在人力资源管理上也逐渐暴露出一些问题。其中，员工晋升通道一直较为混乱，很多员工反映不知道自己的发展前景在哪里，也因此导致了一些优秀人才外流、员工工作积极性差等问题，这些问题已经严重影响到了公司的发展。为此，急需建立员工晋升通道。

通常情况下，员工晋升通道可以分为单一晋升通道和多通道。多通道包含至少一条管理通道和一条技术通道，应当享有平等的发展机会和报酬待遇，如图4-3所示。

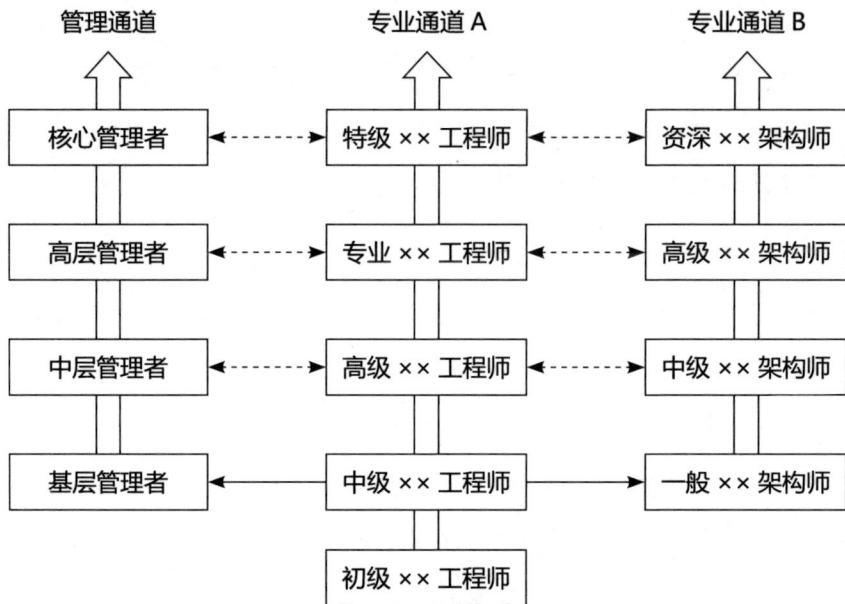

图 4-3　员工多通道晋升

下面介绍多通道发展模式的设计方法。

步骤一：确定晋升通道的结构与内容

构建多通道发展模式的第一步是明确晋升通道的结构，即确定多通道的组成和每一晋升通道的描述。需要明确应该有几种晋升通道，每种晋升通道又分为哪些层级以及各个通道不同层级之间的联系。

完成结构设计后，需要对每一个通道以及其中每一个层级进行具体描述，要明确各个通道的特点和差别，帮助员工确定最适合的晋升通道；要明确地指出各通道各层级的岗位职责、绩效标准和资格要求等，并要确定对应的岗位级别和薪酬待遇水平。

步骤二：组建多通道晋升评审机构

多通道晋升机制涉及企业各个业务单元和不同层级人员的评价与晋升，

要求具备完善的评审工作流程和评审规范等，对不同通道晋升人员进行评审需要多个部门配合。因此，企业应成立规范的多通道晋升评审机构，全面负责多通道评审与管理工作的推进与实施。

步骤三：设置各个通道的晋升标准

多通道晋升的设计，其关键在于各个通道不同等级的任职资格条件的设置必须科学，同时结合个人的职业生涯发展需求。

其中，管理工作和专业工作需要不同的素质与能力要求，不能采用统一的标准来评估不同的发展通道。

步骤四：建立多通道晋升评审核心流程

多通道的晋升评审流程主要包括申报、初审、评审和公示，具体介绍如图 4-4 所示。

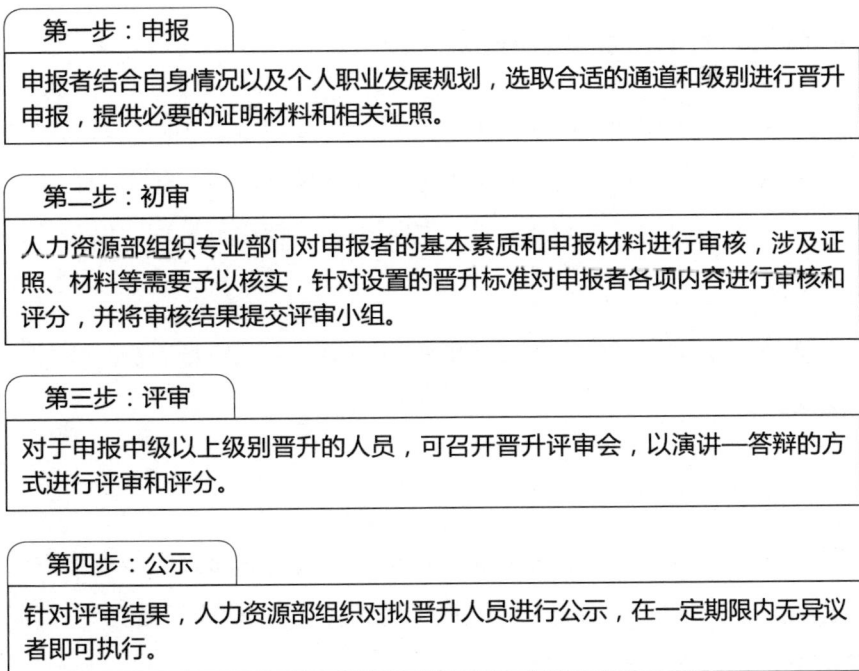

第一步：申报

申报者结合自身情况以及个人职业发展规划，选取合适的通道和级别进行晋升申报，提供必要的证明材料和相关证照。

第二步：初审

人力资源部组织专业部门对申报者的基本素质和申报材料进行审核，涉及证照、材料等需要予以核实，针对设置的晋升标准对申报者各项内容进行审核和评分，并将审核结果提交评审小组。

第三步：评审

对于申报中级以上级别晋升的人员，可召开晋升评审会，以演讲—答辩的方式进行评审和评分。

第四步：公示

针对评审结果，人力资源部组织对拟晋升人员进行公示，在一定期限内无异议者即可执行。

图 4-4　多通道的晋升评审流程

步骤五：完善多通道晋升管理系统

晋升作业的完成并不意味着所有晋升工作的完成，还应加强多通道晋升系统的管理工作。

①并不是晋升后意味着就有"铁饭碗"，企业应建立多通道晋升的复审程序，一旦专业素质不能持续达到企业要求，便可取消所享受的待遇。

②不同通道之间应建立畅通的转换途径，形成定期的审视与评价程序。当员工希望全面发展或认为当前的职业通道不适合自己时，可以选择转换职业通道，这样才能避免员工因初次选择的不同而有遗憾。

③晋升评审工作应作为企业的人力资源激励的常态性工作，可考虑开展定期的评审工作，使通道中的员工看得见晋升的目标，知道努力的方向。

4.3.4 员工离职的一般流程规范

员工离职在企业中可能经常发生，离职的原因各不相同，有的是因为对企业制度薪酬不满意，有的是对企业工作环境不满意，还有的是不能胜任工作……那么面对员工离职，应当按照一定流程进行处理，以免给企业造成损失。

员工离职通常包括 5 个步骤，即离职申请、离职审批、离职交接、薪资核算和离职。

（1）离职申请

离职由员工本人填写员工离职申请单，其他离职形式由其直接主管填写。正式员工辞职需提前 1 个月申请（以部门负责人签署后的员工离职申请单提交到人力资源部之日起算）。

（2）离职审核

填写的员工离职申请单应当及时递交到企业的人力资源部门，经相关人员审核后生效。

（3）离职交接

离职到期之日，由人力资源部通知离职员工办理离职交接手续，并由相关人员填写员工离职交接表。离职交接主要包括以下内容。

◆ **所在部门**：工作、工具和资料等交接，由经办人及部门负责人签名确认，交接事项较多应另附清单。

◆ **财务部**：对离职员工借支状况进行审核，由经办人及财务部负责人签名确认。

◆ **人力资源部**：收回离职员工的员工证、考勤卡、饭卡以及工作服等物品，办理退宿手续，计算员工考勤（实际工作日截止到通知离职日前一天），由经办人及人力资源部负责人签名确认。

◆ **离职员工**：在员工离职交接表上，对离职交接内容签名确认。

（4）薪资核算

辞职人员统一在每月实际发薪日结清所有薪资。辞退和开除人员在离职3日内结清所有薪资，如造成公司损失的，在薪资中扣除。由人力资源部填写离职员工工资发放通知单，报给财务部，由财务部统一造册发放。

（5）离职

离职员工办理完上述手续后，由人力资源部进行确认，办理离职证明，最后即可完成员工离职操作。

4.4 相关制度模板

制度1 企业招聘管理制度

企业招聘管理制度

1. 目的

为满足公司持续快速发展对各类人才的需要，进一步规范员工招聘管理流程，明确公司员工招聘工作程序，健全人才选用机制，特制定本制度。

2. 总体原则

以用人所长、容人所短、追求业绩、鼓励进步为宗旨；以面向社会、公开招聘、全面考核、择优录用为原则，从学识、品德、能力、经验、体格、符合岗位要求等方面进行全面审核。

3. 适用范围

本办法适用于公司各部门人员的招聘管理，但不适用于外聘董事及专家。

4. 招聘流程（见附件）

4.1 人力资源需求预测

4.1.1 部门预测

各部门负责人对本部门人力资源需求预测与审核：公司各部门每年根据公司发展战略和年度经营目标编制年度计划时，应同时制订本部门年度人员需求预测，内容包括实现本部门年度目标所需人员总数与结构、现有人员总数与结构、流出人数与方式（辞职、退休、辞退、轮岗等）、流入人数、时间与方式（内招、外招）及其原因分析，并编制部门人力资源需求预测表；人力资源部负责对各部门的人员需求预测进行审核。

4.1.2 人力资源部预测

人力资源部综合考虑公司发展、组织机构调整、员工内部流动、员工流失、竞争对手的人才政策等因素，对各部门人力资源需求预测进行综合平衡，制订公司年度人力资源需求预测，并编制人力资源需求预测表。

5. 体检

6. 录用

7. 试用考核

8. 转正

9. 应聘者资料

制度2 公司员工培训管理制度

公司员工培训管理制度

第一章 总则

1.1 目的

为配合公司的发展目标，提升人力绩效，提升员工素质，增强员工对本职工作的能力与对企业文化的了解，并有计划地充实其知识技能，发挥其潜在能力，建立良好的人际关系，进而发扬本公司的企业精神，特制定《员工培训管理制度》（以下简称本制度），作为各级人员培训实施与管理的依据。

1.2 适用范围

公司各层级员工以及各职能部门开展的各类培训及相关活动均适用于本制度，员工参加或组织相关培训的情况，将纳入部门和个人的绩效考核范畴，作为个人薪资及岗位（含职级）调整的依据之一。综合管理部为本制度实施的协调、监督及管理部门。

第二章 培训需求与实施管理

2.1 培训需求的确定

2.1.1 公司整体培训需求的确定

人力资源部根据公司整体经营战略，经较为充分的培训需求调研后，拟定公司年度培训需求分析报告，或将相关内容在年度工作计划中予以体现，报公司审核确认。

2.1.2 部门培训需求的确定

各职能部门在制订年度工作计划中，应根据本部门现状和未来1—2年内的工作及岗位需求，提出本部门的培训需求。另对于阶段性或临时性培训需求，应及时向综合管理部反馈或上报公司负责人。

2.2 拟定培训方案或计划

2.2.1 年度培训计划的拟定

每年1月30日前，综合管理部根据公司整体经营战略，并结合各职能部门的年度工作计划，拟定公司年度培训计划，计划中应包括全年拟计划实施的培训项目、培训形式、预计开展时间、培训经费等相关细则。

……

第三章 培训方式及内容管理

第四章 内部培训讲师的管理

第五章 培训档案及记录管理

制度 3 薪酬管理制度

薪酬管理制度

第一章 总则

第一条 薪酬管理是企业管理的重要内容，建立合理的薪酬管理体系，是企业经营与发展的需要，是应对外部竞争和内部激励的有效手段。为适应现代企业发展的要求，结合公司经营理念和管理模式，遵照国家有关劳动人事管理政策和公司其他有关规章制度，特制定本制度。

第二条 薪酬管理原则。

本薪酬管理制度必须贯彻按劳分配、奖勤罚懒、效率优先，兼顾公平、公正的基本原则，在薪酬分配管理中要综合考虑社会物价水平、公司支付能力以及员工所在岗位在公司的相对价值、员工贡献大小等因素。

第三条 薪酬增长机制。

1. 薪酬总额增长与人工成本控制

要实现薪酬增长，需要建立与企业经济效益、劳动生产率以及劳动力市场相应的薪酬增长机制。

薪酬总额的确定要与人工成本的控制紧密相连，加强以人工成本利润率、人工成本率和劳动分配率为主要监控指标的投入产出效益分析，建立人工成本约束机制，有效控制人工成本增长，使企业保持较强的竞争力。

2. 员工个体增长机制

对员工个人工资增长幅度的确定要根据市场价位和员工个人劳动贡献、个人能力的展现来确定，对企业生产经营与发展急需的高级紧缺人才，市场价位又较高的，增薪幅度要大；对本企业工资水平高于市场价位的简单劳动岗位，增薪幅度要小，甚至不增薪。对贡献大的员工，增薪幅度要大；对贡献小的员工，不增薪或减薪。

第四条 根据聘任、管理、考评、薪酬分配一体化的原则，直接聘请的员工薪酬分配统一由企业人力资源部管理，并实行统一的等级工资制度。

第五条 适用范围。

适用于本企业正式聘用的员工。

……

第二章 薪酬结构

第三章 薪酬定薪、兑现

第四章 薪资调整

第五章 薪酬发放

第六章 附则

制度 4 公司员工福利制度

公司员工福利制度

第一章 总则

一、目的。

为增强员工的归属感及增强企业的凝聚力，改善和提高员工的生活水平，特制定本制度。

二、适用范围。

本制度适用于公司所有员工，部分福利仅适用于正式员工。

三、责任部门。

本制度由人资部制定、修改、实施，报总经理审批。

四、修订原则。

根据国家相关法律法规及公司发展需求，本制度以尽可能考虑广大员工利益为修订原则。

五、福利的发放领用情况由人资部进行登记、记录。

第二章 福利结构

本制度的员工福利包括以下四个部分：

法定性福利：指企业为满足国家法定性要求而为员工提供的福利。包括社会保险、法定节假日、劳动保护和教育培训等。

通用性福利：指企业针对全体员工所实行的带有通常普遍性的福利。包括生日礼金、结婚贺礼、慰唁金等。

职务性福利：企业根据各职务工作的性质而实行的具有针对性的福利。包括通讯补助、出差补助、商务招待费等。

激励性福利：企业为鼓励员工在公司长期工作，而对优秀员工所提供的一种带激励性质的福利。包括旅游活动、集体活动和其他福利。

第三章 法定性福利

一、社会保险。

1. 为保障员工的利益，公司根据《中华人民共和国劳动法》等法律法规的规定，为员工办理相关社会保险。

2. 归口办理：社保统一由人资部办理。

第四章 通用性福利

第五章 职务性福利

第六章 激励性福利

制度 5 人事变动管理制度

人事变动管理制度

一、总则

1. 为适应企业发展的需要，加强人力资源的规范管理，特制定本规定。

2. 综合管理部是公司人事异动的监管部门。

3. 本规定之中的人事异动指新员工入司、内部员工借调、内部员工迁岗、员工离职等引起的岗位、劳资和人事关系的变动。

4. 本规定适用于公司录用的所有员工。

5. 凡涉及本公司员工的所有人事异动的管理事项，均按本规定执行。

二、员工的编制

1. 公司各部门及项目部的员工编制是根据部门的需求而定。

2. 各施工单位及项目部在施工点时需把进点人员名单报综合管理部。

三、新员工招聘

1. 本公司所需员工，一律公开条件向社会招聘，部分岗位可以优先考虑内部招聘，有关具体招聘事项，参见《招聘管理制度》。

2. 本公司各级员工的任用必须符合相应的岗位素质要求。

3. 凡有下列情形之一者，本公司不予雇用。

（1）曾在本公司被开除者。

（2）曾被人民法院判刑，确定因案涉及诉讼未决者。

（3）品性恶劣，吸毒人员、经其他公私营机构开除者（需有确凿证据）。

四、员工的内部变动

1. 公司根据经营发展需要，同公司员工商谈达成一致后，可随时调动任一员工职务或变更其工作地点，被调员工应予以配合。

2. 各级主管应就所属员工个性、学识、能力，并参照考核结果，予以调配适当工作，务使人尽其才，才尽其用。

3. 本公司所有员工的调迁，均应由其直接上级填写员工异动申请表，报综合管理部审核，由总经理批准。

……

五、离职

六、凡有下列情形之一者，本公司经预告后可以终止雇佣关系

七、人事关系

八、附则

制度管人

第 **5** 章

↓

财务管理标准化为企业保驾护航

　　资金是企业的活力源泉，企业开展任何生产经营活动都需要资金支持，因此财务管理对于企业的意义十分重大。财务工作如果出现问题，可能导致出现危机，需要管理者加强规范化管理。

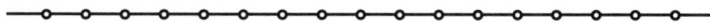

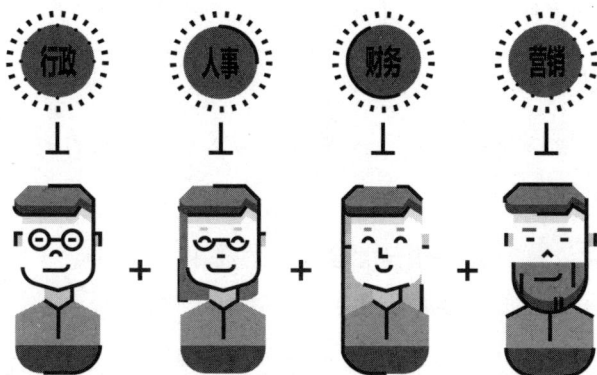

行政　人事　财务　营销

＋ ＋ ＋

5.1 财务预算与成本管理

财务预算和成本管理对于生产企业来说较为重要，预算编制的好坏会影响到企业后续工作的开展，对企业目标实现也可能产生影响。做好成本管理能够帮助企业节省一定的成本开支。

5.1.1 如何进行财务预算

财务预算不只要明确各个企业项目的财务开支，还要确保各项开支准确，切合实际。

（1）避免预算不符合实际

在预算管理工作中，企业管理者首先需要明确预算的具体审核人员，通常情况下，在预算管理工作中，董事会和经理办公会等要对预算过程中的必要事项进行审核，通过后才能进行下一步操作。

下面具体来看预算审核的具体内容有哪些。

◆ 审核预算收支计划的安排是否符合公司的发展目标、方针、政策，是否符合公司的计划指标。

◆ 审核是否符合公司预算管理体制的要求。

◆ 审核预算的内容是否完备，相关资料是否齐全。

◆ 审核预算是否与业务的真正需求相契合。比如，维修部门提报了配置防护服的预算，理由是工作过程中可以保护劳动者安全。这就是符合业务的真正需求。

企业管理者要想真正做好企业预算审核工作，需要多到现场了解实际情况。在进行审核时，多从业务角度出发，弄清具体情况。企业管理者进行预算审核时，不能过于短浅，应当时刻留意市场和同行情况。

预算目标的设置通常需要领导层进行决策，然后由下属的职能部门执行，由于两者存在一定的差异，可能导致编制的预算与实际的预算目标差异太大。预算管理部门则需要协调好两者之间的差异，领导者的决策需要执行，而下属部门的意见也不能忽视。

（2）了解预算分析的常见分析方法

预算分析是用来跟踪、反映和加强全面预算执行的有效方法。预算的分析方法包括差异分析法、对比分析法、对标分析法、结构分析法以及趋势分析法等。

◆ 差异分析法

差异分析法就是计算往期各预算报表的数据与实际绩效之间的差异，分析引起差异的内外部原因，及时发现和解决预算执行过程中出现的问题和存在的风险，为预算控制提供方向、目标和重点。

◆ 对比分析法

对比分析法是将某项指标与性质相同的指标项进行对比来揭示差异，分析报表中的项目与总体项目之间的关系及其变动情况，探讨产生差异的原因，判断企业预算的执行情况。对比分析的内容如表 5-1 所示。

表 5-1　对比分析的具体内容

指　标	具体介绍
实际数与预算数的对比分析	实际数与预算数的对比分析，例如完成率 = 实际完成数 ÷ 预算完成数

指　标	具体介绍
同比分析	即将本期实际数与上年同期实际数进行对比分析
环比分析	即将本期实际数与上期实际数对比分析等

◆　对标分析法

了解对标分析法，首先需要知道对标管理，对标管理是通过选取国内外同行业优秀企业的最佳实践，并以此为基准与本企业进行比较，从而使本企业的业绩不断改进的一个过程。

◆　结构分析法

结构分析指某一子项占其总项的百分比，如期间费用中管理费用、财务费用、销售费用所占的比例，或办公费用、研发费用等占管理费用的比例。

◆　趋势分析法

趋势分析法是根据企业连续几个时期的分析资料，确定分析期各有关项目的变动情况和趋势、实际值季度累进趋势。

5.1.2　如何进行费用开支预算

费用开支预算主要是对企业日常运营过程中产生的费用进行预算，方便企业管理者了解企业的开支情况，有助于管理者对企业开支进行管理，降低企业不必要的支出。

费用开支预算通常一季度、半年或一年进行一次，企业管理者想要做好费用开支预算，首先需要了解费用开支预算具体包括哪些内容，具体介绍如表5-2所示。

表 5-2　费用预算开支的内容

项　目	具体介绍
薪酬和福利费用	在统计期间内，企业按照薪酬和福利制度应当向员工支付的薪酬费用和用作福利支出的项目，这是必需的开支，也是需要重点核算的项目
差旅开支费用	对于一些需要经常出差的企业来说，差旅开支往往占企业开支的一大部分，如果不进行具体核算，则很难控制企业费用开支。企业需要实现预估不同等级员工出差会发生的费用，最终汇总企业差旅费用
移动通信费用	移动通信费用对于企业内部某些岗位来说是一个较大的支出，他们往往需要通过电话联系客户或是推销产品，提升企业产品销量，这部分费用需要预算清楚，可以参考以往的数据进行核算
现金管理	现金是企业用于应对各项需要支出的费用，在进行费用开支预算时需要对企业进行重组预算，避免在企业实际运营过程中出现现金不足的情况
业务招待费	对于企业而言，因为业务需求，可能会发生需要进行业务招待的情况，企业应当对业务招待相关费用进行规范，并且对这部分费用进行预算，确保相关招待活动顺利开展
办公费用	办公费用是企业内部较为常见的开支，也是较大的开支，主要用于各种办公用品、设备和资料等，对企业工作的开展有较大影响
其他费用开支	以上项目并不能包含企业所有的费用开支项，不同的企业可能存在一些特殊的开支项，例如企业维修费、保养费，交通事故处理费、燃油费等

通常情况下，费用开支预算需要交由企业相关管理者进行审核，通过后才能够实施。在实施过程中如果出现预算外费用或超标准费用，需要报相应的管理者批准。

因为费用开支预算涉及的项目较多，因此企业进行费用开支预算通常会借助费用支出预算表，费用支出预算表模板如表5-3所示。

表 5-3　费用支出预算表模板

费用支出预算表

单位：元

科目 ＼ 月份		月		月		月		说明
薪资		人		人		人		
		人		人		人		
		人		人		人		
	小计	人		人		人		
水电费								
邮电费								
修理费								
办公费								
电话费								
福利费								
劳保费								
税金								
保险费								
交际费								
差旅费								
运费								
杂费								
合计								

核准：　　　　　　主管：　　　　　　制表：

表 5-3 中所列示的费用支出预算项目，企业管理者可以根据企业实际情况进行增减。企业如果不会产生差旅费，可以从表 5-3 中删除该项，用

其他的发生项目进行替换。

表格填制完成后，需要进行核准，并在表格底部签字，再由制表人员和主管人员签字确认。

5.1.3 费用管理制度如何制定

企业在正常运营过程中总是会有费用发生，通过费用管理制度可以强化和规范企业费用管理。

费用管理涉及企业的方方面面，在进行管理的过程中需要遵循以下3条原则。

预算控制，目标管理。公司费用实行预算管理，各项费用均要编制和执行费用预算；各部门以费用预算为依据，自主管理本部门费用。

节约开支，增加收益。费用管理既要注意节约开支，杜绝无效费用；又要着眼于促进发展，增加长远利益，充分保障有效支出。

实事求是，诚实信用。在进行编制、审批和调整费用预算，办理借款和报销费用，报告、分析、控制费用时，应当遵循实事求是的原则，诚实信用，不得弄虚作假，歪曲、隐瞒真实情况，谎报、虚报信息。

制定管理费用制度，就是对企业费用支出的相关活动进行规范，让员工和相关管理人员能够按照规定开展日常工作。费用管理制度的主要项目与费用开支预算的项目基本相同，这里不再进行重复介绍。

下面通过具体的费用管理制度进行分析。

案例实操 **某企业费用管理制度**（节选）

1. 按照财务预算

由财务部门和有关职能部门共同确定各部门的费用目标。各部门对公司下达的费用目标必须努力完成，原则上不得突破。如突破费用计划，应按有关程序审批。财务部门对各项费用的使用负有监督责任。

……

3. 费用开支审批权限

各项费用开支应预先编制计划，按相应审批权限报批后方可开支：

（1）部门发生的费用开支由部门经理审查、财务部门审核，呈报公司总经理审批。

（2）公司各项福利开支（如节假日费、劳保用品、制服费等）按公司有关规定执行并由公司总经理批准。

（3）医疗费由财务部门按公司的有关规定每月定额发放。

（4）工会经费由公司工会主席在规定的范围内签批。

（5）公司支付的水电费、邮电通讯费等由财务总监审批并掌握分期付款数额。

（6）其余未明确的费用由财务呈报财务总监和总经理审批。

4. 重点费用项目的控制

（1）差旅费管理。

A. 一般员工出差由部门经理确定，报公司分管领导批准，部门副职以上人员出差由公司总经理批准。各部门对公差人员要严格管理，明确公差任务，控制出差天数，提高工作效率，减少费用开支。

……

（2）电话通信费用管理。

A.各职能部门电话机只能用于联系公司有关业务，不得用于私人事务。

B.话费报销标准：（待定）

（3）交际应酬费管理。

A.准予列支的交际应酬费仅指公司在业务交往过程中开支的业务招待费，非因公宴请或未经批准的接待或赠送支出不予报销。

B.公司年度交际应酬费开支总额应控制在国家规定的限额之内，即全年业务收入在500万元以下的，列支比例不超过10‰；全年业务收入总额超过500万元的部分，列支比例不超过5‰。因此，各部门对业务招待费必须严格按核定的定额控制开支。

······

（4）办公费管理。

公司各职能部门日常使用的办公用品，原则上由各部门按季度做出计划，经财务总监审批后交采购部集中采购并入库管理。除零星物品经领导批准可由使用部门临时购买外，其余部门均不得自行采购。否则，发生的费用一律自负。部门每次领用办公用品，需办理领用审批手续，由部门负责人审查，经财务部门审核并报总办批准。

5.工资及福利费的管理

（1）工资及福利费的管理范围主要包括员工工资、津贴、职工的退休养老金、工会经费及公司支付给职工的膳食等费用。

（2）工资及福利费来源的管理。工资及福利费由财务部门按国家和本公司的有关规定提取。

......

以上为某投资公司的费用管理制度首先明确了费用开支审批权限，即具体由谁进行审批。接着介绍了企业重点费用的管控，包括差旅费、通信费以及交际应酬费用等。最后介绍了工资、福利管理的相关规定。

5.2 资产和账款管理的要点

资产和账款管理都是企业内部较为重要的工作，通常由企业的财务部门负责。管理者需要统筹企业内部各项事宜，则需要了解资产和账款管理要点，才能做好相应的管理工作。

5.2.1 固定资产如何管理

固定资产指企业为生产产品、提供劳务、出租或者经营管理而持有的、使用时间超过 12 个月的，价值达到一定标准的非货币性资产，包括房屋、建筑物、机器以及其他与生产经营活动有关的设备、器具、工具等。下面具体来看应当如何管理固定资产。

（1）了解固定资产折旧

企业应根据固定资产所含经济利益的预期实现方式选择折旧方法。可供选择的折旧方法主要包括年限平均法、工作量法、双倍余额递减法和年数总和法等。折旧方法一经确定，不得随意变更。如需变更，应在会计报表附注中予以说明。

下面具体来看常见的几种固定资产折旧方法，如表 5-4 所示。

表 5-4　常见固定资产折旧方法

方　　法	具体介绍
平均年限折旧法	①月折旧率 =（1- 残值率）÷ 预计使用月份；月折旧额 = 月折旧率 × 原值 =（原值 - 残值）÷ 预计使用月份；残值 = 原值 × 残值率 　可以看出，平均年限折旧法①中与 3 个参数相关：原值、残值（或残值率）、预计使用月份 ②月折旧额 =（原值 - 残值 - 累计折旧）÷（预计使用月份 - 已提月份）； 　月折旧率 = 月折旧额 ÷（原值 - 残值）=[1- 累计折旧 ÷（原值 - 残值）] ÷（预计使用月份 - 已提月份） 　在平均年限折旧法②中，折旧金额与原值、累计折旧、残值、预计使用月份、已提月份 5 个参数相关
年数总和法	年数总和法是将固定资产的原值减去残值后的净额乘以一个逐年递减的分数计算每年的折旧额。年折旧率 =（折旧年限 - 已使用年数）÷ [折旧年限 ×（折旧年限 +1）÷2] 　月折旧额 =（固定资产原值 - 预计净残值）× 月折旧率
双倍余额递减法	双倍余额递减法是在不考虑固定资产残值的情况下，按双倍直线折旧率和固定资产净值来计算折旧的方法。年折旧率 =2÷ 折旧年限 　月折旧率 = 年折旧率 ÷12；月折旧额 = 固定资产账面净值 × 月折旧率
工作量法	工作量法是根据实际工作量计提折旧额的一种方法。每一工作量折旧额 =（固定资产原值 - 预计净值）÷ 规定的总工作量；某项固定资产月折旧额 = 该项固定资产当月工作量 × 每一工作量折旧额

（2）固定资产管理分工

为了更好地利用固定资产，实行固定资产归口管理，加强对固定资产的维修与保养，应当进行明确分工。

◆ **财务部门**：为固定资产的主管部门，应建立健全固定资产的明细账卡。

◆ **生产部门**：负责生产车间设备和动力设备的购建、安装、修理和使用管理。

◆ **技术部门**：技术部门负责公司的仪器仪表的购置、修理和使用管理。

◆ **综合部门**：通用电子计算机及附属设备购置、安装、维护和使用管理；厂房建筑物及其附属设施的购置、安装、维护和使用管理。

（3）固定资产的购置、验收和领用

由于生产、研制需要，各单位购置固定资产必须提前向主管部门提出申请，报经总经理批准后，由相关部门负责购置。通常固定资产需要耗费企业大量的资金，因此采购要慎重。

购买设备进厂后，由相关单位开箱检查、验收，设备安装完毕后填写"设备使用单"报主管部门。主管部门根据"设备使用单"建立固定资产卡片，并通知使用单位。

相关部门需要使用固定资产，需要先向上级领导申请，通过后才能开始使用，使用部门需要负责固定资产的保养和维护。

（4）固定资产报废

在固定资产使用过程中，符合下列条件之一的固定资产可申请报废。

◆ 使用年限过长，功能丧失，完全失去使用价值，或不能使用并无修复价值的。

◆ 产品技术落后，质量差，耗能高，效率低，已属淘汰且不适合继续使用，或技术指标已达不到使用要求的。

◆ 严重损坏，无法修复的或虽能修复，但累计修理费已接近或超过市场价值的。

◆ 主要附件损坏，无法修复，而主体尚可使用的，可做部分报废。

◆ 免税进口的仪器设备应当在监管期满，向海关申请解除监管并获得批准之后才能提出报废申请。

5.2.2 高效管理公司账户

公司账户指存款人以单位名称开立的银行结算账户为单位银行结算账户。单位银行结算账户按用途分为基本存款账户、一般存款账户、专用存款账户和临时存款账户。

◆ **基本存款账户**：存款人因办理日常转账结算和现金收付需要开立的银行结算账户。

◆ **一般存款账户**：存款人因借款或其他结算需要，在基本存款账户开户银行以外的银行营业机构开立的银行结算账户。

◆ **专用存款账户**：存款人按照法律、行政法规和规章，对其特定用途资金进行专项管理和使用而开立的银行结算账户。

◆ **临时存款账户**：存款人因临时需要并在规定期限内使用而开立的银行结算账户。

管理者需要注意，单位银行结算账户的存款人只能在银行开立一个基本存款账户。管理者要协助弄清楚银行账户开户管理情况并责任到人；查看银行账户使用记录，是否合规；严格排查银行账户集中管理情况；全面推进银行账户清理工作。下面具体来看某企业的银行账户管理办法。

案例实操 **集团银行账户管理办法**（节选）

第二章 指导原则

第三条 严格控制开户数量。所属企业除基本户、住房公积金、税户等国家规定必须开立的专户和有投资、融资等企业专项用途的银行账户外，严格控制新增开户。

第四条 逐步清理冗余存量银行账户。所属企业应当进一步优化合作金融机构，对已无实际合作的银行账户予以及时清理。

......

第三章 银行账户的审批备案

第八条 集团公司各级控股企业开立银行账户实行审批管理。二级企业开立银行账户由集团公司审批，三级及非二级企业开立银行账户经二级主管公司审核后报集团公司审批，企业经批准后方可办理开户手续。

企业开立银行账户应完成内部审批流程，由企业主要领导审批，并填报××集团企业银行账户开户审批表，连同企业内部审批资料一并报送至上级主管公司审批。

第九条 企业银行账户信息变更及账户撤销事项经由企业内部审批后即可自行办理。

第十条 企业应定期上报银行账户信息变更及增减变动情况。企业应于每季度终了15日内，填报××集团企业银行账户备案表，上报至集团公司备案，二级主管公司负责本企业所属企业汇总上报备案。

第四章 银行账户的管理

第十一条 集团公司财务部负责所属企业银行账户开立、变更、销户的审批和备案工作，并对各企业银行账户管理情况进行检查。

各二级主管公司负责其所属企业银行账户开立的审核，以及银行账户信息变更、销户的上报备案工作，并对各所属企业银行账户管理情况进行检查。各企业财务部门负责统一办理本企业银行账户的开立、变更、撤销手续，并负责本单位银行账户的使用和管理。

第十二条 企业必须明确银行账户管理直接经办人，直接经办人须具备会计人员从业资格，并依照本办法规定，正确办理账户开立、变更、销户等，建立健全本企业账户管理档案。

第十三条 企业务必定期与银行对账，按月编制银行存款余额调节表，确保账实相符。

第五章 银行账户的监督

第十四条 集团公司财务部对企业银行账户管理实施业务监督，集团公司审计部对企业执行本制度情况进行审计监督。

第十五条 集团公司对企业银行账户管理实施责任追究制度。对违反本制度规定的企业和个人予以通报批评，涉及违法违纪的，按相关法律法规规定处理。

以上为某企业的银行账户管理办法的主要内容，首先明确了银行账户的管理原则。接着规定了企业的银行账户审批备案的相关规定，然后介绍了银行账户的管理，包括账户的开立、变更和销户等。最后具体介绍了对银行账户的监督，包括进行审计监督以及违反制度的处罚。

银行账户对于企业来说十分重要，需要将企业银行账户管理落到实处。在实际操作中，管理者可以通过制定制度的方式对企业账户的各项事宜进行规范，以上制度可供参考。

5.2.3 如何规范账款回收

在企业运营过程中，为了促进自身发展，出于扩大销售的竞争需要，企业不得不以赊账或其他优惠方式招揽顾客，于是就产生了应收账款。如果应收账款过多，就会影响企业现金流量，严重时可能让企业产生经营危机。为了避免这种不良情况发生，企业有必要规范企业的应收账款，让企业正常发展。

（1）企业应收账款回收存在的问题

要规范企业的应收账款回收情况，管理者需要了解企业当前账款回收存在的问题，下面具体介绍企业账款回收的常见问题。

◆ 信用管理制度不健全

许多企业都没有制定信用管理制度，或是信用管理制度并不健全，主要表现在以下 3 个方面。

①许多企业都没有专门的部门对企业的信用风险进行管理，而是由其他部门兼管，权力的过分集中容易导致各种失职和腐败问题产生。

②高素质的信用管理人才是企业急需的，这类人才需要具备较高的综合素养，包括经济、会计、管理以及公关等各方面能力，人才市场也缺乏这类人才。

③有的企业盲目追求利益最大化，而缺乏对客户信用的管理，导致应收账款居高不下，导致企业在生产、营利上的盲目性也日益明显。

◆ 应收账款清查不完善

对于企业而言，要避免应收账款过多对企业造成影响，就应当定期对企业的应收账款进行清查，及时进行处理。然而许多企业都没有进行定期清查，或是清查不全面，影响账款回收。

◆ 内控制度不健全

有的企业在销售过程中存在权责不明的情况，没有经过客户信用评估就进行赊销，例如领导直接批准，甚至存在清欠人员私自挪用或侵占已回收的账款。

◆ 管理部门职责不明

在经营管理过程中，只重视生产、销售等的职责与目标，而忽略了应收账款的责任管理。企业没有明确应收账款的管理部门，即具体应当由谁来督办、谁来清查管理并不是十分清楚。

（2）完善企业应收账款的回收策略

要做好企业的应收账款管理工作，就需要解决以上提到的问题，下面进行具体介绍。

◆ 建立健全的信用管理制度

建立健全信用管理制度主要可以从以下 3 个方面入手。

建立独立的信用管理部门。一个典型的信用部门需要分工明确，包括收集资料、分析资料、账款回收、逾期账款追讨和协调管理。对一些小企业而言，应根据其自身的规模、发展状况，建立合适的信用管理部门。

注重培养专门的信用管理人才。企业要重视专业人才的培养，建立专门的信用职位，并且让企业领导认可。明确相关信用经理的权利，在执行过程中避免任何其他因素的干扰和限制。

加强对合作企业的资信评估管理。企业不能盲目追求利润最大化，而要加强对合作企业的资信评估管理。评估客户的信用，决定给予客户怎样的信用额度和结算方式，控制企业的风险。

◆ 完善应收账款定期清查制度

企业要建立定期和客户对账制度，财务部门应协同有关的管理部门对企业所持有的应收账款进行跟踪分析，对于客户比较多的企业，管理部门应每月进行汇总分析。

为避免出现恶性循环，应当在客户当前的赊欠偿还完以后，才允许有新的赊欠。如果发现欠款逾期未还或欠款额度加大，应断然采取措施，及时止损。

◆ 加强应收账款的管理

企业应在分类账基础上，要按信用客户的名称设置明细分类账，来详细的、序时的记载与各信用客户的往来情况。根据需要还可以设置销货特种日记账以及反映赊销情况的表格，实时掌控企业应收账款的情况。

◆ 明确各不同管理部门职责

企业应按照"相互牵制"的原则合理安排从销售签约直至产品出厂的程序，明确各部门的职责，以便进行有效的管理。这样在出现应收账款问题时才能尽快找到责任人。

5.2.4 公司应收票据管理规范

应收票据指企业持有的还没有到期、尚未兑现的票据。应收票据是企业未来收取货款的权利，这种权利和将来应收取的货款金额以书面文件形式约定下来，因此它受到法律的保护，具有法律上的约束力。

应收票据主要指应收的商业汇票。对应收票据的管理主要可以从应收票据审核、应收票据批准、账务处理和应收票据管理等方面进行规定。下面来看某企业的应收票据管理规定。

案例实操 某企业应收票据管理规定

第1条 为规范企业应收票据的管理，防范应收票据风险，特制定本制度。

第2条 企业应收票据管理应遵循核准、记录和保管职能相互分离原则。

第3条 应收票据的审核。

1.企业在接受应收票据时，财务人员要按照《中华人民共和国票据法》和《中国人民银行支付结算办法》等规定，仔细审核票据的真实性、合法性，防止以假乱真，避免或减少应收票据风险。

2. 收回的票据为非统一发票抬头客户正式背书，因而未能如期兑现或交货尚未收回货款，且不按企业规定作业，手续不全者，其经办业务员应负责赔偿售价或损失的 ××%。

第 4 条 应收票据的批准。

1. 应收票据的取得和贴现必须经由保管票据以外的主管人员书面批准。

2. 接受客户票据需经批准手续，降低伪造票据以冲抵、盗用现金的可能性。

3. 票据的贴现须经主管人员审核和批准，以防伪造。

第 5 条 应收票据的账务处理。

1. 应收票据的账务处理，包括收到票据、票据贴现、期满兑现时登记应收票据等有关的总分类账。

2. 销售会计应仔细登记应收票据备查簿，以便日后进行追踪管理。

第 6 条 应收票据的保管。

1. 企业设专人保管应收票据，且保管人员不得经办会计记录。

2. 对于即将到期的应收票据，应及时向付款人提出付款。

3. 对已贴现的票据应在备查簿中登记，以便日后追踪管理。

5.3 投融活动管理

投融活动管理主要指对企业的投资和融资活动进行管理，确保投融活动能够顺利进行，投融活动的结果能够达到预期。

5.3.1 规范管理企业的投融活动

投资和融资活动在企业运营的一定时期内都有可能发生，如果不对投融活动进行规范，则有可能因为投融活动不规范，导致企业遭受不必要的损失。

（1）投资活动管理规范

投资活动管理主要可以按照投资活动的实施流程进行管理，因此可以从投资项目前期管理、投资项目决策管理和投资项目实施管理 3 个方面进行规范。

◆ 投资项目前期管理

企业在决定进行投资后，首先应当进行投资项目的筛选，投资主管部门和直属企业应当对符合条件的项目进行筛选。

在投资项目立项后，应进行全面、充分、严密的可行性研究论证，并编制可行性研究报告。可行性分析包括投资的外部环境、市场状况、投资回报率、投资流动性、预期投资成本、项目资金主要来源以及投资风险（政治风险、法律风险、市场风险等）等。

◆ 投资项目决策管理

投资主管部门收到直属企业报送的全部资料后，需要进行初审，并提出初审意见。初审认定为可行的项目，由投资主管部门提交领导会议进行审议；须经董事会或股东大会审议批准的，应当进一步履行相应审批程序。投资主管部门根据最终审批结果，下达书面批复文件。

在进行投资管理时，需要遵循以下几点原则。

①遵守国家法律、法规；符合国家及地方产业政策、公司战略规划；合理配置资源，促进优化组合，创造良好效益。

②投资市场潜力较大，经济效益良好的项目。

③与企业投资能力相适应，资金、人才、技术、物质等条件具备。

④法律手续齐备，上报资料齐全、真实、可靠。

◆ 投资项目实施管理

投资项目实施管理十分重要，管理的好坏决定了投资项目的成败。投资项目实施管理需要注意以下几点。

项目审批通过后应安排专门的部门或人员对项目进行管理，原则上中途不变更负责人。

投资项目责任人应当每半年定期或视情况不定期将项目实施情况以书面形式报告投资主管部门项目的具体情况，包括项目进度、累计投资额以及市场前景等。

投资主管部门应对投资项目实施情况进行跟踪检查，归纳总结各项目的投资、收益及实施运作过程，作为以后审议和规划相关投资项目的参考。

（2）融资活动管理规范

融资管理指企业向企业外部有关单位或个人以及从企业内部筹措和集中生产经营所需资金的财务管理活动。

融资并不意味着企业缺乏资金，有时为了更好地发展企业也会进行融资活动，保证企业的经营、发展项目更容易开展，下面具体介绍企业应当如何正确开展融资活动，如表5-5所示。

表 5-5 融资活动的正确开展方法

操 作	具体介绍
明确财务目标	企业在开展融资活动之前，首先需要明确具体的财务目标，这样才能对有效实施财务的融资管理职能具有直接指导作用。确定财务目标时要充分考虑企业内部和外部的各项财务关系，以保证在协调有效的基础上实现这一目标
预测企业资金需求量	企业的财务部门必须根据企业具体的经营方针、发展阶段和投资规模，运用科学合理的预测方法，正确地测定企业在某一时期的资金需要量。应当使用正确的方法进行预测，预测错误则可能导致财务管理失控，以及企业经营投资失败
选择合理的融资渠道和方式	融资渠道和方式分别指企业取得资金的来源和具体形式，融资时可以选择不同的融资渠道和融资方式组合的方法
确保资金结构的合理性	资金结构指企业负债资金和权益资金的比例关系，有时也被称为资本结构。由于不同的融资方式会带来不同的资金成本，并且对应不同的财务风险，因此，企业在将不同的融资渠道和方式进行组合时，必须充分考虑企业实际的经营和市场竞争力，适度负债，追求最佳的资本结构

融资活动对于企业来说有一定的风险，企业管理者在管理融资活动时要了解融资活动不同阶段的注意事项，如表 5-6 所示。

表 5-6 融资活动不同阶段的注意事项

阶 段	具体介绍
筛选阶段	公司方的负责人一般为总经理或法定代表人，以及 1～2 位合伙人。总经理和其他负责人就公司的融资目的、资金需求量和融资计划等向投资机构或个人进行说明
进一步了解	双方进行第二次交流，如果双方达成共识，则进入深入调查阶段。在第二次会面时，总经理和其他负责人要展示出公司的突出优势。如果总经理在跟进融资进度时发现投资机构没有要求进行第二次会面，则需要分析原因，弄清楚投资机构是否完全没有投资意愿
深入调查	投资方开始考察公司的发展机会，与团队其他合伙人分享调查结果。该阶段中，总经理会与投资方商谈融资结构，草拟融资条款。考察结束后即进入做决定阶段，如果投资方没有与公司商谈融资结构，也没有草拟融资条款迹象，则需要关注投资方是否不愿意投资

续表

阶　　段	具体介绍
做决定	双方共同召开会议，公司要把自己的商业规划展示给投资机构的所有合伙人看，投资机构觉得可以投资，公司想要获得该投资机构提供的融资资金，双方就签订投资协议

5.3.2 如何制定企业投融活动管理制度

前面分别对投融资管理进行了介绍，然而，要想投融资活动能够正常开展，还需要通过制度对投融资活动进行规范，让负责相关工作的员工能够按照规定开展工作。

企业的投融资管理制度通常会分别对投资和融资进行规定，具体介绍如下。

◆ 投资活动的规范通常是对投资活动的整个流程进行规范，包括投资的各个流程节点以及具体的实施原则。

◆ 对融资活动的规范则是对不同的融资方法、渠道进行规范，包括融资过程中可能会面临的风险等。

下面通过具体的案例来看投融管理制度的结构。

案例实操 **某企业投融管理制度的结构**（节选）

第二章 项目的初选与分析

第六条 各投资项目的选择应以本公司的战略方针和长远规划为依据，综合考虑产业的主导方向及产业间的结构平衡，以实现投资组合的最优化。

……

第三章 项目的审批与立项

第九条 投资项目的审批权限：100万元以下的项目，由公司主管副总经理审批；100万元以上200万元以下的项目，由主管副总经理提出意见报总经理审批；200万元以上，1 000万元以下的项目，由总经理办公会审批；1 000万元以上项目由董事会审批。

……

第四章 项目的组织与实施

第十五条 各投资项目应根据形式的不同，具体落实组织工作：

1.属于公司全资项目，由总经理委派项目负责人及组织业务班子，进行项目的实施工作，设立办事机构，制定员工责任制、经营计划、企业发展战略以及具体的运作措施等。

……

第五章 项目的运作与管理

第十六条 项目的运作管理原则上由公司分管项目投资的副总经理及项目负责人负责。并由本公司采取总量控制、财务监督、业绩考核的管理方式进行管理，项目负责人对主管副总经理负责，副总经理对总经理负责。

……

第六章 项目的变更与结束

第二十条 投资项目的变更，包括发展延伸、投资的增减或滚动使用、规模扩大或缩小、后续或转产、中止或合同修订等，均应报管理公司审批核准。

……

第七章 融资管理及审批程序

第二十四条 发行股票或债券的方案，由董事会提出并经审议通过执行后，报管理公司批准。

......

第二十七条 融资政策的选择。

融资政策应结合管理公司发展状况、资金需求、经营业绩、风险因素、外部资金市场供给情况、国家相关政策法规要求制定。

......

第二十八条 权益资本融资。

管理公司根据经营和发展的需要，依照法律、法规的规定，经董事会做出决议，可采用上市融资的方式。

......

第二十九条 债务资本融资。

1. 债务资本融资方式。

（一）通过银行贷款获取短期借款、长期借款。

......

第三十条 融资风险管理。

1. 风险评价的负责部门。

......

从上述企业投融管理制度可以看出，除第七章外都是在对企业投资活动进行规范，包括项目选择、项目审批立项、项目组织与实施、项目运作与管理以及项目变更与结束。第七章则重点介绍了企业融资活动的管理与审批工作。企业管理者可以参考此制度建立符合企业情况的管理制度。

5.4 相关制度模板

制度1 企业预算管理制度

企业预算管理制度

第一章 总则

一、概念

预算管理就是利用预算对公司内部各部门、各单位的各种财务及非财务资源进行分配、考核、控制，以便有效地组织和协调公司的生产经营活动，完成公司既定的经营目标。公司财务预算是在预测和决策的基础上，围绕公司战略目标，对预算内公司资金取得和投放、各项收入和支出、公司经营成果及其分配等资金运动所做的具体安排。

二、编制范围

公司及实际控制子公司所有的收入、支出都必须纳入预算控制。

三、编制原则

1.量入为出、综合平衡。

2.全面预算、过程控制。

3.机构明确，多级实施。

4.注重效益，防范风险。

四、预算编制依据

1.国家法律法规、财务政策和有关规定。

2.会计准则的规定和要求。

3.公司经营发展战略和整体目标。

4.公司生产经营计划，投融资制度。

五、编制内容

公司实行全面预算管理，将预算具体划分为经营预算、投资预算、财务预算三大类。经营预算、投资预算都必须以货币的形式反映在财务预算内。

……

第二章 组织机构及职责分工

第三章 预算编制程序及方法

第四章 预算的执行

第五章 预算调整

制度2 固定资产管理制度

固定资产管理制度

一、目的

为了更好地利用固定资产，加强公司固定资产的监督，实行固定资产统一管理。结合公司实际情况，特制定本制度。

二、适用范围

适用于公司各部门。

三、固定资产管理范围

1. 固定资产指使用期限超过一年的机器、运输工具以及其他与生产经营有关的设备、器具、工具等，不属于生产经营主要设备的物品，单位价值在 2 000 元以上，且使用年限超过两年的也作为固定资产。

2. 办公室固定资产主要指桌椅、茶几、公文柜、保险柜、碎纸机、过塑机、电脑、打印机、复印机、投影仪、扫描仪、空调机、POS 机、验钞机、吸尘器、消毒柜、冰箱、保鲜柜、货架、音响设备、无线 / 有线话筒、炉具、厨具等。

四、管理分工

公司的固定资产管理由财务部负责账的管理，总经办负责物的管理，使用部门负责正常使用。

（一）财务部

1. 财务部作为公司固定资产的核算部门，应设置固定资产总账及明细分类账。

2. 财务部根据主管部门提供的，经总经理签字生效的各类表格，对固定资产的增减变动及时进行账务处理。

3. 财务部会同固定资产管理部门，每年 6 月、12 月对固定资产进行例行盘点，做到账实相符，确保账、物一致。

（二）总经办

1. 总经办作为固定资产的主管部门，应安排专人负责固定资产的档案管理工作。

2. 负责建立健全固定资产明细账，随时掌握固定资产的使用状况。

3. 负责固定资产的管理，搞好固定资产的分类，统一编号，建立固定资产档案及登记账，负责审批并办理购置、验收、调拨转移、报废、封存启用和清查盘点等事项。

……

五、固定资产的管理要求

六、解释权与生效日期

七、使用表格

制度 3 公司银行账户管理制度

公司银行账户管理制度

总则

一、为规范公司资金账户管理，保证公司资金安全，根据国家《银行账户管理办法》等法律法规，结合公司实际情况，制定本制度。

二、公司资金账户包括但不限于银行基本账户、贷款账户、专项资金账户、保证金账户、网银支付账户等。

三、本制度所指资金账户仅为银行存款账户，主要包括基本存款账户、一般存款账户、临时存款账户和专项存款账户。

四、公司财务部为银行账户管理责任部门，负责公司银行账户的开立、变更、撤销、使用管理。

五、银行账户开立、撤销需经财务总监和总经理审核，银行账户变更需上报财务总监和总经理。

六、所有银行账户遵循"收支两条线"原则，专户专用。

第一章 银行账户基本信息管理

七、公司建立银行账户管理信息数据，开立和使用的银行账户必须全部纳入银行账户管理信息范围。

八、公司银行账户管理信息数据主要包含以下内容：

1. 户名全称。

2. 开户银行全称。

3. 银行账号、币种（指人民币、美元、港币等不同币种）。

4. 账户类别（指基本户、一般户、外债户、资本金户和其他）。

5. 账户属性（指对公账户）。

6. 账户用途（指综合、收款、付款、其他等）。

7. 开户日期、账户变更日期、销户日期。

8. 网银 U 盾数量和权限

九、财务部负责银行账户管理基本信息的建立、日常维护和管理。

第二章 银行账户管理

第三章 银行账户开立

第四章 银行账户变更和撤销

第五章 银行存款备查账

第六章 禁止行为和罚则

制度4 应收账款管理制度

应收账款管理制度

1. 总则

1.1 目的

为了进一步规范应收账款日常管理和健全客户信用管理制度，落实集团优化流程，构建企业竞争新优势，突出应收账款的精细化管理，有效促进资金安全，提高资金使用效率和效益，结合 ×× 集团发布的《×× 公司应收账款项指引》及《×× 公司应收账款客户评级》文件，经过梳理所有业务流程，特制定本制度。

1.2 适用范围

本制度适用于我司因赊销业务产生的应收账款和公司经营中产生的各种债权（预付货款，其他应收款）。

2. 应收账款管理专责小组

2.1 应收账款管理专责小组的成立

为了明确岗位职责，使得各岗位分工明确，各司其职，进一步落实义务和责任，拟定以下人员为应收账款管理专责小组。

组长为公司总经理，副组长为公司业务分管领导，组员为财务部负责人和各业务部门的负责人。

2.2 应收账款管理专责小组的职责

组长负责准呆账、呆账、准坏账、坏账分类的最终批准和托收的授权及准呆账追收事项的执行批准。副组长负责监察所有组员对本管理制度的执行力度，适时给予指导。财务部负责人则负责落实自身部门关于应收账款的核对，应收账款回收等工作。而业务部负责人负责落实关于与财务部门核对应收账款、与客户核对应收账款、催收应收账款的工作。

3. 部门职责

4. 客户信息档案

5. 应收账款业务管理

6. 应收账款监控制度

7. 逾期催收管理

8. 应收账款的交接

9. 坏账账务的处理

10. 执行时间

制度5 投资管理制度

投资管理制度

第一章 总则

第一条 为规范公司的投资行为，防范投资风险，保证投资安全，提高投资效益，根据国家有关法律法规和公司有关规定，结合公司的实际情况，制定本制度。

第二条 本制度规定了公司的投资原则、投资管理范围及组织机构、审批权限、投资运作程序、投资后评价等内容。

第三条 本制度所称投资包括对外投资和对内投资。

一、对外投资指将公司的货币资金和经资产评估后的房屋、机器、设备、存货等实物以及专利权、商标权和土地使用权等无形资产作价出资，进行各种形式的投资活动。包括短期投资和长期投资。

（一）短期投资指购买股票、企业债券、金融债券或国库券以及特种国债等。

（二）长期投资指出资与其他公司、经济组织成立的有限责任公司、股份有限公司及其他经济实体。

二、对内投资指利用自有资金或融资进行基本设施建设、基础网络系统建设、业务系统建造、网络更新改造等活动。包括工程项目投资和技改项目投资。

（一）工程项目投资指公司基本设施建设、基础网络系统建造、业务系统建造等投资。附工程项目投资分类目录。

（二）技改项目投资指公司对现有生产性固定资产的技术改造、更新、新增等投资。附技改项目投资分类目录。

第四条 本制度所称的各级有权机构指公司股东大会、董事会（董事长）、总经理办公会。

第五条 本制度所称的被投资单位指公司单独或与其他投资实体共同出资成立的单位。

第二章 投资原则

第三章 投资管理范围及组织结构

第四章 审批权限

第五章 投资计划和预算

第六章 投资运作

第七章 投资后评价

第八章 附则

制度管人

第 **6** 章

规范采购管理，加强成本控制

对于许多生产和销售企业来说都会涉及采购工作，采购工作的开展和成本控制也是企业管理者比较关注的。通过规范化和制度化的方法和制度对采购工作进行规范，往往能够起到较好效果。

行政 ＋ 人事 ＋ 财务 ＋ 营销

6.1 采购工作管理要点

采购是企业内部较为重要的工作，采购工作关系到企业相关工作能否正常开展，对企业有较大影响。此外，采购工作还会涉及采购物品的质量和成本等，关系到企业生产成本，因此需要对采购工作进行管理。

6.1.1 明确企业物资采购标准

很多企业的管理者不重视采购工作，缺乏管理，导致企业采购工作经常出现问题，如采购的物品与实际需求不符、采购成本偏高以及采购人员中饱私囊等。

企业要想避免采购的物品与实际不符或是物品存在质量问题，就需要提前制定好物资采购管理标准，让采购人员按照规定的标准进行物资采购，并按照验收管理制度进行验收，确保质量。

企业管理者在确定企业的采购标准时，可以从以下几个方面进行考虑。

◆ **明确采购方式**：不同的物资采购方式应该有所差别，例如大型设备采购和普通办公用品的采购方式肯定不同。

◆ **供应商选择**：企业采购人员在采购物资时应当选择正规、优质的供应商，这样能够在一定程度上避免采购物资的质量问题。可要求供应商提供营业执照、生产许可证以及合格证等文件。

◆ **物资本身质量**：采购人员要具备一定的质量鉴定能力，能够识别物品存在的问题，避免采购有问题的物品。

◆ **改变采购形式：** 对于一些较为昂贵的物资或设备，如果采购后不符合企业需求就会造成一定的浪费，因此可以与供应商协商先进行试用，符合要求再进行大规模购买。

下面来看某企业的物资采购管理规定的部分内容。

案例实操 **某企业的物资采购管理规定部分内容**（节选）

第二章 物资采购规定

第五条 物资采购实行归口管理制。原料由采购供应部负责采购，辅助材料、包装物由仓储部负责采购，修理用备件及后勤用物资及办公用品由后勤部负责采购。特殊情况下，经董事长或总经理批准，可以指定专人进行专项物资的采购。

第六条 所有负责物资采购的人员必须充分掌握市场信息，及时预测市场供应变化，确保质量过关，价格低廉，供货及时。

第七条 推行合同管理制度，物资采购原则上要与供货方签订合同，详细注明供货品种、规格、质量、价格、交货时间、货款交付方式、供货方式、违约经济责任等；否则，造成的损失由采购人负责。

第八条 实行比价采购制度，物资采购要货比三家，确保所采购物资价格低廉，质量上乘。大宗物资采购建议实行招投标制度。

第九条 实行采购质量责任制。采购人员对所采购物品的质量负有全面责任。如因失职而采购伪劣产品，采购人员应负经济责任。禁止采购人员收受回扣。如有收受回扣，一经查证，除全额追缴回扣款项外，将视情节轻重进行严肃处理。

该制度首先明确了采购责任，即分别介绍了不同物资由谁负责采购，接着对采购人员应具备的能力进行介绍，然后对采购合同和采购方式进行介绍。最后明确责任，采购质量问题由采购人员负责，以及采购人员违反规定的处理办法。

6.1.2 采购流程管理

采购活动关系到企业的正常运营，企业管理者应当对采购流程进行规范。在企业实际操作中，采购可分为战略采购和日常采购两部分。战略采购是以最低总成本建立服务供给渠道的过程；一般采购是以最低采购价格获得当前所需资源的简单交易。

对于不同性质的企业来说，由于从事的生产工作不同，其采购流程也不相同。企业采购流程可以分为比选采购、竞争性谈判采购和单一来源采购3种形式。

单一渠道采购相对较为简单，不需要刻意开展采购工作，只需要定期从固定供应商处获取需要的物资，支付相应的款项即可。这种形式的采购通常在发展较为平稳的企业中常见。

除了单一渠道的采购方式外，还有两种较为常见采购方式，即比选采购和竞争性谈判采购，下面分别进行介绍。

（1）比选采购

比选指比选人事先公布条件和要求，从自愿报名的比选申请人中，通过比较、选择，确定中选人的行为。

在比选之前通常需要制定比选方案，比选方案包括比选的范围、对比选申请人的资质等级等要求、邀请比选申请人的数量、拟划分合同段的数量、项目比选计划草案等。需要中选人提交履约保证金的，应当在比选方案中注明。

下面具体来看比选采购的一般流程。

①采购人发出采购信息（采购公告或采购邀请书）及采购文件。

②供应商按采购文件要求编制、递交应答文件。

③采购人对供应商应答文件进行评审，并初步确定中选候选供应商（中选候选供应商数量少于递交应答文件供应商数量，具体数量视采购项目情况而定）。

④采购人保留与中选候选供应商进一步谈判的权利。

⑤采购人确定最终中选供应商，并向所有递交应答文件的供应商发出采购结果通知。

⑥采购人与中选供应商签订采购合同。

（2）竞争性谈判采购

竞争性谈判指采购人或者采购代理机构直接邀请3家以上供应商就采购事宜进行谈判的方式。企业需要成立谈判小组，制定谈判文件，确定邀请谈判的供应商，进行合理谈判确定合适的供应商。

下面具体来看竞争性谈判采购的一般流程。

①采购人发出采购信息（采购公告或采购邀请书）及采购文件。

②供应商按采购文件要求编制、递交初步应答文件。

③采购人根据初步应答文件与所有递交应答文件的供应商进行一轮或多轮谈判，供应商根据采购人要求进行一轮或多轮应答。

④采购人根据供应商最后一轮应答进行评审，并确定成交供应商。

⑤采购人向所有递交应答文件的供应商发出采购结果通知。

⑥采购人与成交供应商签订采购合同。

以上介绍的采购流程主要是针对较大型的采购活动，然而有的时候，企业还需要进行一些小型采购工作，如企业日常办公用品采购等，再使用以上流程难免有些小题大做，下面具体来看小型采购活动采购流程，如图6-1所示。

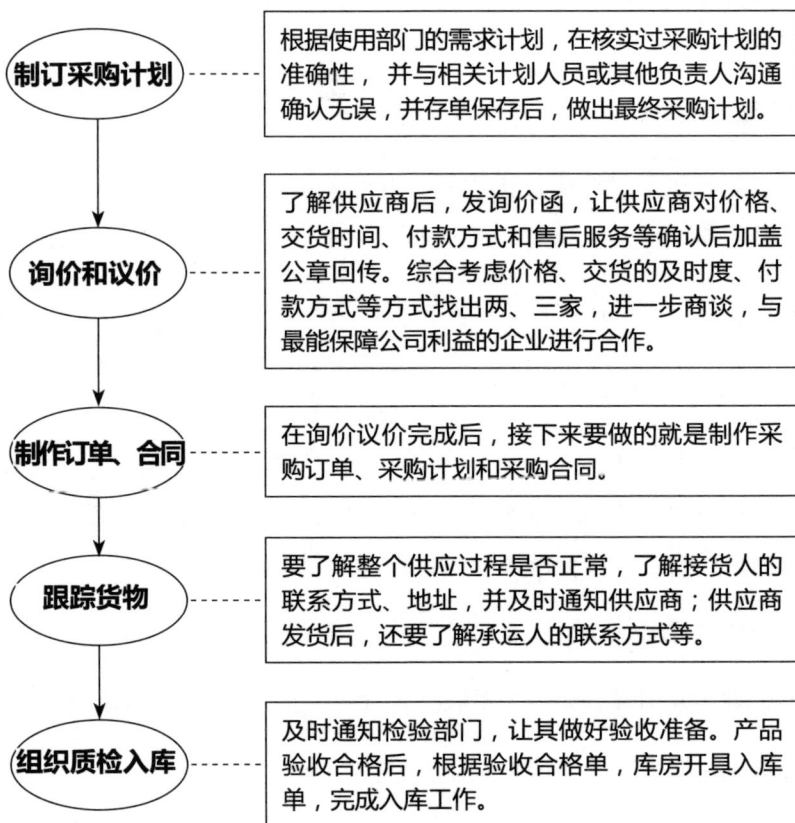

制订采购计划	根据使用部门的需求计划，在核实过采购计划的准确性，并与相关计划人员或其他负责人沟通确认无误，并存单保存后，做出最终采购计划。
询价和议价	了解供应商后，发询价函，让供应商对价格、交货时间、付款方式和售后服务等确认后加盖公章回传。综合考虑价格、交货的及时度、付款方式等方式找出两、三家，进一步商谈，与最能保障公司利益的企业进行合作。
制作订单、合同	在询价议价完成后，接下来要做的就是制作采购订单、采购计划和采购合同。
跟踪货物	要了解整个供应过程是否正常，了解接货人的联系方式、地址，并及时通知供应商；供应商发货后，还要了解承运人的联系方式等。
组织质检入库	及时通知检验部门，让其做好验收准备。产品验收合格后，根据验收合格单，库房开具入库单，完成入库工作。

图6-1　小型采购活动的流程

6.1.3 选择优质供应商的技巧

选择优质供应商能够减少采购询价，保证企业生产经营所必需的材料能够按时供给。除此之外，长期合作的供应商也更容易获得采购优惠，节省成本。

那么对于企业而言，哪种供应商属于优质供应商呢？管理者首先要明白供应商与自身企业是利益共同体，因此在挑选供应商时除了考虑价格与付款条件外，还要从以下几点进行筛选。

商品质量。这是首先应考虑的问题，过硬的产品质量才可以赢得用户的信赖，虽然价格低有利于产品的销售，但是只有保证产品质量，才有利于培养长期的客户。

较低的成本。在保证质量的前提下，供应商给出的价格越低，越有利于产品的销售，才能产生更多的效益。

整体服务水平。在选择供应商时应该详细了解其售前售后有哪些服务，比如培训、安装、技术支持，能定期提供市场原材料行情等。

能否及时交货。在现在的交易中，时间是最重要的，一个没有时间观念的供应商是不会受到欢迎的。

供应商内部组织是否完善。只有供应商具有强大生命力或有发展前途的时候，零售商才不会因为变动而招致不必要的损失。

供应商质量管理体系是否健全。产品是所有经济活动的核心，只有保证产品质量，后续的经济活动才有继续的可能。

在选择供应商时，企业管理者可以组织采购相关人员、材料使用人员等共同筛选，通过以上方法筛选出不符合企业的供应商，通常在筛选过程中会使用到供应商评价表对供应商进行判断。如表6-1所示为企业供应商评价表模板。

表6-1　企业供应商评价表

供应商名称							
联系人		电话			备注		
		传真					
提供产品名称			产品执行标准				
序号	指标						
1	质量认证	□质量体系认证　　　　□无					
2	执行标准	□能执行标准　　　　□无标生产					
3	生产能力	□超过历年最高销售量　　　　□基本满足　　□不满足					
4	生产方式	□流水作业成批生产　　　　□单件生产					
5	设计能力	□自行设计　　　□能设计简单产品　　　□不能设计					
6	产品质量	□优　　　　□良　　　　□一般					
7	服务情况	□优　　　　□良　　　　□一般					
8	按时交货	□较好　　　　□一般　　　　□较差					
评审意见	评论人：　　　　　　　年　　月　　日						
评审结论	评论人：　　　　　　　年　　月　　日						
年度复评记录	年度	是否继续列入合格供方		批准		时间	
	年度	是否继续列入合格供方		批准		时间	
	年度	是否继续列入合格供方		批准		时间	

6.1.4 明确采购对象

明确采购对象即明确采购项目，要在采购之前做好相应的采购计划。采购计划是为维持正常的产销活动，在某一特定的期间内，应在何时购入何种物料以及订购的数量是多少的估计作业。采购计划可以根据不同的分类标准分为不同类别，具体如下。

按计划期的长短分类。把采购计划分为年度物料采购计划、季度物料采购计划、月度物料采购计划等。

按物料的使用方向分类。把采购计划分为生产产品用物料采购计划、维修用物料采购计划、基本建设用物料采购计划、技术改造措施用物料采购计划、科研用物料采购计划、企业管理用物料采购计划。

按自然属性分类。把采购计划分为金属物料采购计划、机电产品物料采购计划、非金属物料采购计划等。

采购计划应达到下列目的。

◆ 预估商品、物料采购需用的数量与时间，防止供应中断，影响产销活动。

◆ 避免采购商品、物料储存过多，积压资金，占用堆积的空间。

◆ 配合公司生产、采货计划与资金的高度。

◆ 使采购部门事先准备，选择有利时机购入商品和物料。

◆ 确立商品及物料合理耗用标准，以便控制采购商品和物料的成本。

采购人员明确了需要采购的物料商品后，通常需要编制采购计划表，进行上报，经过批准后即可进行采购。因此，管理者可以通过采购计划表了解企业的采购详情，采购计划表如图6-2所示。

采购计划表

部门：　　　　　　　　　　　　　　　　　　　　　　　　　　　时间：

编号	物资名称	使用部门	型号	规格	单位	单价	数量			预算金额	采购周期	采购方式	订货时间	到货时间	采购负责人
							预采购量	库存量	安全储量						
备注															

图 6-2　采购计划表模板

　　管理者通过该表可以了解企业采购的具体情况，并进行合理处理。管理者如果认为不合理，可以进行批示，要求相关人员重新制订更加合理的采购计划。

6.1.5　询价流程规范

　　询价指采购人向有关供应商发出询价单让其报价，在报价基础上进行比较并确定最优供应商的一种采购方式。通过询价的方式进行采购，对比多家供应商的报价情况，有助于帮助企业选择到价格较低的产品，能够帮助企业节约成本。

　　此外，通过以此询价发现的供应商，在多方考察无误的情况下，企业可以与其长期合作，减少多次询价带来的人力和物力的浪费。

　　下面具体来看询价采购的一般流程。

（1）做好询价准备

询价准备就是在进行询价之前需要做好的准备工作，是为了询价工作顺利开展的必备前提。询价准备工作主要包括如下所示的几点。

计划整理。采购部门按照采购计划，编制月度询价采购计划。

组织询价小组。询价小组由采购人代表和有关专家共3人以上单数组成，其中专家人数不得少于成员总数的2/3，以随机方式确定。询价小组名单在成交结果确定前应当保密。

编制询价文件。询价小组按照规定拟定具体的采购方案、编制询价文件，需经采购人员核对，最终定稿。

收集信息。根据需要采购物品的特点，通过查阅供应商信息库和市场调查等途径了解市场行情。

确定被询价的供应商名单。询价小组从符合相应资格条件的供应商名单中确定不少于3家供应商，同时向其发出询价通知书让其报价。

（2）询价

询价过程是整个询价采购工作的重点，为避免询价工作出现问题，询价过程需要进行重点关注。

接收报价。被询价供应商在要求的时限内提交报价信息，企业相关工作人员负责接收和进行审查。

汇总询价数据。将所有的供应商报价情况进行汇总、排序，确定前几名最优的报价情况。

填写报告。询价小组需要填写完整的询价报告，经所有询价人员签字生效。

（3）确定供应商

通常情况下是由采购人员最终确定供应商，并对相应的结果进行上报，下面具体介绍确定供应商的一般流程。

确定供应商。 采购人员按照询价小组提供的报告和候选人的排列顺序确定供应商。此外，采购人员也可直接授权询价小组直接确定供应商。

发出通知。 确定了供应商后，采购人员需要向供应商发送通知书，同时向未成交的供应商通报结果。

编写采购报告。 采购人员应当对整个询价过程进行汇总，就采购流程、结果等编写采购报告。

下面来看某企业的询价管理制度。

案例实操 询价管理制度（节选）

第二章 询价文件的拟定

第五条 需第三方审核的事项，应先进行审核，经办部门根据审核结果拟订询价文件。

第六条 询价文件由经办部门拟订，经部门负责人审核、签字加盖部门印章，报送分管领导审批。

第七条 询价文件的主要内容应包括：

（一）报价单位须知：报价文件的约束效力和有效期、报价的撤销与修改限制、询价文件的修改权，对报价单位的保密要求、报价单位的资质与资格要求等。

（二）综合说明：项目或交易概况、经济技术要求、款项支付方式、拟签订合同主要条款（如需）等。

（三）报价单位的履约保证：如有要求，报价单位应提供履约保证金。

（四）报价文件的格式及其他要求。

第三章 报价单位的资格与资质审核

第八条 经办部门应对报价单位进行资格与资质审核，填写报价单位资格与资质审核表，由经办部门负责人签字、盖章。

第九条 报价单位的资格与资质。

（一）具有有效企业法人营业执照及相关业务资质证明，其记载的内容与实际情况相符，且注册资本不低于 10 万元，并提供相关书面证明文件。

（二）营业执照的经营范围应以报价事项为主要经营范围，涉及专营许可的，应具有相应的许可、等级、资质证书，并提供相关书面证明文件。

（三）具有固定经营场所。

（四）具有良好的公司信誉。最近三年的经营活动无失信行为、无重大经济纠纷或重大违法违纪行为。

（五）报价单位不得少于三个。

1. 报价单位间不得存在隶属关系。

2. 报价单位不得为同一法人代表；不得有相同股东及高层管理人员，如遇姓名一致情况，应分别提供身份证复印件并加盖各所属单位公章。

第四章 询价小组成员

第十条 询价小组成员：经办部门、财务部、经办部门和财务部共同随机抽取的一个部门（以下称随机部门）构成。

第五章 询价结果确认

第十一条 经办部门根据报价资料，按要求填写询价小组确认表经办部门负责人签字、盖章。

第十二条 财务部和随机部门分别派出代表根据报价资料进行确认并填写询价小组确认表。

第十三条 金额在 1 万元（含本数）～ 5 万元（不含本数）的，以电话方式确认询价结果为主。

第十四条 金额在 5 万元（含本数）～ 10 万元（不含本数）的，报价单位在 ×× 地区内的，应以现场方式确认报价，报价单位在 ×× 地区以外的，适用电话方式确认报价。

第十五条 询价结果确认时间为每周一上午 10:00 ～ 12:00、周三上午 9:00 ～ 12:00、周四上午 10:00 ～ 12:00。

以上为某企业的询价管理办法的主要内容，该制度对询价文件首先进行了具体规范，明确了询价文件的编写责任人和内容等信息。然后对报价单位的资格审查进行了具体规范，重点规定了报价单位的资质要求。最后对如何确定询价结果进行了具体规定。

以上介绍的询价管理办法的主要内容也是询价管理工作的要点内容，管理人员可以进行借鉴或参考。

6.2 采购成本控制具体介绍

采购工作会涉及企业资金的支付，这就会涉及成本控制。如果企业管理者不引起重视，可能导致企业的采购工作失控，不仅耗费大量的资金，也没有提升采购效率和采购品的质量，造成企业损失。

6.2.1 采购成本控制不好的原因

对于需要对外采购的企业而言，采购一直是影响公司成功和盈利能力的关键因素。降低采购费用会对企业的盈利情况产生较大的影响，如何控制采购成本对企业来说至关重要。

下面具体来看采购成本控制不好的具体原因。

◆ 缺乏符合实际的采购计划

有许多企业不在采购之前不对企业生产用量进行预计或估算，而凭借以往的经验进行采购，这样就可能导致多订货，造成大量存货积压，占用大量资金，花费大量的仓储费和保管费；或者少订货，出现原料短缺，影响生产进度，停工待料，造成设备、人工的闲置成本上升。

采购量较为随意、采购计划简略等都是导致采购成本难以控制的原因。管理者要明确如何采购最经济，最适合企业运营。

◆ 在采购询价方面的疏忽

企业要做好采购询价管理，如今需要充分利用现代化的管理系统，借助网络优势，快速地浏览和获取需要的信息，从而保障采购询价管理规范，得到询价结果的高效率。

◆ 采购过程中存在漏洞

企业在进行采购的过程中一般都要考虑不少于两家供应商，充分考虑供应商的各方面能力，主要包括品质性能、供应能力、历史信誉以及生产连续性等。

在签订合同之前，需要对合同类型进行选择，因为不同的合同类型决定了风险在买方和卖方之间分配；采购的目标是把最大的实施风险放在供应商，把自身风险降到最低，同时使利润最大化。

◆ 采购系统、岗位不完善

采购主管人员如果与采购工作者狼狈为奸，相互勾结，为索取回扣等个人利益而不惜牺牲单位利益，购货价格可能不但不会降低反而会升高。这就表示企业采购系统存在问题，还有待完善。

针对采购环节，需要设置不同的岗位，使采购权利不要过分集中，需要互相制约和监督，同时又不要影响各岗位人员工作积极性，这需要管理者在实际工作中进行权衡。

◆ 人员选择不合理，标准不统一

采购人员应当具备一定的专业能力和沟通能力，具有法律意识等。还要尽量避免项目最高管理者如项目经理的直系亲属担当采购总负责人。

对一线的采购人员来说，还是不可避免地遇到供应商主动提供的种种诱惑，怎样防止诱惑背后的陷阱设置，就需要采购人员本身具备良好的职业素质和法律意识等。

6.2.2 如何进行采购成本控制

采购成本的控制需要在采购过程中由采购人员进行控制，因此负责采购的相关工作人员对于控制采购成本起着较大的作用。

管理者可以将采购成本的控制融合到绩效目标、衡量指针、目标值和行动计划中去。在采购流程的控制方面，组织应该通过一个清楚的激励体系来链接所有行动，并对提高或实现业绩进行奖励，而这些业绩目标都来于公司的关键目标。

下面首先来看影响采购成本的七大原则。

①首先必须建立完善的供应商评审体制，对集体的供应商资格、评审

程序、评审方法等都要做出明确的规定。

②完善采购员的培训制度，提升采购人员素质。

③价格的评审应由相应程序规定相关负责人联名签署生效。

④规范样品的确认制度，分散采购部的权力。

⑤不定期的监督，使采购人员形成压力。

⑥建立奖励制度，下调价格后应对采购人员进行奖励。

⑦加强开发能力，寻求廉价替代品，从根本上降低成本。

了解影响采购成本的原则后，还需要将这些原则落到实处，下面具体来看降低采购成本的具体操作。

学会核价。在进行采购前需要了解其价格组成，了解需要采购产品的原料源头价格，以此为基础进行核价，更准确。

广泛收集信息。采购人员要从不同渠道、不同方面收集物料的相关信息，注意地域差别。

选择合适的供应商。选择好的供应商能够与企业共同发展，帮助企业出谋划策，节约成本；不好的供应商则会为你的供应管理带来很多的麻烦。要判断供应商合适与否可以从供应商提供的产品质量、价格、服务、技术力量以及应变能力等方面考虑。

采购人员议价能力。一个优秀的采购人员在采购过程中能够帮助企业节省大量成本，这就需要企业加强采购人员的培养。

遵循批量采购原则。批量采购容易获得优惠，批量愈大，所摊销的费用愈低。采购计划人员需把好此关，做好批量采购的质量管理。

建立企业信誉。企业与供应商签订的合同应当按时执行，企业应当避免失信。失去诚信，可能会得不偿失，不仅不能节省成本，还可能导致失去供应商。

建立月度供应商评分制度。从质量、价格、服务三方面入手，每月对企业的供应商进行评分，确保供应商质量。

完善采购人员考核制度。建立健全采购人员的月度绩效评估制度。不但可以激励采购人员的工作积极性，同时也是防止采购员贿赂的一个有效手段。

有效控制库存。避免停转产的风险及积压物资的风险，无形中控制自己企业的采购费用。

下面具体来看某企业的采购成本控制制度的部分内容。

案例实操 采购成本控制制度（节选）

二、降低材料成本的方法和手段

1.通过付款条款的选择降低采购成本。如果企业资金充裕，或者银行利率较低，可采用现金交易或货到付款的方式，这样往往能带来较大的价格折扣。

2.把握价格变动的时机。价格会经常随着季节、市场供求情况而变动，因此，采购人员应注意价格变动的规律，把握好采购时机。

3.以竞争招标的方式来牵制供应商。对于大宗物料采购，一个有效的方法是实行竞争招标，往往能通过供应商的相互比价，最终得到底线的价格。

此外，对同一种材料，应多找几个供应商，通过对不同供应商的选择和比较使其互相牵制，从而使公司在谈判中处于有利的地位。

4. 向制造商直接采购。向制造商直接订购，可以减少中间环节，降低采购成本，同时制造商的技术服务、售后服务会更好。尤其是在公司设备配件采购上能节约 100% 的资金。

5. 选择信誉佳的供应商并与其签订长期合同。与诚实、讲信誉的供应商合作不仅能保证供货的质量、及时的交货期，还可得到其付款及价格的关照，特别是与其签订长期的合同，往往能得到更多的优惠。

6. 充分进行采购市场的调查和资讯收集。一个企业的采购管理要达到一定水平，应充分注意对采购市场的调查和资讯的收集、整理，只有这样，才能充分了解市场的状况和价格的走势，使自己处于有利地位。

7. 掌握好采购批次和库存量的关系，在资金运转不利的情况下单批大量采购也是对公司成本的耗费。

8. 采购质量的分析和控制，有些农产品原料虽然外观品相不好，价格也低，但切碎后不影响使用时的风味，可选择采购；有些物资如设备配件，即便价格略高，但其使用寿命明显增长应选择采购，不但节约采购成本，同时节约了设备的维修成本。

9. 加强采购人员的管理，提高采购人员的素质。一名合格的采购员必须是德才兼备，技能与经验共存，具有较强的市场信息采集与处理能力，才能更好地履行采购作业。

10. 加强库房管理节约成本。

（1）严格执行到货验收制度，防止不合格品入库。

（2）对物料的摆放和储存环境要求符合安全规范，防止鼠害、水泡、火烧、生物腐败等造成的材料损失。

（3）注重发料过程，按需发料，发料后对还剩半箱或半袋的材料及时封口，防止水分流失造成的材料不达标。

以上为某企业的采购成本控制制度，主要介绍了降低材料成本的相关方法。包括付款条款、把握价格变动、采购方式、选择长期合作供应商、进行市场调查以及采购质量的分析和控制等，帮助管理者从采购和保存等方面控制采购成本。

6.2.3 了解评价采购部门工作情况的要点

在保证采购质量的基础上，采购部门的工作往往难以评价，此时就可以通过一定的指标将采购管理工作进行量化。下面具体介绍通过采购完成率进行评价。

采购完成率可以通过本月累计完成件数和本月累计请购件数比较得出。其中完成件数有两种计算标准，一种是由采购人员签发请购单计算，另一种是在供应商交货验收完成后才计算。

采购完成率是衡量采购人员努力工作的重要标准。但是，如果采购人员为提高采购的完成率，不注重议价工作就会使企业采购成本增加。这一点需要企业管理者注意。

下面来看采购完成率的计算公式。

$$采购完成率 = 本月累计完成件数 \div 月累计请够件数 \times 100\%$$

采购完成率数值越大，说明采购人员工作越努力。但是如果采购人员单纯追求采购完成率，有可能会不注重与供应商进行议价，对企业有不利影响。所以不能单独以该指标来衡量采购人员的工作能力，要与其他指标配合使用。

下面通过具体的案例来看如何通过采购完成率评价采购部门员工的工作情况。

案例实操 通过采购完成率评价采购部门的工作情况

企业主要从事木材加工，每月都需要采购大量的木材，由于企业采购人员的工作质量较高，都按照采购规则进行工作，并不存在损害企业利益的情况，经过该企业的管理者协商决定，通过采购完成率再评价企业的采购情况。

今年的 1 ~ 4 月，企业的某项木材原料的目标采购量分别是 145 000 千克、146 000 千克、170 000 千克和 175 000 千克，设定的目标采购完成率都为 90%。

然而实际上在 4 个月份中，每月的实际供货量为 145 120 千克、144 000 千克、144 000 千克和 165 000 千克。经过完成率的计算和相关数据统计，最终结果如表 6-2 所示。

表 6-2　企业采购完成率计算

项　　目	月　　份			
	1 月	2 月	3 月	4 月
计划采购数量（单位：千克）	145 000	146 000	170 000	175 000
实际供货数量（单位：千克）	145 120	144 000	144 000	165 000
采购完成率	100%	98.6%	84.71%	94.29%
目标完成率	90%	90%	90%	90%

从表 6-2 可以发现，该企业的采购部门在 1 月、2 月和 4 月都很好地完成了采购任务，实际采购率超过目标采购率，只有 3 月的采购完成率低于目标完成率，说明当月采购部门的工作情况不是很好。

通过以上案例可以发现，在不考虑员工主观消极怠工外，可以通过采购完成率来评价采购部门的工作情况。企业管理者在实际工作中也可以合理利用相应的指标对企业采购部门的工作情况进行评价。

6.3 相关制度模板

制度 1 ××公司采购管理制度

××公司采购管理制度

第一章 总 则

第一条 为规范集团公司及下属分公司、子公司采购行为，加强对物资、工程和服务采购的管理与监督，依据《中华人民共和国招标投标法》《中华人民共和国政府采购法》及相关法律、法规、规章，制定本规定。

第二条 本规定适用于××××公司及各子公司、分公司。

第三条 本规定所称采购，指集团公司及各子公司、分公司以合同方式有偿取得物资、工程（含信息化项目）和服务的行为，包括购买、租赁、委托、雇用等。

所称物资，指各种形态和种类的物品，主要包括原材料、燃料、运输工具、办公、劳保、生活、五金、设备等其他产品。

所称工程，指建设工程，包括建筑物和构筑物的新建、改建、扩建及其装修、拆除、修缮，以及与建设工程相关的勘察、设计、施工、监理等。信息化项目还包括软件、硬件及信息系统采购。

所称服务，指除物资和工程以外的其他采购对象，包括宣传促销服务、管理咨询服务、科研开发服务、信息网络开发服务、金融保险服务、运输服务、维修与维护服务及其他各类专业服务等。

第四条 采购工作要遵循公开透明原则、公平竞争原则、公正原则和诚实信用原则。

第五条 采购工作必须遵守国家相关法律和法规并依法接受监督。

第二章 采购管理机构与职责

第六条 各单位要成立评标委员会，其人员由领导班子全体成员、相关部门主要负责人以及专职董事组成。

第七条 董事会是采购管理的决策机构，资产管理部是董事会的咨询和执行机构。属于职代会审议范畴的还要经过职代会审议通过。

第八条 资产管理部是采购活动的具体负责、组织与执行部门。

第九条 总经理在采购活动中的主要职责：审定本单位采购工作管理制度和程序；审定《集中采购目录》；审议年度采购计划；审议采购方式；确定候选招标代理机构名单；指导和监督采购办的工作。

年度采购计划、采购方式经总经理审定后，报董事会批准。

第十条 资产管理部的主要职责：起草采购工作管理制度和程序；审核、汇总年度采购需求，编制年度采购计划；编制《采购目录》；抽选招标代理机构；审定招标文件、谈判文件；确认中选供应商；组织自行招标采购；组织供应商资质认证；发布中选供应商。

第三章 集中采购目录和采购计划编制

第十一条 各单位采购组织形式分为集中采购和分散采购两种形式。

集中采购，指通用物资、工程和服务，由资产管理部或资产管理部会同集中采购部门依据各部门、各单位采购需求，统一组织的采购。分散采购指分别由有关部门和单位自行组织的采购。

第十二条 集中采购部门主要职责：拟订集中采购方案；组织编制集中采购招标文件、谈判文件；组织集中采购商务谈判工作；与中选供应商签订集中采购协议；向采购办提供中选供应商名单；保存集中采购文档、资料和记录。

第十三条 各单位要按照采购组织形式和采购需求编制本单位《集中采购目录》，实行分级分类管理。

《集中采购目录》经总经理审定，董事会批准后执行。

第十四条 每年初由资产管理部组织编制本年度采购计划，经批准后下发执行。投资项目在获得项目批复后方可列入采购计划。

......

第四章 采购方式及适用条件

第五章 采购程序

第六章 供应商管理

第七章 签约和履约

第八章 采购档案管理

第九章 监督和责任

制度 2 采购成本控制制度

采购成本控制制度

第 1 章 总则

第 1 条 目的。

为加强采购成本管理，降低采购成本消耗，提高公司的市场竞争力，现根据国家有关成本费用的管理规定，结合本公司实际情况，特制定本制度。

第 2 条 范围。

采购部采购成本控制相关事项均须参照本制度办理。

第 3 条 采购成本的构成。

采购成本包括维持成本、订购成本及缺料成本，不包括物资的价格，具体如下表所示。

（略）

第 4 条 采购成本控制的管理职责。

1. 成本控制部部长具体负责指导、监督采购成本控制工作。

2. 采购部成本控制专员负责采购成本具体控制工作。

3. 采购部其他人员及其他部门需配合执行采购成本控制规定。

第 5 条 采购成本控制要点。

公司采购成本控制包含对采购申请、计划、询价、谈判、合同签订、采购订单、物资入库、货款结算等采购作业全过程的控制。采购部应结合公司的具体情况明确采购成本控制关键点，具体如下所述。

1. 确定最优的采购价格。

2. 确定合理的采购订货量。

3. 采购付款控制。

第 2 章 采购计划控制

第 6 条 常备用料的采购计划由采购部计划管理人员根据采购申请、库存情况及用料需求计划制订，经采购部经理审核后报成本控制部部长审批。

第 7 条 其他用料的采购计划由采购部计划管理人员根据各部门的采购申请制订，经采购部经理审核后报成本控制部审批。

第 8 条 采购计划应同时报送财务部门审核，以利于公司资金的安排。

第 3 章 采购价格控制

第 4 章 采购订货量控制

第 5 章 采购入库及付款控制

第 6 章 附则

制度3 采购部考核管理办法

采购部考核管理办法

1.1 目的

在遵循公司总体经营目标下，制定并落实本年度采购目标及采购考核标准，使品质合理化、数量合理化、毛利合理化和库存合理化。

为提高采购人员的士气，提升各项采购绩效，特制定本办法。

1.2 适用范围

本公司采购人员之绩效评估依本办法办理。

1.3 权责单位

（1）采购部负责本办法制定、修改、废除等起草工作。

（2）商务中心负责本办法修改、废除之核准。

2.1 采购绩效评估目的

本公司制定采购绩效评估的目的，包括以下几项：

（1）确保采购目标达成。

（2）提供改进绩效之依据。

（3）作为各部门的奖惩参考之一。

（4）作为升迁、培训的参考。

（5）提高采购人员的士气。

2.2 采购绩效评估的指标

采购人员绩效评估应以"5R"为核心，即适时、适质、适量、适价、适地，并用量化指标作为考核之尺度。

2.2.1 时间绩效

由以下指标考核时间管理绩效：

（1）停工断料，影响工时。

（2）紧急采购（如空运）的费用差额。

2.2.2 品质绩效

由以下指标考核品质管理绩效：

（1）进料品质合格率。

（2）物料使用的不良率或退货率。

2.3 采购绩效评估的方式

制度 4 采购议价制度

采购议价制度

第一条 为加强市场管理，规范采购议价程序，降低购买风险，减少失误，有效维护公司的合法权益，更合理地体现价格的公平、公正、公开，提高公司信誉和经济效益，根据国家相关法律、法规及集团公司《合同管理办法》《公司章程》之规定，制定本制度。

第二条 各有关部门必须互相配合，共同努力，切实执行本制度。

第三条 采购议价时，必须遵守国家的法律法规，贯彻平等互利、协商一致、等价有偿的原则。

第四条 本制度所指的议价是公司及其所属各部门与各法人单位、其他经济组织、自然人相互之间签订的非招标的各类合同、协议等。

第五条 参加采购议价会议，应当遵守法律、行政法规，尊重社会公德，不得扰乱社会经济秩序，损害社会公众利益。

第六条 议价会议必须在签订合同之前，需双方在价格、义务、权利等事项达成一致后，签署会议纪要表示同意后，方可签订正式合同。

第七条 采购议价会由买方业务部门主管领导负责组织经营部、财务部、计划部等相关部门与卖方进行协商。

第八条 签订的议价会议纪要，对签约人具有法律约束力。签约人应当按照约定履行自己的义务，不得擅自变更或者解除。

第九条 采购议价会议参加人员应当按照约定全面履行自己的义务，应当遵循诚实守信原则，对采购物品的性质、目的和交易习惯履行通知、协助、保密的义务。

第十条 议价会议中，承办人需对卖方公司的经营资格、资信等情况做简单介绍，无经营资格或资信的单位不得与之进行采购议价。

第十一条 会议纪要具有法律效力，签订完毕后，买方留存原件，随正式合同一并保存。

第十二条 变更或解除，必须依照订立流程经业务部门、财务部门、法律顾问等相关职能部门负责人和公司总经理审核通过方可。

第十三条 本办法自下发之日起施行。

制度管人

第 **7** 章

↓

做好研发管理，促进企业产品升级

企业要想获得长期发展就不能因循守旧，而应当不断创新，不断提升产品的市场竞争力，从而获得较好的发展。产品研发工作的展开和成本控制则是企业管理者需要注意的，这关系到企业的未来。

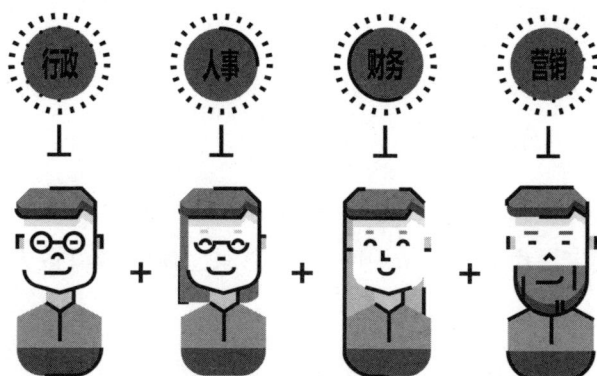

行政   人事   财务   营销

7.1 产品研发的基础管理

许多生产企业都会涉及产品研发工作，通过产品研发能够提升企业产品的市场竞争力，为企业创造更高的价值。要让产品研发工作平稳开展，就需要做好产品研发的基础管理工作。

7.1.1 新产品开发调研与预测要求

新产品的研发不是闭门造车，而是要与时俱进，顺应市场发展，如果不考虑市场需求可能导致开发的产品难以获得消费者认可，最终导致企业遭受损失。

新产品开发要顺应市场就是要企业事先做好新产品研发调研与预测，了解市场行情，下面进行具体介绍。

（1）新产品开发调研

新产品开发调研对于新产品开发的意义较为重大，下面具体来看调研在新产品开发中的作用。

协助新产品开发。 调研工作通常贯穿于整个新产品开发过程，通过调研能够为决策者提供真实、有用的产品需求、顾客偏好以及竞争状况等，时刻把握市场行情。

了解产品开发的外部环境。 主要包括政治、经济、技术、法律以及社会等。调研工作可以从以下几方面着手展开，如图 7-1 所示。

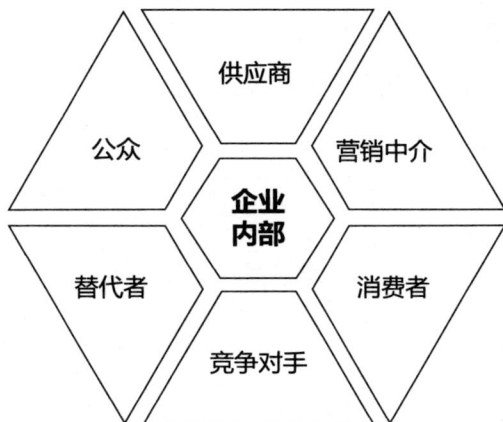

图 7-1　调研工作主要针对的对象

发现市场机会。通过市场调查能够了解市场中的消费者对哪种类型的产品更感兴趣，更期待什么产品，据此就能发现市场机会。

辅助营销决策。新产品的定价需要考虑消费者、竞争、成本状况，而前两者必须依赖于调研。

下面具体来看新产品开发调研对产品定价的影响，主要涉及两种定价模型，分别是直接询问法定价和价格敏感度模型。

◆ 直接询问法

直接询问法主要是用来确定价格的上下限，通过调研的方式了解市场对产品价格的看法。常见的调研询问方法如下。

①你愿意接受的某产品（或品牌）的最低价格是多少？（低于多少钱你就会开始怀疑产品的品质？）

②你愿意为某产品（或品牌）支付的最高价格是多少？（超过什么价位你会认为不值？）

◆ 价格敏感度模型

价格敏感度模型是对直接询问法的扩展，能够更清楚地了解市场对产品的价格看法。常见的调研询问方法如下。

①什么样的价位会令你因为产品（或品牌）太过便宜而怀疑到其品质？

②在什么样的价位你会认为产品是便宜而不会怀疑到它的品质？

③什么样的价位会使你觉得产品尽管很贵，但仍然值得花钱买下？

④什么样的价位会令你感到产品太贵，品质再高也不能买？

⑤什么价格是最可能接受的价格？

（2）新产品预测

新产品的预测也就是对新产品的市场情况进行预测，若预测能够了解该产品的市场发展潜力，便于企业及时调整开发、经营策略。

新产品预测常使用的方法有两种，分别是市场潜量估计法和连比法，下面分别进行介绍。

◆ 市场潜量估计法

总市场潜量估计就是预测在一定时期内，在一定的行业营销努力水平和一定的环境条件下，一个行业所有公司所能获得的最大销量。

总市场潜量通常以如下公式进行估计。

$$Q = nqp$$

其中，Q 为市场总潜量；n 为一定假设条件下特定产品或市场的购买者数量；q 为一名购买者的平均购买量；p 为平均单位价格。在此公式中，较难把握的因素是 n，即特定产品（市场）的购买者人数，在实际操作中需要注意。

下面通过具体案例来看市场潜量的计算方法。

案例实操 某市书籍销量分析

假如某市每年有 200 万人购买某种书籍，平均每人每年购买的数量为 4 本，平均每本的价格为 12 元，那么该市图书总市场潜量计算如下。

$$Q = 2\,000\,000 \times 4 \times 12.00 = 96\,000\,000.00 \ (元)$$

通过计算可知该市图书总市场潜量为 96 000 000.00 元。

◆ 连比法

连比法就是将分析对象的影响因素通过连比的形式进行列示和计算，计算结果就是预测结果。

例如某白酒厂对估计一种酱香型酒的市场潜量有兴趣。于是通过以下连比公式进行预测。

Q = 人口 × 每人可支配的个人收入 × 可支配收用于食品的平均百分经 × 食品的支出中用于饮料的平均百分比 × 饮料支出中用于含酒精饮料的平均百分经 × 含酒精饮料的支出中用于白酒的平均百分比 × 白酒支出中用于酱香型白酒的预计百分比

7.1.2 新产品研发进度管理

企业在产品研发之前就应当做好相应的计划，并确定好具体的时间节点，从而方便进行研发进度管控，避免产品研发超时，对企业造成不利的影响。

不仅如此，确定好时间节点还有利于企业管理者了解产品的研发进度及时进行调整。通常在进行产品研发之前都会建立新产品开发时间进度表，通过此表即可监控开发进度。

新产品开发时间进度表模板如表7-1所示。

表7-1　新产品开发时间进度表

新产品开发时间进度表

客户		产品名		接单日期	
阶段	任务	负责人	计划完成时间	进展	备注
P1	项目确定				
P1.1	产品开发计划				
P1.2	可行性分析				
……	……				
P2					
P2.1					
P2.2					
……					

从表7-1可以看出，只需要事先规划好产品的具体研发步骤以及大致的完成时间，之后就可以通过表格快速了解项目的进行情况，对落后规定进度的项目要进行调整，可以采取增加研发人员、加大费用投入以及加大技术支持等方式。

下面具体来看某企业的研发项目进度控制。

案例实操 研发项目进度控制（节选）

第五条 在正常情况下，项目进度总目标、分目标的时间进度要求和任务目标要求均应为产品经理的可控目标，并在《计划任务书》及《产品业务计划书》中明确。产品经理对项目总体进度和阶段分目标实际完成情况负责。

对于技术经理，《产品技术任务书》中各项目标的时间进度要求和任务目标均应为技术经理的可控目标，并在《产品技术任务书》中明确。技术经理对产品开发工作的总体进度和阶段目标实现情况负责。

......

第八条 技术经理应掌握产品研发进度情况，定期编制产品研发小组阶段进度报告，经产品经理审核后，报技术部。每月不少于一次，产品研发小组阶段进度报告应包括下列内容。

......

第九条 在产品研发进度计划完成后，技术经理应及时组织进行产品研发项目进度控制总结。总结时应依据下列资料。

（1）《产品技术任务书》。

（2）《产品技术任务书》执行的实际记录。

（3）《产品技术任务书》检查结果。

（4）《产品技术任务书》的调整资料。

第十三条 产品经理应掌握整个项目的进度情况，定期编制项目阶段进度报告报技术部。每月不少于一次，项目阶段进度报告应包括下列内容。

......

以上所示为某企业的研发项目进度控制规范的部分内容，从结构上看该制度主要规定了技术经理和产品经理如何对产品研发进度进行控制。还可以对具体负责产品研发的部门进行进度规定，例如事先确定产品研发进度，对达到进度要求的部门进行奖励，如果没有达到进度要求，则进行相应的惩罚。

7.1.3 明确产品研发基本流程

产品开发流程指企业用于想象、设计和商业化一种产品的步骤或活动的序列。有的企业界定和遵循清晰而细致的开发流程，而有的企业甚至不能描述出它们的流程来。这样就容易导致产品开发过程管理混乱，不利于明确各方权责。

明确产品研发流程对企业来说具有如图 7-2 所示的优点。

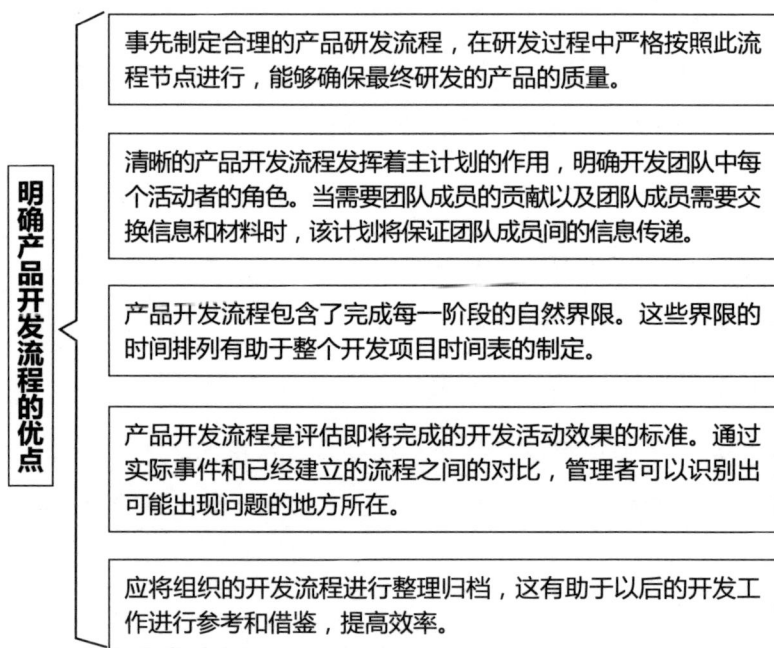

图 7-2　明确产品开发流程的优点

明确产品开发流程的优点有很多，那么对于企业管理者而言，最为重要的是应当如何确定产品开发流程。产品开发流程即明确产品从无到有的过程，下面具体来看产品开发的基本流程，如图 7-3 所示。

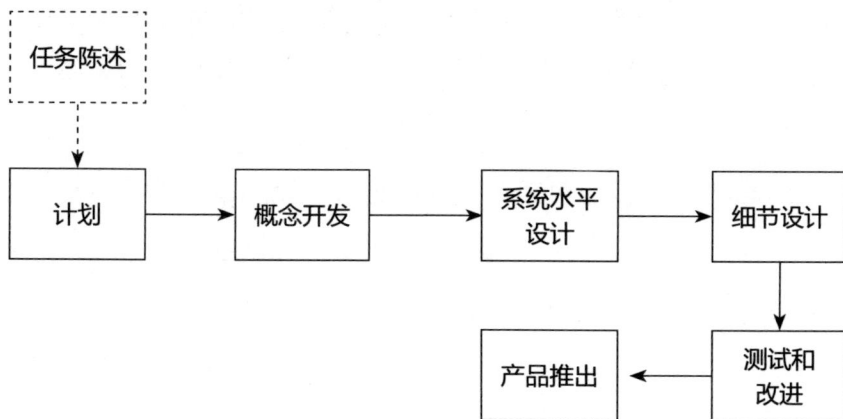

图 7-3　产品开发的基本流程

其中，任务陈述为产品识别目标市场，提供产品的基本功能描述并指定任务的商业目标，不是产品开发流程的基本节点。下面具体介绍基本开发流程的 6 个阶段。

计划。计划通常先于实际产品开发过程的启动。这一阶段始于公司策略，并包括对技术开发和市场目标的评估。计划阶段的成果是对项目任务的陈述，即定义产品目标市场、商业目标、关键假设和限制条件。

概念开发。该阶段的主要任务是识别目标市场的需要，产生并评估可替代的产品概念，为进一步开发选择一个概念（概念指产品形状、功能和特性的描述，通常附有一套专业名词、竞争产品分析和项目的经济分析）。

系统水平设计。包括产品结构的定义以及产品子系统和部件的划分，生产系统的最终装配计划也通常在此阶段定义。该阶段的产出通常是产品的几何设计、每一个产品子系统的功能专门化，以及最终装配过程的基本流程图。

细节设计。该阶段包括产品的所有非标准部件与从供应商处购买的标准部件的尺寸、材料和公差的完整细目，建立流程计划并为每一个即将在生产系统中制造的部件设计工具。（该阶段的产出是产品的控制文档——描述每一部件几何形状和制造工具的图纸和计算机文件、购买部件的细目，以及产品制造和装配的流程计划）

测试和改进。该阶段包括产品的多个生产前版本的构建和评估，发现研发产品存在的问题与不足，并提出改进措施或建议。

产品推出。该阶段使用规划生产系统制造产品。试用的目的是培训工人和解决在生产流程中遗留的问题。有时把在此阶段生产出的物品提供给有偏好的顾客并仔细对其进行评估，以识别出一些遗留的缺陷。

下面具体来看某企业的产品研发流程管理制度的部分内容。

案例实操 **产品研发流程管理制度**（节选）

第二章 产品的需求分析管理

第三条 需求的采集。

采集的渠道分为市场反响、竞争对手分析、客户反馈、运营数据分析、公司内部的建议等方面。

……

第三章 产品的可行性分析报告、原型及评审管理

第五条 可行性分析报告。

产品可行性分析报告的编制是为了明确产品立项之前的市场、技术、财务、生产等方面的可行性，论述为了实现产品研发目标而可能选择的各种方案、投资及效益分析、潜在的风险因素，论证所选定的方案的可行性。

......

第四章 产品的立项及评审管理

第七条 产品立项报告书。

产品立项报告书包含以下内容：

工作关系客户、市场、公司内部员工

......

第五章 产品的研发管理（概要设计、详细设计、开发）

第九条 团队建设。

产品立项报告书经过审批后，根据总体产品研发计划、研发人员配备情况和产品需求规格说明书，由总经理确定相关的项目负责人与研发成员，完成团队建设。

......

第六章 产品的测试管理

第十五条 在软件设计完成之后要进行严密的测试，发现软件在整个软件设计过程中存在的问题并加以纠正。整个测试阶段分为单元测试、组装测试、系统测试三个阶段进行。

......

第七章 产品的上线运营管理

第二十一条 经过测试证明研发的产品达到要求后，研发人员和测试人员应提交下列文档给运营：产品代码或安装程序、测试报告、用户手册、《故障指导手册》和《系统实施手册》等。

......

以上为某企业产品研发流程管理制度，虽然没有通过流程图的形式展示产品研发流程，但对应的具体章节就是产品研发的流程，分别是需求分析管理、可行性分析管理、立项评审管理、产品研发管理以及产品测试管理等，十分详细。

企业管理者在制定本企业的研发流程管理制度时除了可以参考以上结构继续设计，还可以通过流程图的形式进行具体展示。

7.2 产品研发管理要点

产品研发的调研、流程设计等是确保产品研发工作取得成功的重要保障，而企业领导往往更关心研发工作的成本和研发工作能够取得的成果等，这一点需要管理者引起重视，应当做好这些方面的管理。

7.2.1 产品研发的成本控制方法

产品研发成本涉及企业资金的使用，因此管理者要注意研发成本控制。产品研发成本的控制主要分为两个部分，分别是产品研发成本预测和产品研发成本控制，下面分别进行介绍。

（1）产品研发成本预测

产品研发通常需要耗费企业大量资金，并且有较大风险。可能花费较大投入却没有研发出好的产品。

因此，在进行研发之前或是企业在制订年度计划之前需要进行研发费用的预算。下面具体来看哪些项目需要进行预算。

人工费用。 从事研究开发活动人员（也称研发人员）全年工资薪金，包括基本工资、奖金、津贴、补贴、年终加薪、加班工资以及与其任职或者受雇有关的其他支出。

直接投入。 企业为实施研究开发项目而购买的原材料等相关支出。如水和燃料使用费等；用于中间试验和产品试制达不到固定资产标准的模具、样品、样机及一般测试手段购置费、试制产品的检验费等。

折旧费用与长期待摊费用。 包括为执行研究开发活动而购置的仪器和设备以及研究开发项目在用建筑物的折旧费用，包括研发设施改建、改装、装修和修理过程中发生的长期待摊费用。

设计费用。 为新产品和新工艺的构思、开发和制造，进行工序、技术规范、操作特性方面的设计等发生的费用。

装备调试费。 主要包括工装准备过程中研究开发活动所发生的费用（如研制生产机器、模具和工具，改变生产和质量控制程序，或制定新方法及标准等）。

无形资产摊销。 因研究开发活动需要购入的专有技术（包括专利、非专利发明、许可证、专有技术、设计和计算方法等）所发生的费用摊销。

其他费用。 为研究开发活动所发生的其他费用，如办公费、通信费、专利申请维护费、高新科技研发保险费等。此项费用一般不得超过研究开发总费用的 10%，另有规定的除外。

通常情况下，要了解和预估企业项目开发费用可以通过研究开发项目费用预算表进行了解，下面来看研究开发项目费用预算表的模板，如表7-2所示。

表 7-2　研究开发项目费用预算表

研究开发项目费用预算表

日期：　　　　　　　　　　　　　　　　　　　　　　　　单位：元

企业技术开发项目情况	开发项目名称		
	项目预期研发时间		
	技术开发项目研发费用预算总金额	企业自筹投入	其他渠道投入
	本年度技术开发项目研发费用预算总金额	本年度企业自筹投入	本年度其他渠道投入
项目本年度预算支出	科目		本年预算
	一、研发活动直接消耗的材料、燃料和动力费用		
	二、直接从事研发活动的本企业在职人员费用		
	三、专门用于研发活动的有关折旧费		
	四、专门用于研发活动的有关租赁费		
	五、专门用于研发活动的有关无形资产摊销费		
	六、专门用于中间实验和产品试制的模具、工艺装备开发及制造费		
	七、研发成果论证、鉴定、评审、验收费用		
	八、与研发活动直接相关的其他费用		
	合计		

（2）产品研发成本控制

在了解成本控制方法之前，管理者首先需要了解成本控制可能存在的误区，管理者方便进行自查，看当前企业是否存在这些问题，以便及时进行改进，如表 7-3 所示。

表 7-3 产品研发成本控制误区

误区	具体介绍
注重性能，忽略成本	即相关部门在进行新产品研发的过程中，过分关注客户的各种需求，而没有考虑产品研发的成本，导致最后产品虽然功能较好，但是售价也相对较高，缺乏性价比
注重表面成本，忽略隐含成本	在产品设计中零部件的选择对产品质量有较大影响。一些零件的选择看似与总成本无较大关系，但其安装、存储以及更换等造成的隐含成本是不容忽视的
基于设计新产品，忽略原产品再设计	有的时候原产品在市场上的竞争力不强是因为原产品存在一定缺陷，如果直接重新开发新产品，将会导致成本增加较大。此时可以考虑对原产品进行再开发，降低开发成本
注重产品生产成本，忽视开发成本	新产品的设计与开发通常会耗费大量的成本，例如采购各种原料和设备，开发结束后便不再使用，管理者应当考虑开发设备的其他用途，避免造成较大浪费

新产品研发过程中的成本控制主要遵循以下 3 点原则。

◆ 以目标成本作为衡量的原则

目标成本指在一定时期内为保证目标利润实现的一种预计成本，是公司关注的中心，通过目标成本的计算有利于在研发设计中关注同一个目标：将符合目标功能、目标品质和目标价格的产品投放到特定的市场。因此，在产品及工艺的设计过程中，当设计方案的取舍会对产品成本产生巨大影响时，采用了目标成本作为衡量标准。

在目标成本计算问题上，没有达到目标成本的产品是不应当被投入生产的。目标成本最终反映了顾客的需求，以及资金供给者对投资合理收益的期望。因此，客观上存在的设计开发压力，迫使设计开发人员必须去寻求和使用有助于达成目标成本的方法。

◆ 提出不能提高市场价格却增加产品成本的功能

顾客购买产品最关心的是产品的性价比，也就是产品功能与顾客认可价格的比值。

任何给定的产品都会有多种功能，而每一种功能的增加都会使产品的价格产生一个增量，当然也会给成本方面带来一定的增量。

虽然企业可以自由地选择所提供的功能，但是市场和顾客会选择价格能够反映功能的产品。

因此，如果顾客认为设计人员所设计的产品功能毫无价值，或者认为此功能的价值低于价格所体现的价值，则这种设计成本的增加就是没有价值或者说是不经济的，顾客不会为他们认为毫无价值或者与产品价格不匹配的功能支付任何款项。

因此，产品设计过程中应剔除那些不能提高市场价格但又增加产品成本的功能，因为顾客不认可这些功能。

◆ 全方位来考虑成本的下降与控制

作为一个新开发项目，应该组织相关部门人员进行参与，这样有利于大家集中精力从全局的角度去考虑成本控制。如果只是企业高层进行考虑，容易导致新项目与实际差异较大，影响成本控制效果。

7.2.2 产品研发成果如何判定

产品研发成果的判定就是对开发出的产品进行评估，判断与新产品研发需求是否相符，是否能够符合市场需求。

由于不同企业从事的工作各不相同，研发的产品也各不相同，因此评判的方法也不相同，下面分别进行介绍。

◆ 有的产品根据需求进行研发，完成后直接通过与需求说明进行对比验收即可。

◆ 有的产品追求实效性，不仅要求按照一定需求进行研发，还需要在固定时间内完成，除了产品功能外，完成的时间也是需要进行评估的。

◆ 有的产品的研发质量、效果等无法直接评估，而是需要投入市场，由产品的销量和消费者的看法来进行评估。

◆ 对于某些科技类的程序设计研发而言，根据需求进行设计后，能够通过测试，并且不出现故障就是符合要求的。

对于企业而言，应当根据实际情况建立产品研发成果评定规定，这样相应的研发人员就能够了解产品的实际评判流程，做到心中有数，更有助于工作的开展。

下面来看某企业的研发成果评定流程管理办法的主要内容。

案例实操 研发成果评定流程管理制度（节选）

3. 进入研发阶段，由技术（研发）中心主任每周召集攻关人员开展研发进度的会议，解决相关问题，确保在要求的时间内进行。

4. 小试产品研发后，攻关人员完成小试报告及中试计划，由研发中心主任进行统一保管，并核准进入中试阶段；没有进行小试严禁直接进行中试，杜绝以中试替代小试的做法。

5. 中试出产品后，由研发中心主任与经贸部联系，将中试产品投入试用，双方签订市场试用联系单。根据联系单中明确的试用时间，及时反馈信息，以便进行改进或试生产。以上完成后攻关人员编写中试报告。

6.中试产品经成功试用后，由研发中心与联合工厂交流产品生产工艺条件，签订试生产联系单，注明相应的生产工艺、生产成本等。

试生产结束后由联合工厂编写试生产报告，反馈技术中心。如试生产产品化验合格，则报告中应分析生产成本，报总经理办公室，以便于市场定价。

7.产品经使用合格后，由研发成果评定小组组织进行评定，评定依据包括：小试报告、中试报告、（中）试生产报告、市场使用情况及产品各指标与立项要求考核。评定合格后，确定奖励额度，评定小组签署评定报告，由总经理办公室审批后实施奖励。对于需要进行技术改造的项目，在中试进行批量生产，产品有一定的市场销售量，研发中心提出申请可进行项目评定。

8.如果超过立项规定时间，攻关人员可向技术主任申请延长研发时间，并上报总经理批准。

9.奖励额度的评定根据立项明细中设立的研发目标为依据，根据客户实际的使用情况确定奖励额度：（1）客户认可但其中有一项未达到预期指标，按奖励的最低额度；（2）客户认可且达到预期指标的按奖励的中间额度；（3）客户认可且有其中一项指标明显超过预期指标，具有明显的市场优势则参照最高奖励。

10.奖励发放分两个阶段，第一阶段为成果评定后发放50%；第二阶段剩余的50%在年终奖中发放，但发放前提是产品在客户使用一个月后无质量问题。对于需要进行技术改造的项目，剩余的50%的奖励待大生产装置正式投入运行，产品达到中试水平后的当年作年终奖发放。

11.相关研发资料整理，暂时统一由研发中心主任保管。

从以上内容可以看出，该企业进行产品研发后需要进行小试和中试两次测试，然后进行试生产和市场定价，接着评定小组进行评定，最后发放研发奖励。

此外奖励发放分为两个阶段，第一阶段为成果评定后发放 50%；第二阶段是客户使用一个月无质量问题后发放。这就相当于需要经过市场检验，根据市场反馈进行评定。

7.2.3 如何建立产品研发管理制度

产品研发管理制度是对企业产品研发工作进行管理的综合性制度，能够指导相关工作人员顺利开展产品研发工作。管理者需要根据企业实际情况确定研发管理制度的内容。下面具体介绍产品研发管理制度通常应当包含的内容。

◆ **主要负责部门**：即企业的产品研发工作主要由哪个部门负责，会涉及哪些岗位员工。

◆ **研发前的准备工作**：进行合理的市场调查并根据调查结果编写新产品研发计划。

◆ **产品研发**：产品研发过程中需要注意的事项、研发标准以及研发的具体要求有哪些。

◆ **研发成果的审批**：前面介绍过，即产品研发结束后的审核，主要审核研发的产品是否符合要求、质量是否合格以及能否满足市场需求等。

◆ **研发奖励**：如果研发出较好的产品，经过市场检验，还可以对负责产品研发的相关人员进行奖励。

下面来看某企业的产品研发管理制度的大致结构。

案例实操 产品研发管理制度（节选）

第二章 管理机构与责任

第4条 组织管理

为了促进公司新产品研发，有效地进行系统管理，公司特成立研发部门，专门负责研发项目的相关工作。

......

第三章 编制新产品研发计划

第7条 研发计划编制依据

（1）国家法律法规的规定。

......

第四章 研发调研与分析

第9条 调研范围

新产品可行性分析必须对产品的社会需求、市场占有率、技术现状、发展趋势及资源效益五个重要方面进行分析论证及科学预测。

......

第五章 新产品研发与试制

第12条 研发与试制要求

（1）新产品研发经过调研后，确定试制目标和实施方案，由产品研发部人员进行研发......

第六章 新产品定型

第15条 新产品定型

（1）新产品定型是对新产品从技术和经济上做全面的评价，以确定是否可进入下阶段试制或正式投产，它应对社会和客户负责，要求严肃、认真和公正地进行。

……

第七章 新产品成果评审和报批

第 19 条 成果报审

新产品根据鉴定级别，按照国家有关科技成果与技术进步有关奖励条例和本公司《关于技术改进与合理化建议管理办法》办理报审手续。

……

第八章 研发周期管理

第 21 条 简单产品的研发周期

对于简单产品，公司已具有成熟制造和应用技术的产品以及由基型派生出来的变型产品……

第十章 奖励与惩罚

第 25 条 优秀产品研发奖

本公司设立优秀新产品研发奖，每年评比一次……

第十一章 技术文件资料管理

第 27 条 技术资料管理

（1）图纸幅面和制图要符合国家有关标准和公司标准。

……

7.3 相关制度模板

制度 1 市场调研管理标准

市场调研管理标准

1. 范围

为保障公司及时掌握市场情况，规范市场调研及预测工作，对市场信息进行有效管理，从而做出符合实际的市场预测，并据此制定正确的经营方针，本标准规定了公司市场调研工作组织实施的管控标准，适用于公司市场部及相关职能部门。

2. 职责

2.1 市场部负责制定市场调研的详细工作规程和细则，按程序组织开展市场信息与数据的收集和整理，进行数据资料的分析，拟定报告、进行市场企划等工作。

2.2 销售部、工程部、研发部、生产部等相关部门负责根据市场调研需要进行积极配合，参与审核调研方案及报告。

3. 管理内容

3.1 市场调研类型。

（1）定期调研：指市场部根据公司年度经营战略规划，每年第一季度末制订公司次年年度市场调研项目计划而定期组织实施的市场调研活动。

（2）临时调研：公司经营层或销售、工程等业务部门因客户或市场紧急需求及反馈等临时需展开的市场调研活动。

（3）资料收集：指市场部会同有关业务部门长期性收集国内外有关统计资料和文献报告的调研活动。

3.2 市场调研内容。

3.2.1 市场环境调研。

市场环境调研是企业有效开展经营活动的基本前提。主要包括以下两方面：

（1）市场宏观信息调研：包括市场容量、增长率、盈利率、集中度、行业周期、技术水平、创新能力、主要参与企业及其类型等关键性指标。

......

4. 报告和记录

制度 2 研发费用管理制度

研发费用管理制度

第一章 总则

第一条 公司为了贯彻实施国家法律法规，符合新会计准则的要求，以及加强公司研发费用管理，促进公司自主创新，完善公司关于投入研发财务核算管理制度，并结合公司的实际情况制定本制度。

第二条 研究开发经费是用于进行科学技术研究、开发，新技术推广应用的专项费用支出。

第三条 研究开发经费必须按计划统筹安排，节约使用，讲求经济效益。

第二章 研究开发经费的来源

第四条 国家、部委、省、市等有关政府机构（上级部门）对重点研究开发项目的专项拨款。

第五条 公司自有资金，主要是通过生产经营活动产生的资金结余。

第六条 其他方面筹措的用于研究开发项目的费用。

第三章 研究开发费用的范围

第七条 根据《企业会计准则第 6 号——无形资产》的规定，本公司将内部研究开发项目的支出区分研究阶段支出与开发阶段支出。研究指为获得并理解新的科学或技术知识而进行的独创性的有计划调查，或企业为支持其在高新技术服务业领域内开发新产品（服务）、采用新工艺等，而在自然科学和工程技术方面取得新知识或实质性改进的活动；或从事国家级科技计划列入的服务业关键技术项目的开发活动。开发指在进行商业性生产或使用前，将研究成果或其他知识用于某项计划或设计，以生产出新的或具有实质性改进的材料、装置、产品等。

第八条 对于公司内部的研究开发项目（包括公司取得的已作为无形资产确认的正在进行中的研究开发项目），研究阶段的支出，于发生当期归集后计入损益（管理费用）；工艺试制的支出在符合特定条件时确认为无形资产，即资本化。

第九条 公司研发费用（也称"技术开发费"），指公司在产品、技术、材料、工艺、标准的研究、开发过程中发生的各项费用，包括：

……

第四章 研发经费的管理

第五章 研究开发费用的会计处理

第六章 其他事项

制度 3 新产品研发管理制度

新产品研发管理制度

第一章 总则

第 1 条 目的

为加速产品更新换代，推动公司技术进步，加强新产品研发管理工作，提高公司的市场竞争力，特制定本制度。

第 2 条 新产品定义

本制度所称的"新产品"指在结构、材质和工艺等方面比老产品有明显改进，显著提高了产品的性能或扩大了产品使用功能以及采用了新技术原理、新设计构思的产品。

第 3 条 新产品研发遵循的原则

（1）产品具有先进性、适用性、适销等潜在的经济效益和社会效益。

（2）产品符合产业、产品结构调整方向以及国家技术政策和技术装备政策。

（3）产品设计标准化、规范化。

第二章 管理机构与责任

第 4 条 组织管理

为了促进公司新产品研发，有效地进行系统管理，公司特成立研发部门，专门负责研发项目的相关工作。

第 5 条 组织结构

研发部由研发总监、项目负责人及研发人员构成。研发总监由公司总工程师担任，项目负责人由研发总监根据项目性质从研发人员中选派担任，其他成员依项目性质不同，由研发总监、项目负责人选派研发部内其他现有人员或招聘新员工担任。

第三章 编制新产品研发计划

第四章 研发调研与分析

第五章 新产品研发与试制

第六章 新产品定型

第七章 新产品成果评审和报批

第八章 研发周期管理

第九章 研发项目财务管理

第十章 奖励与惩罚

第十一章 技术文件资料管理

第十二章 附则

制度管人

第 8 章

加强生产管理，提升生产效率

　　生产活动是生产、加工等类型企业获取收益的主要方式，生产活动是否高效直接关系到企业的盈利情况。此外，与生产活动相关的生产技术、设备、员工等也是生产管理的重点。

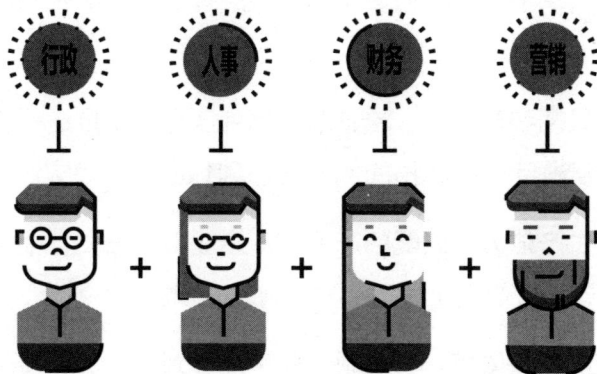

行政　＋　人事　＋　财务　＋　营销　＋

8.1 制订完善的生产管理计划

对于生产型企业而言，生产工作对企业的运营有较大的影响，生产管理工作不完善可能导致企业正常的生产工作受到影响。因此企业管理者要组织相关人员做好生产管理计划。

8.1.1 如何制订生产计划

生产计划是企业对生产任务做出统筹安排，具体拟定生产产品的品种、数量、质量和进度的计划。此外，生产计划也是企业经营计划的一部分，企业可以据此进行生产管理。

不仅如此，制订合理的生产计划还有利于生产计划合理安排，有利于改进生产组织。

不同企业或从事的生产活动不同，生产计划也都不相同，下面具体来看不同类别的生产计划。

保证交货日期和产量。有的企业是接到客户订单再进行生产，因此其生产计划就需要满足客户要求的产量的交货时间。

维持企业生产能力相匹配的产量。从企业自身出发，根据企业的生产能力确定生产计划，使企业的生产力得到充分释放。

作为物料的采购依据。企业制订好生产计划，能够方便采购人员根据生产计划进行物料采购。

维持库存量稳定。对于企业而言，要想生产销售工作不脱节，就需要保证生产原料和产品数量的稳定。

做好人员设备补充安排。企业如果需要增产某种产品，现有的设备和人员又无法很好完成，则可以做好人员和设备的补充，保证生产任务顺利完成。

了解了生产计划的不同类别后，下面具体来看生产计划包括哪些内容。

①生产什么东西，即产品名称、零件名称。例如某企业需要生产某种机器部件，名称代号为BJ12138。

②生产多少数量或重量的产品，不能少于要求的数量或重量。例如客户订单需要10 000个工件，那实际生产应考虑到报废的产生，那么可以投产10 500个，方能保证10 000个的交货量。

③明确在哪个部门、单位进行生产。因生产制造行业的特性，显然我们主要是在生产部门完成指标。

④要求什么时候完成，即期间、交期。通常在与客户签订订单时就会明确产品所需的生产时间，如果不能按时完成，则需要考虑增加生产人员和生产设备。

拓展贴士 *生产计划分类*

生产计划按周期分类可以分为长期、中期和短期计划，长期计划分为2～3年的长期生产计划和年度生产计划；中期计划分为季、半年生产计划或月生产计划；短期计划分为周生产计划和日生产计划。

了解了生产计划的基本内容后，下面具体来看企业生产计划的制订步骤，如图8-1所示。

收集资料，分项研究。首先收集编制生产计划所需的资源信息和生产信息，进行汇总。

⇩

拟定优化计划方案统筹安排。初步确定各项生产计划指标，包括产量指标的优选和确定、质量指标的确定、产品品种的合理搭配、产品出产进度的合理安排。

⇩

编制计划草案，做好生产计划的平衡工作。主要是生产指标与生产能力的平衡；测算企业主要生产设备和生产面积对生产任务的保证程度；生产任务与劳动力、物资供应、能源、生产技术准备能力之间的平衡；生产指标与资金、成本、利润等指标之间的平衡。

⇩

讨论修正与定稿报批通过综合平衡，对计划做适当调整，正确制定各项生产指标。报请总经理或上级主管部门批准。

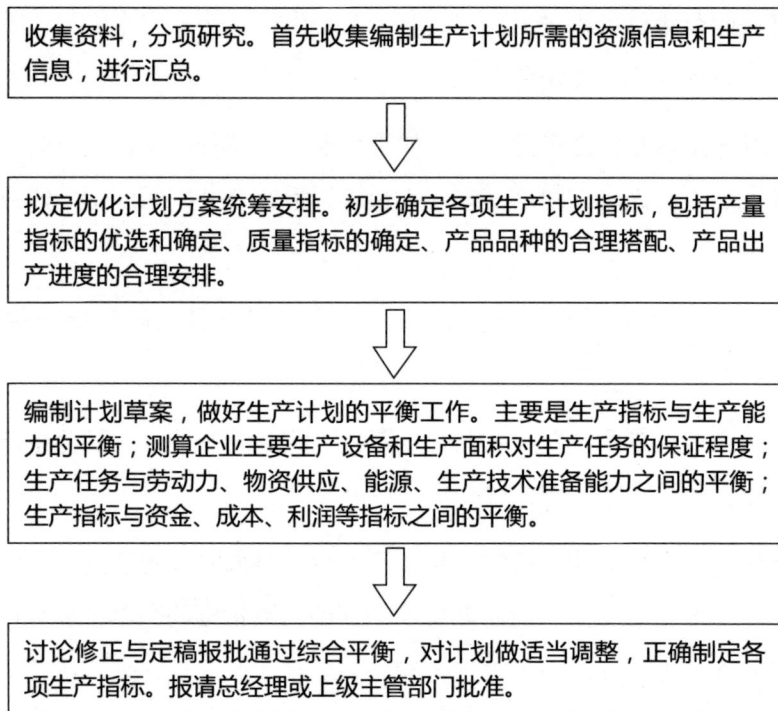

图 8-1　生产计划制订步骤

8.1.2　如何有效实施生产计划

很多企业都存在生产计划难以顺利实施的问题，究其原因，主要是企业内部生产活动变化太快，导致原定的生产计划被打乱。

此外，生产计划通常适合生产稳定的企业，而不适合生产活动受市场影响较大的企业。因此，小型企业通常不适合使用生产计划规范生产活动，中小企业的异常因素太多，而且受市场影响较大。

那么对于中小企业这种生产活动不稳定的企业来说应当如何有效实施生产计划呢？可以采用滚动排查的方法进行。

（1）订单评审

订单评审是一个重要的步骤，然而许多企业并没有开展这一步骤。接到订单后各部门应进行分析，商量对策，解决不了就需要与客户沟通，能解决的情况下则将责任进行具体划分。

如果不进行分析，由生产部负责管理生产，则可能存在一定的局限性，因为生产离不开物料、设备和技术，这是生产部无法自己控制的。

生产部门在生产过程中可能产生各种各样的问题，涉及的部门较多，这就需要计划部门从中进行协调，解决问题。

（2）根据交货时间确定月计划

通常企业与客户签订合同时都会确定交货时间，企业也可以分析自身能否在规定的时间完成生产，如果不能则应当与客户进行协商，修改交货时间。

确定了交货时间，就需要根据交货期限分解成各部门的月计划，如果产品的生产周期较短，可能无法形成月计划，只能形成周计划或是日计划，应当视具体情况来确定。

月计划形成后在具体实施过程中应当按月进行排查，在排查过程中发现的问题应当及时解决，避免出现影响进度的情况。

月排查可以提前一个月发现异常，再针对前工序、采购进行调整，不仅对后面工作起到促进作用，也是对前面工作的一种补强。如果不定期进行排查，存在的问题没有被及时发现，到了后期则可能造成难以挽回的重大损失。

（3）制订周计划

周计划通常在月计划的基础上进行设定，主要明确在一周内各部门需要完成哪些工作。同样的，周计划需要每周进行排查，通常包括工序、采购情况、技术支持以及设备等，对存在的问题要及时解决，保证下一个周计划顺利实施。

通过周排查发现了一部分异常，将其提前解决，计划也可做必要的调整。所以，提前把很多问题预防到，提前把很多问题先解决掉，这才是管理工作的要点。

（4）制订日计划

日计划就是对明天要做什么进行提前计划，通常日计划是固定的不能过多改变。这一点与月、周计划有所不同。月、周计划可以进行调整，这需要管理者注意。

需要注意的是，日计划的确定不是确定当天的计划，而是确定下一日的生产计划。因为通过多次的排查，基本能够解决生产计划存在的问题，这就使得日计划能够有效确定。

为了使日计划更有效，一般企业都采用滚动3天的方式，因此这个日计划统称为滚动日计划。也就是通过3天逐渐确定一天的生产计划。

下面通过具体的案例来看日计划是如何确定的。

案例实操 滚动日计划确定方法

某企业是一家小型生产企业，受市场的影响较大，经过订单评审后，分别确定月计划、周计划，现需要确定2020年11月9日至13日这一周工作日的生产任务确定情况，具体如表8-1所示。

表 8-1 生产任务确定情况

日期	任务					
	11月6日生产任务	11月9日生产任务	11月10日生产任务	11月11日生产任务	11月12日生产任务	11月13日生产任务
11月6日		确定100%	确定80%	确定60%		
11月9日			确定100%	确定80%	确定60%	
11月10日				确定100%	确定80%	确定60%
11月11日					确定100%	确定80%
11月12日						确定100%

从表 8-1 可以看到日生产任务的确定不是一次性完成的，对表 8-1 的横向和纵向进行分析，能够获得不同的信息。

从横向来看，当日能够 100% 确定下一个生产日的工作任务，能够 80% 确定再下一个生产日的工作任务，能够 60% 确定间隔两个生产日的工作任务。

从纵向来看，当日的生产任务由之前的 3 个工作日确定，并且能够确定的生产任务的量逐渐增多，分别是 60%、80% 和 100%。

在实际操作中，生产任务确定一次，就相当于会进行一次排查，那么在生产之前，日生产任务会被排查三次，能够降低日生产任务出现问题的可能性。

此外，如果加上月计划排查和周计划排查，那么一个生产任务会被排查 5 次，通过一次又一次的排查，逐渐解决其中存在的问题，从而获得一个精确的生产任务。

8.1.3 生产计划管理制度的制定

生产计划管理制度的制定就是对企业的生产计划管理工作进行具体规定，下面具体介绍生产计划管理制度应当包括的内容。

明确分工和授权情况。要保证生产计划能够顺利开展，就需要明确各项生产任务的分工情况，并对相关人员进行必要的授权，保证企业的生产工作能够顺利开展。

生产计划的编制和执行。生产计划编制是否合理也会一定程度上影响生产任务的执行，因此生产计划管理制度应当对生产计划的编制和执行进行具体规定，让相关人员能够按照准则办事。

做好监督与检查。企业负责生产管理的相关领导要做好监督管理工作，对其中存在的问题要及时进行调整。

下面具体来看某企业的生产计划管理制度。

案例实操 生产计划管理制度（节选）

第二章 分工与授权

（一）生产计划的编制必须保证公司销售合同、新产品试制任务的完成。

（二）制定先进合理的"期量标准"，严格按生产周期组织生产，充分发挥企业的生产能力，确保生产均衡进行。

（三）生产计划编制需要可靠的物资保障和技术组织措施保证，技术研发部及物资保障部必须严格按照生产计划提供技术支持和组织物资采购。

（四）各车间作业计划要经过综合平衡、合理安排，充分发挥各生产车间的加工能力。

第三章 实施与执行

（一）生产计划编制的依据。

第三条 编制生产计划必须掌握可靠的依据并正确运用，以提高生产计划的编制质量。具体提供资料：产品订货合同和技术协议、新产品试制计划、设备大修计划、关键材料配套情况、产品工时定额。

第四条 "期量标准"也是编制生产计划的重要依据。"期量标准"应根据公司生产体制和工艺调整因素及时进行修订。

（二）生产计划工作的任务。

第五条 根据公司年、月生产计划指标，把公司月份任务按日历进度计划要求，具体地、合理地分配到车间，使之相互配合、衔接，保证全面落实，按期、按质、按量全面均衡地完成。

第六条 根据已确定的任务量进行劳动力和设备能力、作业面积的平衡，充分发挥生产能力，缩短生产周期，压缩生产资金占用，提高生产活动的经济效益。

第七条 按生产计划量规模控制半成品库存，减少在制品和外协的资金占用。

（三）生产计划的程序。

第八条 每月十日前下达下月生产计划，并将生产计划下发至销售部、物资保障部、技术研发部、质量检验部、生产车间并上报有关领导，以便各部门了解合同投产安排。

第九条 根据合同资源对急于交付未列入计划的工程项目，制订临时生产计划，合理调节车间进度，确保合同要求。

第十条 每周早会，生产计划部将一周生产计划及合同进度情况做总结，并提出需调度及协调的问题，使各部门了解生产动态。

第四章 监督与检查

第十一条 生产计划人员要及时同设计、工艺及供应销售等部门进行信息沟通，及时解决生产过程中的各种矛盾，满足用户要求。

第十二条 接受主管领导的监督检查，按需要调整进度计划，满足市场需要。

第十三条 计划变更或调整要履行有关手续，相关人员要签字盖章备案。

以上所示为某企业的生产计划管理制度的主要内容，首先介绍的是分工与授权，对生产过程中的分工情况进行具体介绍，包括授权情况。

接着介绍了生产计划的实施与执行规范，包括生产计划的编制依据、生产计划工作的任务以及生产计划的程序，对生产计划的实施和执行进行具体规定。

最后是监督与检查，主管领导要对生产计划的实施进行监督，计划变更也需要相关人员签字确认。

8.2 生产设备和技术管理要点

对于生产企业而言，生产设备和技术十分重要，两者都会直接对企业的生产工作产生影响。企业管理者要加强这两方面的管理，保证企业的生产设备和技术能够符合企业生产需求。

8.2.1 如何引进生产设备

生产设备指在生产过程中为生产工人操纵的，直接改变原材料属性、性能、形态或增强外观价值所必需的劳动资料或器物。生产设备的质量好坏直接决定了企业的生产效率，如果企业本身效率低或是经常出现故障，则会影响企业的生产进度。

如果企业的生产设备存在问题，则需要引进新型生产设备，进行设备革新，提高生产效率。那么，究竟应当如何引进生产设备呢？下面进行具体介绍。

（1）设备申购准备

通常对企业设备最为了解的应当是设备使用部门的相关人员，而不是领导。因此首先应当由使用部门根据实际的生产需求、质量要求以及场地和实用性需求提出申请。

然后由企业的技术部门按照使用部门的要求确定技术要求，再由PMC（即 Production Material Control 的缩写。指对生产计划与生产进度的控制，以及对物料的计划、跟踪、收发、存储、使用等各方面的监督与管理和呆滞物料的预防处理工作）部门按照技术要求调研设备型号、价格以及供应方，最后由使用部门填写申购单。

（2）相关合同制定

在进行采购的过程中需要确定技术合同，由技术部门人员负责制定，这也是采购人员进行采购的依据，避免采购的生产设备与实际需求不符，造成不必要损失。

由PMC部门确定采购合同的具体内容，合同中需要注明设备的安装和调试的责任方是供应商还是公司内部调试，避免在后期安装调试过程中出现争议。

（3）进度跟踪与设备安装调试

PMC 部门需要按照合同约定的交付期限跟踪完成进度，并经常与供应商进行沟通，确保设备能够按时交付。

由设备部门编制调试计划，按照计划准备好现场所需的水、电、气，使用部门需要进行协助，做好现场准备工作，并提前确定设备操作人员，确保安装调试工作顺利进行。

由设备供应商到场安装设备，备料部门协助安装设备所需的水、电、气，整个过程由使用部门负责监督，结合实际使用需要，将设备安装到合适的位置。

安装完成后，供应商需要确保设备能够正常开启、运转，并保证设备水平、精度能够达到预定的要求。如果合同规定由企业内部调试，则由备料部门负责调试，并根据结果填制设备调试表。

供应商需要确保设备空运能正常运转，确保运行时效率、产品精度能够达到预期标准。

（4）试运行与设备验收

在试运行阶段，设备部门要保障设备运行顺利，并记录设备容易出现的故障点，有助于设备维修；使用部门需要确保试运行阶段的物料充足，确认试运行期间产能的稳定性；品管部需要确定设备的精度和质量一致性是否达标。

在设备验收阶段，供应商需要对相关人员进行培训，包括操作和维修保养；设备部门需要向供应商索取相关资料，包括说明书、保养手册、电气图以及备品清单等，并确保为最新；使用部门应组织相关人员参加供应商培训；品质部评估设备的可靠性和稳定性是否达标。

8.2.2 生产设备的维护管理

生产设备维护对于企业来说是比较常见的，因为在生产过程中需要对生产设备持续维护，才能使设备保持更好的状态，有助于生产使用。下面首先来看什么是生产设备维护。

设备维护主要指设备维修与保养的结合，其发展过程主要经历了 6 个阶段，具体如表 8-2 所示。

表 8-2　设备维护发展过程经历的阶段

阶　　段	具体介绍
事后维护 （阶段一）	当设备出现问题，才进行维护；当生产设备的停止损失可以忽略时，可采取事后维护；当平均故障间隔非定时，平均修复为短期，定期进行部件交换需花费高额费用时，也可采取事后维护
预防维护 （阶段二）	此方法是在设备发生故障之前进行维护。预防维护的间隔时间根据设备的规模或寿命等来确定，可以一年一次、半年一次、一月一次或一周一次进行定期点检或是修理
生产维护 （阶段三）	通常有两种方法，一种是进行设备改良，也就是通过改善和改良设备的生产性而对设备进行的技术改良；另一种则从根本上降低设备的维护费用，制造不需要维护的设备或是购入时就考虑到维护这一事项
全员生产维护 （阶段四）	生产保养不只是相关技术人员或管理人员的责任，还包括所有以员工为中心的经营层、管理层及作业员的一种全员预防
预知维护 （阶段五）	预知保全是对设备的劣化状况或性能状况进行诊断，然后在诊断状况的基础上开展保养、维护活动的一种概念。因此，要正确并且高精度地把握好设备的劣化状况

生产设备维护管理工作对企业生产有重要影响，管理者如果想要做好生产设备维护管理工作，可以从以下几方面入手。

制定设备使用程序。制定合理的设备使用程序，让员工在工作的过程中能够按照设备的使用规定进行操作，从而避免设备出现故障，减少设备维修，相当于提高了设备维护效率。

加强按计划检修工作。如果企业制订了设备检修计划，就需要按照计划进行设备检修，确保设备处于较为良好的状态，这样有利于生产工作顺利进行。

制定设备操作维护规程。对设备的操作和维护进行具体规定，提升设备维护效率。

建立设备使用责任制。通过制度的形式将设备与使用者进行连接，让使用者对具体的设备负责，这样能够让管理者更加注重对生产设备的保养和保护。

建立设备的维护保养制度。这种方法是现在企业较为常用的方法，通过制度对企业设备维护和保养工作进行具体规定，相关人员也能够参考制度规范自身的操作。

下面通过具体的制度来看设备维护的具体情况。

案例实操 **设备维护制度**（节选）

二、设备维护的要点

1.操作工作实行设备维护保养负责制。

（1）每台设备都要制订和悬挂维护保养责任牌，正面是责任者姓名，反面是维护保养者姓名。

（2）严格按设备使用规程的规定，正确使用操作设备。

（3）开车前要仔细检查设备的必检部位，如螺栓、油位、各种仪表等，然后空负荷试车，发现问题和异常现象，要停车检查，并及时报告检修责任者，立即处理。

（4）正确地按车间制订的润滑表规定，定期添加润滑油或润滑脂，定期换油，保持油路畅通。

（5）操作工在本班下班前将设备和工作场地擦拭及清扫干净，保持设备内外清洁，无油垢、无脏物，做到"漆见本色铁见光"。

（6）认真执行交接班制度，交接双方要在"交接班记录本"签字，设备在接班后发生问题由接班人负责。

2. 专业维修工人，实行设备包修制。

（1）班组包区域，个人包机组。

（2）每个设备区域和每一台设备都要制订和悬挂维护检修责任牌。区域内要悬挂班组长责任牌，单机悬挂个人责任牌，正面填写责任者姓名，反面填写检查维修责任者职责。

（3）包修的责任班组，应按维修部门制定的区域设备检查点，分解落实到单机包修的个人，定时、定点进行循回检查包修。

（4）维修部门应根据检查的记录，安排和落实该设备的预修计划，并报设备主管部门备案，及时排除设备事故或设备故障。

三、设备维护保养的标准

1. 设备本体及周围清洁、整齐，无明显跑、冒、滴、漏现象。

2. 设备润滑装置保持齐全完好并贯彻五定（定点、定人、定时、定质、定量）原则。

3.设备各部位连接紧固，状态良好。基础螺栓及各部连接螺栓、销子齐全无缺，紧固无松动现象。

4.安全防护装置及各种仪器仪表维护保管好，完整齐全，准确可靠。

四、设备技术档案管理

1.设备技术档案是设备使用期间的物质运动（包括从采购、设计、制造、安装、调试、使用、维修、更新改造、报废等全过程）的综合记载，为设备管理提供各个不同时期的原始根据。因此，车间和设备管理部门都应贯彻执行，逐台建立设备技术档案。

2.凡在用的设备都必须建立技术档案。

（1）按公司制定的"设备技术档案"逐项记载。

（2）必须要有传动示意图、液压、动力、电气等原理图。

……

3.凡在用的主要设备、应建立备件、易损件图册。

4.新设备到货后，设备库必须把随机带来的全部资料（包括图纸、说明书、装箱单等）交技术资料室复制两份，原资料归公司资料室，复制资料一份交设备管理部门，一份交设备使用部门。

5.设备大、中修，必须将检修情况（包括检修时间、检修负责人、更换的零部件、轴承、解决主要的技术问题、改进部分及图纸、调试、验收等原始记录）归档。

6.设备的技术档案管理由设备管理部门负责。

五、检查与考核

本制度由设备主管部门负责对设备使用情况定期检查，设备部考核，安环部监督，每季度进行一次。

以上为某企业的设备维护管理制度的部分内容，首先明确了设备维护的要点，然后确定了设备维护保养的标准，接着规定了设备技术档案的管理要点，最后规定了检查和考核要求。管理者在实际操作中也可以参考这种内容格式。

8.2.3 如何管理企业的生产技术

生产技术指企业进行生产所需要的技术，对企业来说是十分重要的，那么对于企业而言，生产技术具体包括哪些内容呢？具体介绍如下。

◆ **基础数据维护**：生产管理的基础数据有产品用料构成、工时定额、设备信息、生产线信息、工序信息等。

◆ **产品用料**：产品用料定义了每种产品的材料构成及用量，即生产某种产品需要哪些材料？要多少？当生产单下达后，系统根据产品用料表自动计算所需物料及用量。

◆ **工时定额**：工时定额定义了每道工序的标准工时，可以此为标准进行工时统计。

◆ **设备信息**：设备信息记录了各种设备的基本信息，如所在生产线名称、设备名称、型号、工作状态、责任人、安装时间、原值、折旧年限、折旧方法和净残值等，可为成本计算提供依据。

◆ **生产线信息**：生产线信息记录了各生产线的基本信息，如生产线编号、生产线名称、对应工序和安装地点等。

◆ **工序信息**：工序信息定义了各道工序的工序编号、工序名称和作业内容。

◆ **模具库**：模具库用于存放模具信息，如模具编号、名称、规格和对应客户等，可以多种条件随时查询。

◆ **生产计划维护**：生产计划来自销售管理、生产管理本身以及库存管理，生产计划是下达生产任务的依据。

◆ **下生产单**：生产单是执行生产计划的第一步，填写时可直接引用生产计划，也可手动填写。生产单确认后，系统将依据产品用料表自动计算所需物料，生成物料需求清单。

◆ **工序进料**：工序进料用于记录进入生产线各道工序的物料量，并根据领料量，计算物料剩余量。

◆ **工序记录**：工序记录用于对产品生产的每道工序进行详细记录，以便及时了解产品的完成情况。

◆ **工时统计**：工时统计依据工时定额，计算并统计产品生产的人工工时，以便计算工人工资。

◆ **制订维修计划**：维修计划用于制订设备的短期、长期、临时的维修计划，以便及时、准确、高效地对设备进行必要的维修，以确保设备正常运行。

由于企业的生产技术不同，涉及的管理方法也不相同，如果生产技术较为复杂可以设置专门的部门进行管理，也可以制定相应的管理制度进行全面管理。如果生产技术较少或较为单一，则可以安排固定的管理人员进行管理。

对于企业而言，生产技术通常不是单一的，因此在管理生产技术时可以从生产活动的整个流程入手进行管理，包括原料的采购和配比、生产过程技术管理以及生产成本控制管理等。

下面来看某加工企业生产技术管理制度的主要结构。

案例实操 生产技术管理制度（节选）

在制粉厂中，面粉质量的稳定和提高是第一关键，无论采用何种生产工艺，不论是多大规模，若要保持产品质量的稳定和提高，需要对生产过程各个环节进行严格管理。

一、加强小麦接收、搭配的生产技术管理

当前我国面粉厂所采用的原料小部分是从国储库调来的，大部分是从农民手中直接收购……

二、加强清理间的生产技术管理

2.1 加强清理过程控制管理

现代面粉厂的清理流程基本上都是……

三、加强对制粉车间的生产技术管理

3.1 制粉车间的生产操作管理

在各种物料流量平衡的情况下，要求操作工不要随意改变操作，对制粉车间各个设备要定期维护……

四、加强生产成本的控制管理

生产成本的高低直接影响到面粉厂的经济效益……

以上为某加工企业的生产技术管理制度，从结构上看，首先明确了原料的接收和搭配的重要性，这也是生产技术的一部分。

清理间是面粉加工的重要场所，因此清理间的生产技术管理也是十分重要的。制粉车间的生产技术管理是企业生产技术的主要内容，需要进行重点规范管理。

最后对成本控制进行了具体规范，成本控制方法对于企业生产工作来说也是重中之重，企业从事生产活动就是为了盈利，控制好成本能够相应地提高企业的利润。

8.2.4 产品质量把控要点

加强产品质量检测虽然可以提升产品质量，但是更为重要的是做好质量预防，避免出现有质量问题的产品。这就需要管理者转变思维，将质量管理的重点放在前期生产。

管理者要做好产品质量控制可以从以下几个方面入手。

考虑人的问题。企业应当要有各项指标来检验招聘人的素质问题；提升员工产品质量全员意识，加强对职工的业务培训、训练。

工艺问题。提升生产工艺水平，确保产品质量，加强企业内部生产工艺审核。

管理问题。产品质量问题落实到工作环节，落实到具体责任人。产品质量问题定期落实考核并单独列示，生产布局随时调整，适宜实际情况。

完善制度。建立严格的、稳定的质控制度与考核方案，完善生产管理制度，对员工工作起到规范作用。

以上是企业管理者需要重点考虑的问题，除此之外不同企业还存在一些特殊的问题需要进行单独考虑。

管理者在实际工作中，通常不会详细了解企业的生产状况，而是通过产品合格率数据来看产品的质量。产品合格率的计算公式如下。

$$产品合格率 = 合格产品数 \div 产品总数 \times 100\%$$

下面通过具体的案例来看合格率的计算方法。

案例实操 某企业零件加工生产合格率计算

某企业主要从事零件加工生产，2020 年 10 月份总共生产了 20 000 件某样式的 A 型号工件，其中一次性合格品为 19 400 件，200 件经过返工后达到合格标准，最终存在 400 件不合格产品。已知该企业要求该类工件的合格率必须达到 96%，则可以计算该企业工件合格率是否达标。

$$产品合格率 = （19\ 400 + 200）÷ 200\ 000 × 100\% = 98\%$$

通过计算可以得出，产品合格率为 98%，已经超过企业规定的 96%，因此企业 A 型号工件合格率达标。

8.3 生产车间管理与成本控制实施要点

对于生产型企业而言，生产车间的工作情况在一定程度上会决定企业的生产效率和生产质量，做好生产车间各项工作的管理，能够让企业生产工作有序进行，从而提高生产效率。此外成本控制也是企业管理者需要注意的，控制成本也能够变相提高企业的收益，这是高层领导和生产部门负责人十分关注的。

8.3.1 如何管理生产现场

生产现场管理就是对企业的生产现场的各项事务进行管理，确保生产工作能够正常开展。对于管理者而言，需要了解生产现场管理的主要工作和如何进行生产现场管理，下面分别进行介绍。

（1）生产现场管理的主要工作

管理者对生产现场的事务进行管理，应了解哪些项目需要进行管理，从而有针对性地开展工作。下面具体介绍生产现场管理工作的主要内容。

◆ 健全车间生产组织，合理组织生产

车间是从事生产活动的主要场所，应当围绕生产活动提高管理水平。在管理部门领导下，建立健全统一的、强有力的生产组织机构。根据计划任务，合理安排生产和工作任务，组织均衡生产，使企业内部的人、财、物能够得到有效的运转，取得最优的经济效益。

◆ 完善车间管理制度

管理者在遵循企业各项制度的前提下，结合自身特点，制定各项车间管理制度，以及车间内部职能组、工段、班组等各项组织和车间主任、职能组长、技术人员、工人等各类人员的工作职责、工作标准。从而做到每件工作都有人负责，每项工作都有具体的标准，强化车间管理。

◆ 加强劳动组织

管理者在组织生产时，要努力为职工创造良好的生产环境，研究科学的劳动组织和操作方法，制定合理的薪酬和考核办法，不断提高工人的技术和文化水平，使工人能够心情舒畅地、操作熟练地去工作，提高劳动生产率。

◆ 加强工艺纪律

企业要想生产出高质量、低消耗的产品，就要加强工艺纪律，严格技术管理，健全消耗、质量管理制度。保证产量的同时，降低生产成本，提高质量，把投入到车间生产过程中的各种要素进行充分利用，从而取得最高的经济效益。

◆ 不断革新技术

企业要想生产工作能够高效、高质量地完成，革新技术和设备也是一项重要的方法。用新技术、新工艺改造老设备，合理有效地计划、组织和控制车间的生产技术经济活动，保证技术的先进性，再从技术上提高生产效率，以促进生产力的发展。

◆ 管好、用好固定资产

不断提高设备的利用率和完好率，才能为企业创造更大的效益。可以通过建立科学的设备使用、维护制度，监督设备使用状况，定期组织设备维修，加强设备和工具管理，防止设备和人身事故，实现稳定生产。

◆ 加强核算工作

生产型企业的经营业绩是否良好，能否取得良好的效益，很大程度上由各车间的生产情况决定，这就需要通过核算来确定和监督。因此需要加强车间核算工作，管理者才能基于此进行具体的改进，不断提高。

◆ 建立车间指标体系

管理者根据车间管理所要解决的问题和要达到的目的，建立起能充分反映目的、衡量方案优劣的评价指标体系，然后，确定这些目标的要求值和目标的性能特点。

◆ 车间利润评价

车间管理系统的评价主要是从利润这一角度来评价，即对收益和费用进行综合考虑。评价以模型为基础，通过数学分析，以利润的大小来衡量和评价。

（2）如何进行生产现场管理

车间是生产型企业创造价值的主要场所，一个优秀的管理者，通常能够通过自身的管理能力，确保各项生产活动顺利开展，实现生产目标。下面具体介绍车间生产管理工作如何开展。

◆ 善用企业文化

优秀的管理者通常会积极推行企业文化，用企业文化来熏陶员工、激励员工。让员工逐渐了解企业发展史，认可企业、信任企业；还要让员工了解企业的发展目标、未来计划，提升员工对企业的信心，乐于奉献；通过企业文化树立竞争意识，形成企业内部良性竞争，推动企业不断进步。

◆ 合理制定和实施管理制度

除了企业的制度外，还更要逐步建立完善车间的管理制度体系，制定出员工的行为规范，并根据使用反馈情况及时更新，从各个方面规范员工的行为。

此外，还要加强日常检查监督，督促员工养成良好的工作习惯，使员工能够自觉按照制度要求工作，形成良好的工作模式。

◆ 倡导安全生产

优秀的管理者应当注重安全生产，做好各种安全保障，在车间生产过程中确保安全。主要可以从"人、机、料、法、环"这 5 个部分分别进行管理和规范，如表 8-3 所示。

表 8-3　安全生产管理和规范

项　　目	具体介绍
"人" 的管理	即对员工的安全管理。企业需要的员工应当安排到相应的辅助岗位进行试岗磨合，然后根据员工的技能水平、数量程度以及责任感等进行评估；评估不合格的可以进行再培训提升员工综合能力，达到要求；再不能胜任的员工应谢绝录用
"机" 的管理	即对企业的机器设备进行管理。企业车间管理者应当明确责任制，将每台设备落实到具体的员工，专人负责。并不定期进行检查，按照检查结果进行奖罚。此外，员工在交接班时，必须要有机器运行情况记录，方便及时发现异常并汇报维修 还可以定期组织设备操作培训，以提升员工的设备操作能力，降低设备使用安全危害
"料" 的管理	即对物料的管理。物料的安全是生产管理中的重要因素，需要对经手物料的相关员工进行专业培训，让其熟悉工艺流程，了解物料的性质，能对每日物料进行精准计量。对于不能长期在外存放的物料要现取现用，原料退回需要保证质量

项　　目	具体介绍
"法"的管理	即操作方法，通常不能随意改变。新员工对操作方法存在疑虑时，应当安排老员工进行指导。车间应当进行不定期检查，确保各个操作人员的操作与规定的操作一致。此外，还可以制订具体的考评细则，进行定期考评，根据考评结果进行奖惩
"环"的管理	即对环境的管理。环境有时也会影响安全生产，管理者需要注意。管理者应结合5S（整理、整顿、清扫、清洁、素养）管理思想，结合车间具体情况制订管理细则，对各项设施、设备和区域进行具体规定，并鼓励员工提供合理化的建议，逐渐完善环境管理制度

8.3.2 如何管理车间员工

车间员工是生产型企业中负责生产活动的直接人员，生产车间员工管理的好坏直接关系到企业的生产效率和盈利情况。那么作为生产车间的管理人员，应当如何管理车间生产人员呢？

◆ 充分了解员工

管理者充分了解员工有助于日常工作的开展，了解员工是一个循序渐进的过程。初级就是了解员工的出身、学历、经验、家庭环境，以及背景、兴趣、专长等。同时还要了解员工的思想，以及干劲、热诚、诚意、正义感等。

中级就是当员工遇到困难，管理者能够及时给予帮助，从而能够加深对员工的认识。高级阶段就需要知人善任，能使每个员工在其工作岗位上发挥最大的潜能。给自己的员工足以考验其能力的挑战性工作，并且在其面临某种困境时，给予恰当的引导。

◆ 学会聆听员工意见

管理者通常处事果断，但是也要善于聆听他人的建议，聆听员工的想法能够发现员工存在的问题，然后解决他的问题或耐心开导。此外，对于犯错误的员工，管理者也要善于聆听，而不是一味责备，了解情况才能对症下药。

◆ 德才兼备，量才使用

作为管理者在用人时，先要了解每个人的特点，十个员工十个样，有的工作起来利落迅速；有的谨慎小心；有的擅长处理人际关系……

管理者不能够一味相信考核评分，而应当在实践中观察，结合员工长处安排合适的工作。在员工工作过程中观察其处事态度、速度和准确性，从而真正测出下属的潜能。

◆ 淡化权力，强化权威

有的管理者在对员工进行管理的过程中过度依赖权力，谁不服从就会受到制裁，这种方法虽然没有错，但是难以得到员工认可。

管理者的德行、气质、智慧、知识和经验等人格魅力，使员工自愿服从其领导，一个企业的管理者要成功地管理自己的员工，特别是管理比自己更优秀的员工，人格魅力形成的权威比行政权力更重要。

◆ 多表扬员工

表扬对于员工来说也是一种激励，而且通常产生的成本较低，但是对员工的激励作用是十分大的。

需要注意的是，要公开奖励标准，使员工了解每一个人获得奖励的原因。以公开的方式给予表扬、奖励。表扬和奖励如果不公开，不但会失去它本身的效果，而且会引起一些员工的无端猜测，影响工作。

◆ 创造适宜的工作环境

适宜的工作环境，不但可以提高工作效率，还能调节员工心理。根据生理需要设计工作环境，可以加快速度、节省体力、缓解疲劳；根据心理需要设计工作环境，可以创造愉悦、轻松、积极、活力的工作氛围。

8.3.3 如何进行车间合理调度

生产调度就是组织执行生产进度计划的工作。生产调度以生产进度计划为依据，生产进度计划要通过生产调度来实现。因此，生产车间调度工作对生产活动的影响较大。

通常情况下，企业会设置专门的调度岗位，负责调度整个生产活动，有的企业不会单独设置调度岗位，而是由一些管理人员负责调度车间生产活动。

那么，作为企业生产活动的调度者，应当从哪些方面入手呢？下面进行具体介绍。

（1）内强管理，外塑形象

生产调度员应当做好管理工作，善于凝聚人心。在安排工作的过程中应当将工作标准进行明确，并认真检查工作落实情况。具有一定的预见性，能够事前考虑到哪些环节、什么节点容易出现问题，并据此提出合理可行的预防措施，防患于未然。

要做好以上管理工作就要求管理者熟练掌握生产流程、产品加工工艺要求以及标准化管理。此外，生产调度人员通常是对企业生产活动进行调度，而不是某一车间，因此，在对待领导和员工的过程中要时刻注意自身形象。

（2）坚持原则，实事求是

生产过程中难免出现问题，但是原则性的问题一定要坚持，而且要实事求是，态度端正，作风朴实，对原则性的问题应一抓到底。对于弄虚作假的，要严惩不贷。

（3）廉洁自律，公平公正

调度人员作为管理人员，首先要有自律性。要求做的，调度人员自己必须认真做到；要求禁止的，调度人员首先不能做。要做到制度面前人人平等，不搞特殊，不滥用权力，行为检点，对于一些事情的处理，要坚持原则，公平公正。

（4）务实创新，团结奋进

调度人员工作要求务实创新，认真体现在工作的过程，务实则反映出工作的结果。要求调度人员既要务实，认真工作，又要勇于创新，不断进取。对于一些问题的处理上，应分清主次，明确方向，在复杂的问题中，认清抓住主要问题，在主要的问题中，摸清问题发生的规律。

作为调度员，应顾全大局，时刻把提高整个团队的凝聚力和向心力作为己任。与大家多交流思想，多沟通情况，增进理解和支持。努力营造一个充满生机活力、拼搏奋进的高效的团队。

下面具体来看某企业的车间调度管理制度。

案例实操 **车间调度管理制度**

为了保障生产有序、高效地进行，制定本制度。

一、生产高度工作的主要任务：以生产作业的维修单为依据，合理组织企业的日常生产活动，经常检查维修作业过程情况，及时、有效地调整和处理生产过程中的异常情况，组织新的平衡，保证全面完成生产任务。

二、每日开班前，应检查生产准备情况，包括班组人员到位情况，设备工具准备情况，配件供应或修复待装情况，督促和协助有关部门、班组按时做好多项生产准备工作。

三、根据当日应安排的作业"维修单"，及时、均衡地安排班组进行作业。调度指令必须绝对服从，班组或员工个人对调度有意见，必须先执行指令。下班后再提意见，必要时可向经理报告。

四、对车间进行周期性巡视检查，不断地到各个作业工位检查工作情况，发现异常，及时处理和协调。一般情况下，每班次（4小时）车间巡查不少于4次，每次不少于25分钟。

五、根据生产需要，合理组织、调剂作业安排，以确保各工位之间的有效配合。当班组作业完成时，及时通知技术检验员迅速到工位检验。

六、经常与配件部联系，了解配件情况，督促配件部及时把配件供应到车间班组。

七、出现维修增加项目情况时，应立即通知业务部，以便与客户取得联系。在接到业务部增项处理意见时，应及时通知班组进行增项作业。.

八、检查督促车间合理使用和维护设备。一是检查、督促操作者按章操作；二是检查、督促设备工具的日常维护保养，禁止设备带"病"运行；三是督促和检查有关单位和班组严格执行设备维修规定。

九、做好车间生产作业安排的记录、统计和分析，及时总结生产过程中的问题与经验，并负责完成该工作报告。

十、督促车间文明环境建设、每日检查生产现场，经常引导教育员工文明施工，爱护环境、爱护设备、爱护车辆，遵守安全生产规定，保持车间整洁的卫生环境。

十一、组织好生产调度会，对全车间的典型问题或情况，要及时告诉员工，以吸取教训；对工作中的优良表现，要予以表扬，以鼓励员工积极向上。调度人员在调度会前安排好准备工作，要以专业管理者的态度发言，简明扼要。

以上为某企业的车间调度管理制度，制度中没有具体介绍调度人员应当具备的能力和素养，而是直接对调度人员可能涉及的工作进行了具体规范，相当于调度岗位的行为准则。能够帮助调度人员明确自身的工作任务，避免出现工作遗漏。

管理者在制定自身企业的车间调度管理制度时，可以参考以上制度，也可以在此基础上增加需要的内容，比如调度人员应当具备的能力和职业素养等。

8.3.4 降低生产成本的措施

生产成本通常是企业十分关注的问题，降低成本也是所有企业都想要实现的，然而许多企业管理者在考虑降低成本时都考虑的不全面，或是存在一定的偏差，导致效果不佳。

为了解决这些问题，这里将介绍管理者应当了解和掌握的降低企业生产成本的措施。

◆ 转变采购方式

企业可以采取签订年度采购协议，按照年度采购量协商采购价格，以明确全年的采购量的方式获得采购价格的优惠。但需要注意的是，签订年度协议可能存在价格变动风险。

◆ 材料标准化、材料通用性降成本

在研发阶段需要对产品的材料建立材料标准化库，便于研发人员减少新物料供应商的选择、新物料的试用和质量不稳定等风险，可以节省研发时间，降低新材料的种类，也能促使新研发人员更快地切入新产品研发。

在产品的不同系列间规划时，尽量采用相同的材料或者替代物料，研发人员和采购人员应尽量寻找替代价格低的物料，需要对老产品替代物料的运用提供激励措施，使得材料采购能够达到规模效益。

◆ 工艺降成本和技术降成本

鼓励新工艺降低现存的产品成本的激励措施，同时研发人员也可以采用新技术改观现有的产品，在功能和性能不下降的情况下使得产品成本下降，加大新生产设备的投资，减少质量损失，进而降低产品的隐形成本。

◆ 精简组织结构

对组织结构进行精简，保证企业结构合理，减少基层管理人员，减少不必要的岗位和工资支出，降低成本。

◆ 优化工作流程

对企业现有流程进行优化、简化，减少内部运作、沟通、监控的成本，达到成本下降的目的。

◆ 加强库存控制

降低现有的库存规模，细化现有的管理流程，加强对月度呆滞物料、安全库存的监控，提高库存周转率，转换库存管理思路，防止资金沉淀。

◆ 加强对人员的内部培训管理

加强内部培训，使企业员工在学习中成长。也可以通过外部培训、鼓励员工取得专业职称等方式，提高部门员工技能水平和营运效率，进而产生直接效益，从而间接降低企业营运成本。

8.4 相关制度模板

制度1 生产技术管理制度

生产技术管理制度

第一章 总则

第一条 生产技术的改进

生产经理向总经理提出改进生产技术的方案，由总经理对此研究并做出决定。

第二条 生产技术的引进

当本公司从外面引进技术时，生产部经理要研究引进合同的原文，并要求承担这项工作的部门说明引进外来技术后成本与成果之间的关系。

第三条 技术转让

本公司向外部转让技术时，生产部经理要研究检查转让的内容，并与承担这项工作的部门讨论这一转让的结果。

第四条 生产技术的发表

1. 当要向社会发表公司的生产技术时，要把发表原稿交生产部经理审阅，经其批准后方可对外公开。

2. 外来人员到本公司参观学习时，须征得生产部经理或总经理的同意。

第五条 生产技术研究会规章

1. 职责。

生产技术研究会的工作职责是对下列工作进行研究、协调：

（1）提高、改进生产技术。

（2）研究新产品的生产技术。

（3）工程、质量、试验、管理上的各种问题。

（4）生产技术的引进、技术研究成果的对外发表。

……

第二章 技术改进合理化建议管理准则

第三章 技术任务书设计规定

第四章 技术设计规定

第五章 附则

制度 2 生产计划管理制度

生产计划管理制度

第一章 总则

第一条 为了加强公司的生产计划管理，确保公司各项生产任务的完成，特制定本制度。

第二条 生产计划是公司进行生产经营活动的总体设计，是编制其他各项计划的基本依据。

第三条 公司生产计划分为年度、季度和月度作业计划。月生产计划必须保证季度生产计划的实施，季度生产计划必须保证年度生产计划的完成或超额完成。

第四条 生产技术部是公司生产计划的主管部门，负责生产计划的编制、实施、调整等工作。

第二章 编制生产计划的依据

第五条 公司保有地质、生产储量，储量分布状况，开采技术条件和有关地测资料。

第六条 公司近期和长远发展计划。

第七条 技术设计资料，经审查批准的采掘工程、技术措施等总体设计和单体设计资料。

第八条 上级主管部门下达的产品、产量控制指标。

第九条 公司生产技术条件、装备水平和综合生产能力。

第三章 编制生产计划的内容

第十条 文字说明书。

1. 情况简述。

2. 当年计划执行情况分析及存在的问题。

3. 本期计划编制情况：计划编制的指导思想，安排的依据，生产条件、生产能力的变化，采掘作业进度，计划期末地质、生产矿量保有情况，主要技术经济指标、科技项目及重点措施项目的安排和采取的措施。

……

第四章 编制生产计划的要求

第五章 编制生产计划的方法

第六章 生产计划的审批

第七章 生产计划的贯彻执行

第八章 生产计划的实施管理

第九章 生产计划的调整

第十章 生产计划的考核

制度 3 生产设备管理制度

生产设备管理制度

一、目的

通过对设备的有效管理、使用和维护，使设备保持良好状态，满足生产要求。

二、适用范围

1. 与生产有直（间）接关系的设备及其附带设施。

2. 模具及其附带设备。

3. 仪器、仪表、试验测试设备。

4. 其他有关用水、电等设备。

5. 设备相关的使用说明书、图纸、合格证等档案资料。

三、管理部门职责

1. 机修部：负责公司设备的更新改造、使用维护保养以及设备的资产管理、设备所需要的能源动力管理等。

2. 冲压车间：负责公司模具的维护、保养、领用等管理。

3. 品管部：负责公司各种仪器、仪表、试验测试设备的使用保管、定期检查鉴定和校验管理。

4. 车间等使用部门：负责相关设备日常维护、保养和管理。

5. 办公室：负责设备台账、档案管理。

四、设备的购置

1. 申购。

（1）新设备的申购由使用部门提出设备需求请购单，并在设备需求请购单上注明设备的名称、规格、用途及要求设备达到的性能、数量等，并提交生产部审查，报厂长审核后，报总经理审批。

（2）设备维修用备品备件的请购，原则上由机修部提出请购单。

……

五、设备的维护、保养

六、设备日常维修流程

七、设备的移装、借用

八、设备的封存管理

九、设备的报废

十、特殊工序设备、特种设备的管理

十一、设备事故处理

制度 4 生产车间管理制度

生产车间管理制度

第一章 总则

第一条 为确保生产秩序，保证各项生产正常运作，持续营造良好的工作环境，促进本公司的发展，结合本公司的实际情况特制定本制度。

第二条 本规定适用于本公司红冲车间、仪表车间、数控车间、抛光车间和组装车间全体员工。

第二章 员工管理

第三条 工作时间内所有员工倡导普通话，在工作及管理活动中严禁有地方观念或省籍区分。

第四条 全体员工须按要求佩戴厂牌（应正面向上佩戴于胸前），穿厂服。不得穿拖鞋进入车间。

第五条 每天正常上班时间为 8 小时，晚上如加班生产需要临时通知。若晚上需加班，在 16:30 前填写加班人员申请表，报经理批准并送人事部门作考勤依据。

第六条 按时上下班（员工参加早会须提前 5 分钟到岗），不迟到，不早退，不旷工（如遇赶货，上下班时间按照车间安排执行），有事要请假，上下班须排队依次打卡。严禁代打卡，即无上班、加班打卡。违者依《考勤管理制度》处理。

第七条 工作时间内，车间主任、质检员和其他管理人员因工作关系在车间走动，其他人员不得离开工作岗位相互串岗，若因事需离开工作岗位须向车间主任申请方能离岗。

第八条 上班后半小时内任何人不得因私事而提出离岗，如有私事要求离岗者，须事先向车间主任申请，经批准方可离岗，离岗时间不得超过 15 分钟。

第九条 员工在车间内遇上厂方客人或厂部高层领导参观巡察时，组长以上干部应起立适当问候或有必要的陪同，作业员照常工作，不得东张西望。集体进入车间要相互礼让，特别是遇上客人时，不能争道抢行。

第十条 禁止在车间吃饭、吸烟、聊天、嬉戏打闹、吵嘴打架、私自离岗、串岗等行为（脱岗：指打卡后脱离工作岗位或办私事；串岗：指上班时间窜至他人岗位做与工作无关的事），吸烟要到公司指定的地方或大门外。违者依《行政管理制度》处理。

……

第三章 员工考核

第四章 附则

制度 5 安全生产管理制度

安全生产管理制度

第一章 总则

安全生产是公司生产发展的一项重要方针，实行"防火、防盗、防事故"的安全生产是一项长期艰巨的任务，因此必须贯彻"安全生产、预防为主、全民动员"的方针，不断提高全体员工的思想认识，落实各项安全管理措施，保证生产经营秩序的正常进行。根据国家有关法令、法规，结合公司的实际情况制定本制度。

第二章 安全生产组织架构

安全生产领导小组是安全生产的组织领导机构。公司总经理为安全生产第一责任人，任安全生产小组组长，负责本公司的安全事务的全面工作；副总经理任副组长，具体负责安全事务的日常管理工作；各部门负责人任安全生产领导小组成员，负责落实执行本部门安全生产事项。各部门设立一名兼职安全员，负责监督、检查、上报安全事项。车间设立义务消防员，负责对突发火情的紧急处理。

第三章 安全生产岗位职责

一、安全生产领导小组负责人职责

1. 贯彻执行国家有关安全生产的法律、法规和规章制度，对本公司的安全生产、劳动保护工作负全面领导责任。

2. 建立健全安全生产管理机构和安全生产管理人员。

3. 把安全管理纳入日常工作计划。

4. 积极改善劳动条件，消除事故隐患，使生产经营符合安全技术标准和行业要求。

5. 负责对本公司发生的重伤、死事故的调查、分析和处理，认真落实整改措施，做好善后处理工作。

6. 组织安全管理人员制定安全生产管理制度及实施细则。

二、 安全生产领导小组的职责

1. 制定本部门的安全生产管理实施细则并负责组织落实。

……

第四章 安全会议

第五章 安全培训

第六章 安全生产检查

第七章 生产场所及设备安全措施

第八章 职工安全卫生保护措施

第九章 伤亡事故管理

制度管人

第 9 章

注重检验，严把产品质量关

　　质量是企业发展所必须具备的要素，如果企业产品无法保证质量，那么企业可能难以继续发展。管理者需要掌握产品质量控制、质量问题处理以及质量问题预防等内容，为产品质量保驾护航。

行政　　人事　　财务　　营销

9.1 产品生产质量控制

对生产型企业而言，产品质量的好坏不仅决定着企业盈利的多少，也决定着客户对企业的印象。因此，如果产品质量存在问题不仅会使企业丧失盈利的机会，也可能使企业丧失优质客户，造成较大损失，做好产品质量控制就显得尤为重要了。

9.1.1 明确进场物料质检标准

企业的生产物料通常由采购部门负责采购，入库之前会进行质量检测，不合格的物料不能够入库，然而库存过程中可能出现物料变质或是入库之前验收不完全等，可能导致生产部门收到的生产物料不符合生产需求。因此，就需要在物料进厂开始生产之前进行质量检测。

物料进厂之前的检测需要特别注意，一旦出现问题则可能导致企业生产出的产品存在问题，那么物料进厂的质量检验标准是怎样的呢？下面进行介绍。

- ◆ 物料进入工作区域外的仓库时，应按照物料规定的储存方式进行存储，并进行初步验收。

- ◆ 进入现场的材料应有生产厂家的材质证明（包括厂名、品种、出厂日期、出厂编号、试验检验单）和出厂合格证。要求复检的材料要有取样送检证明报告。新材料未经试验鉴定，不得使用。现场配置的材料应经试配，使用前应经过认证。

◆ 如果发现不合格材料要进行明确标识并进行登记，然后联系相关部门进行处理。

◆ 进场的物料也应当按照物料的存储规范进行停放，避免因保存不良导致物料受损。

◆ 根据订购、加工合同及技术标准核对品种、规格、图号、代号、几何尺寸及其数量，并取得合格的质量证明文件。

由于不同企业的生产活动不同，需要的物料也不相同，因此涉及的验收和进场物料检验标准也不相同。

下面具体来看某施工企业水泥的进场检验标准。

案例实操 物料进场检验标准（节选）

二、水泥

水泥进场时应对其品种、级别、包装或散装仓号、出厂日期等进行检查，并对其强度、安定性及其他的必要性能指标进行复检，其质量必须符合现行国家标准《硅酸盐水泥、普通硅酸盐水泥》GB175等的规定。

1. 基本要求和内容

（1）凡建设工程用的水泥均应按厂别、品种提供水泥出厂合格证，合格证备注栏中由施工单位填明单位工程名称及使用部位、进场数量，散装水泥还应提供出厂卡片。

（2）水泥进场使用前必须进行强度、凝结时间和安定性检验。

（3）凡属下列情况之一者，必须进行水泥物理力学性能检验，并提供水泥检验报告单。

①水泥出厂时间超过3个月（快硬硅酸盐水泥超过1个月）。

②在使用中对水泥质量有怀疑。

③水泥因运输或存放条件不良，有受潮结块等异常现象。

......

2. 核查办法

核查水泥出厂合格证或检验报告的项目（如水泥品种、各项技术性能、编号、出厂日期等）是否填写齐全，检验项目是否完整，数据指标是否符合要求。

核对水泥出厂合格证与进场检验报告、强度等级、厂别、编号是否一致；核对出厂日期和实际使用的日期是否超期而未做抽样检验；各批量水泥之和是否与单位工程的需用量基本一致。观察外观质量是否符合要求。

3. 核定原则

凡出现下列情况之一，本项目核定为"不符合要求"。

（1）无水泥出厂合格证和出厂检验报告。

（2）应见证的水泥检验未按规定见证取样送检；见证取样送检的材料种类、数量与规定不符。

（3）主要的检验项目（凝结时间、安定性、强度等）缺项或检验结果不符合要求。

（4）实际使用的水泥与出厂合格证或检验报告上的水泥品种、强度等级、厂家不相一致。

从以上标准首先明确可进场原料水泥的基本要求，然后明确了具体的核查办法，最后明确了进场产品的核定原则，将不符合的具体标准进行列示，方便参照执行。

9.1.2 确定产品质量检验标准

产品质量标准是产品生产、检验和评定质量的技术依据。产品质量特性一般以定量表示，例如强度、硬度、化学成分等；对于难以直接定量表示的，如舒适度、灵敏度、操作灵活度等，则通过产品和零部件的测试，确定若干技术参数，以间接定量反映产品质量特性。

完整的产品质量标准包括技术标准和管理标准两个方面，具体介绍如图 9-1 所示。

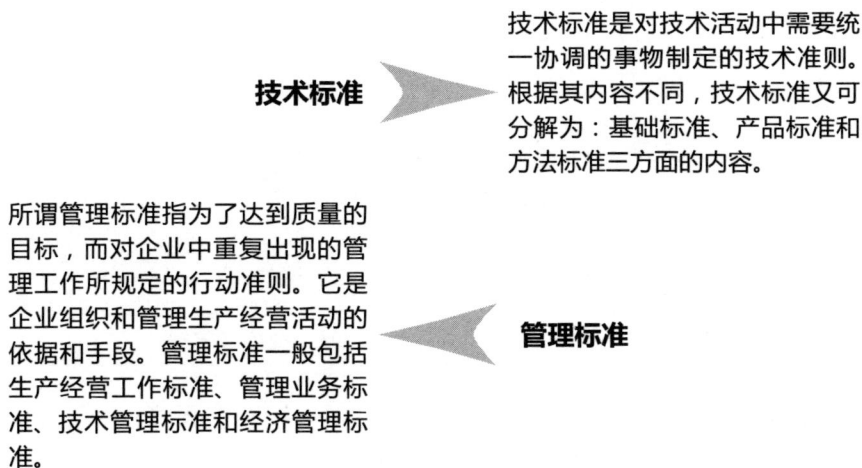

技术标准　　　技术标准是对技术活动中需要统一协调的事物制定的技术准则。根据其内容不同，技术标准又可分解为：基础标准、产品标准和方法标准三方面的内容。

所谓管理标准指为了达到质量的目标，而对企业中重复出现的管理工作所规定的行动准则。它是企业组织和管理生产经营活动的依据和手段。管理标准一般包括生产经营工作标准、管理业务标准、技术管理标准和经济管理标准。　　　**管理标准**

图 9-1　产品质量标准介绍

企业管理者不仅要了解产品质量标准的内容，还需要了解我国现行的产品质量标准，从而保证产品质量。

从标准的适用范围和领域来看，主要包括国际标准、国家标准、行业标准（或部颁标准）和企业标准等。具体介绍如表 9-1 所示。

表 9-1 现行产品质量标准

标　　准	具体介绍
国际标准	国际标准指国际标准化组织（ISO，即 International Organization for Standardization）、国际电工委员会（IEC，即 International Electrotechnical Commission），以及其他国际组织所制定的标准。其中 ISO 是世界上最大的国际标准化组织，已制定 10 300 多个标准，主要涉及各个行业各种产品的技术规范。IEC 主要负责电工、电子领域的标准化活动
国家标准	国家标准是对需要在全国范围内统一的技术要求，由国务院标准化行政主管部门制定的标准。我国的国家标准是采用等同于现行的 ISO9000:2000 标准，编号为 GB/T19000-2000 系列
行业标准	行业标准又称为部颁标准，由国务院有关行政主管部门制定并报国务院标准行政主管部门备案，在公布国家标准之后，该项行业标准即行废止。当某些产品没有国家标准而又需要在全国某个行业范围内统一的技术要求，则可以制定行业标准
企业标准	企业标准主要是针对企业生产的产品没有国家标准和行业标准的，制定企业标准作为组织生产的依据而产生的。企业的产品标准须报当地政府标准化行政主管部门和有关行政主管部门备案。已有国家标准或者行业标准的，国家鼓励企业制定严于国家标准或者行业标准的企业标准。企业标准只能在企业内部适用

　　通过表 9-1，管理者能够基本掌握产品质量标准有哪些，对于企业而言，可以将国家或者行业标准作为企业的产品质量标准，也可以以国家标准为基础制定企业产品质量标准，企业质量标准不能够与国家标准相违背，只能在企业内部使用。

　　下面来看某企业的产品质量检验标准。

案例实操 *产品质量检验标准*（节选）

1. 目的

　　规定与产品有关的采购物资（如原材料、包材、外加工品、采购物品等）的进货检验的方式和标准，确保产品质量达到预期要求。

2.适用范围

适用于对外购、外协的原材料、辅助物料、包材及外加工品、表面处理、热处理件等的检验过程。

3.职责

采购人员提供到货清单及有关质量证明资料（说明书、合格证、材质报告、热处理报告、型式试验报告、图纸及合同约定的文件）。仓管员依据采购计划对供方来料的规格、数量等进行接收，做好待检标识，并按规定填好产品报检单，附带有关质量证明资料进行送检。

进货报检员（IQC）：根据仓管员的报检信息，对照《国家、行业标准》《检验作业指导书》、技术图纸和相关附表进行验收作业。

4.缺陷定义

A类为致命缺陷：预计能引起产品功能丧失的或会造成安全事故的，顾客会索赔的。如产品性能、抗拉强度不良，化学成分不达标、错装以及漏装等。

B类为严重缺陷：可能严重影响产品功能或引起产品局部功能失效。如特殊特性，主要尺寸不良等。

C类轻微缺陷：符合产品标准，不影响产品的使用功能，但不符合产品特性内控标准，影响产品外观或整体观赏。如外观不良、产品标识不良、包装不良等。

......

8.外协配件原材料检验和试验

（1）对原材料的性能试验按《检验作业指导书》《国家、行业标准》，且要求原材料供方在每批交货中提供对应的检测报告及材质证明书，检验员对照产品原材料的标准核查各项实测结果及有效性。对金属配件每年至少两次对原材料机械性能及化学成分进行抽查（公司不能检测时可委外）……

9. 相关文件

《国家、行业标准》《检验作业指导书》《控制计划》《设备操作规程》《生产作业指导书》《产品质量检验规范》《包装规范》《不合格品控制程序》。

以上为某企业的产品质量检验标准，其中涉及不同产品的质量验收，涉及标准也不同，有的是国家或行业标准，如《国家、行业标准》；有的是企业标准，如《产品质量检验规范》。

该企业将企业标准与国家标准、行业标准相结合，制定出符合自身企业的产品质量标准，管理者们可以进行参考。

9.1.3 产品质量成本管理要点

质量成本指企业为了保证满意的质量而支出的一切费用，和由于产品质量未达到满意而产生的一切损失的总和，是企业生产总成本的一个组成部分。质量成本管理指企业通过对质量成本的整体控制而达到产品质量和服务质量的保证体系。

质量成本管理是对产品从市场调研、产品设计、试制、生产制造到售后服务的整个过程进行的质量管理，具体来说，质量成本管理一般包括产品开发系统的质量成本管理、生产过程的质量成本管理、销售过程的质量成本管理以及质量成本的日常控制。

质量成本管理是一项较为复杂的工作，涉及的方面较多，因此需要遵循一定的原则，具体原则如下。

◆ 全员参与质量成本管理

成本管理工作要求全员参与质量成本管理，全力进行质量成本优化，全过程落实质量成本控制，全方位实现质量成本效益，这样才能有效落实质量成本管理的目标规划，实现有效管理。

◆ 以寻求适宜的质量成本为目的

企业的质量成本应与其产品结构、生产能力、设备条件及人员素质等相适应，也就是说应当根据本企业的特点，建立质量成本管理体系，寻求适宜的质量成本目标并进行有效控制。

◆ 以真实可靠的质量记录、数据为依据

实施质量成本管理过程中，所使用的各种记录、数据务必真实、可靠。只有这样，才可能做到核算准确、分析透彻、考核真实、控制有效。否则，势必流于形式，无法获取效益。

◆ 把质量成本管理的职责落实

质量成本管理是生产经营全过程的管理，因此涉及各相关职能部门，如财务、检验、生产、售后服务和货仓等部门。只有把质量成本的统计及分析纳入其质量职能中去，才能坚持不懈地开展成本质量管理工作。否则，仅靠质量部门是无法开展质量成本管理工作的。

◆ 建立完善的成本决算体系

企业要对成本进行控制，就要对成本的核算进行统一，应确定对人工的工时、成品的加工成本、损失成本、生产定额等统一的核算和计价标准，这样对于质量成本的计算才能快速、及时且准确，并且可以减少相关职能部门统计数据的主观性。

在进行质量成本管理的过程中，需要注意的要点包括以下 5 点，如表 9-2 所示。

表 9-2 成本质量管理要注意的要点

要　点	具体介绍
转变观念	企业应彻底转变观念，从市场实际需求出发测算每道工序的目标成本，逐层分解落实到具体员工；将其与职工的工资收入挂钩，使每一位职工都切实体会到市场的压力，树立市场观念。企业应形成一种用货币价值的作用来激励和调节职工积极性和创造性的竞争气氛；废弃非理性的决策，采用科学的管理方法
理解概念要点	把质量成本细分为 3 部分，即预防性支出、评估性支出和补救性支出，方便理解。预防性支出是专门用来确保在产品交付和服务的各个环节不出现失误，包括教育与培训、持续的质量改善工作、质量管理人员投入以及预防性维护；评估性支出指在交付和服务环节上对产品或服务进行检查、监测或评估的支出。包括进货检查、内部产品审核、产品检查、库存清点与审核报告。如果产品交付或服务不能满足客户的需求，导致产品的维修与更换或重复服务，企业就需要支付补救性支出
明确职责，加强考核	建立以质量责任制为核心的经济责任制，明确规定每个职工在质量工作中的具体任务、职责和权限。在管理职责和有关质量体系文件中，规范每个职工的任务、职责和权限，明确考核标准并坚持考核，真正体现出质量经济性和质量成本的思想
注重提高员工素质	以人为本是质量管理的基本思想之一，管理者需要注意。对企业领导和有关管理人员开展质量成本管理教育，增强他们的质量成本意识，使企业领导高度重视产品质量；对质量管理人员、有关技术人员和统计、财会人员进行教育和培训，包括成本管理的基本原理、概念、方法等；随着质量成本管理的开展，企业应针对出现的问题，组织有关人员实事求是地分析原因，采取措施，不断改进和完善
突出重点	开展质量成本管理应突出重点，在对企业质量成本现状做出充分调查的基础上，结合行业特点和企业实际质量费用的开支情况，提出重点控制的质量成本二级科目或关键工序一次合格率（通过率），使企业的质量成本管理效果明显

质量和成本一直以来都是相对的，追求质量可能导致成本增加，控制成本可能导致质量下降。管理者在管理质量和成本的过程中需要进行协调，使两者保持均衡。

9.1.4 生产过程质检要求

生产过程中产品质量监控环节，是对所生产的产品质量进行有效控制，防止不合格品流出，确保终级产品达到合格要求。在生产过程中进行质量检查能够在一定程度上避免最终产品出现问题，下面具体介绍生产过程质量检查注意事项。

◆ 通常情况下，生产过程中每一阶段都有具体的质量要求或质量标准，这也是进行质量检查的标准，要求管理者定期对质检标准进行调整与完善，确保质检效果。

◆ 生产过程中的产品较多，如果每件产品依次进行检验，不仅浪费时间，还会产生额外的成本。通常情况下，生产过程中采取的是抽检的方式，按照一定规律抽选一定数量的产品进行质量检查。

◆ 对于某些流程较多的生产工作，可以要求下一道工序的操作者对转来的产品进行检查，这样更容易发现其中存在的问题。

◆ 生产过程中通过抽检发现的问题要及时找到原因并进行调整，避免之后生产的产品出现问题。

下面来看某企业的生产过程质检规定。

案例实操 生产过程的质检规定（节选）

4. 工作内容

4.1 总则

4.1.1 产品在检测过程中的所有工序操作必须严格按工艺技术要求进行自检和互检，并进行标识。

4.1.2 质检员按工艺流程中设置的检验规定严格执行首件检验、巡回检验、半成品转出（仓）检验，未经检验合格的半成品，不能转仓（出）入库。

4.1.3 在检验中由于量具误差所产生的争议，以品管部的量具为准，由于测量误差所产生的争议，以品管部质检员的量值为准。

4.1.4 标本标准、图纸、工艺文件、顾客或授权部门所制的样板是过程检验的技术依据，非研发部修改的图纸、工艺，不得作为检验依据。

4.1.5 质量记录由品管部保存，保存期按规定执行。

4.2 首件检验

4.2.1 在每单开始生产、更换模具、修模、调模或调整工艺后，生产的前 3 件产品由维修技工、班长、工艺员或操作者自检合格后填写首检记录表的相关栏目连同产品一起送质检员进行首检。

4.2.2 质检员根据相关的产品图或工艺过程卡以及有效的产品样板进行检测、检验，合格后将检验结果填写于首检记录相关栏目，作检验结论。必要时制板，通知维修技工、班长、工艺员或操作者并将首检记录交相关车间主管签字确认。

4.2.3 首件检验不合格、维修技工、班长、工艺员或操作者应采取措施消除不合格原因后重新生产首检送检，直至首件合格且质检员签字确认后方能批量生产，同时质检员做好首检合格率统计，作为考核资料报相关部门。

4.3 自检、互检和产品标识

4.3.1 在生产过程中，操作者应按规定的自检频次对照工艺过程卡和样板进行质量自检，确保产品质量符合规定标准，发现问题及时纠正或停机向质检员和维修技工汇报，待问题解决并重新首检合格后，方能继续生产，同时将已产生的不合格品别出，执行不合格品控制程序。

4.3.2 操作者应对上一道工序转来的产品进行互检，合格后方可连续加工，发现不合格品应立即向车间负责人和质检员汇报，执行不合格品控制程序，否则将追究本道工序操作者的全部责任或连带责任。

4.3.3 操作者将加工完毕且自检合格的产品用规定的盛具按规定的数量盛装，放于待检区，并进行标识。

4.4 巡回监控

4.4.1 在生产过程中，质检员应对各道工序操作者的自检和互检进行监督，认真检查操作者的作业方法，使用的设备、工装、辅具是否正确，自检的频率和准确度是否符合标准要求。

......

4.5 半成品检验

4.5.1 质检员发相关的产品图纸、工艺过程卡、样板等为检验依据，按《抽样检验规定》对产成品实施抽样检验，检验前首先核对工序流转卡与货具内产品是否相符，卡、物不相符的产品不予检验，并做相应记录反馈到品管部。

......

以上为某企业生产过程质量检测规范的部分内容，首先通过准则总体上规定生产过程质量检测的相关内容，包括检测方法、合格品和不合格品的处理以及检测依据等。

其次，介绍首检检测的操作方法，检测过程中需要注意的内容，如果出现首检检测不合格的情况，应当注意哪些事项和处理方式。

再次，介绍产品自检、互检和产品标识的具体操作方法和检查结果的处理办法。

最后介绍生产过程巡回监控和半成品检验的相关内容，这也是生产过程的质量检测，旨在帮助质检部门在生产过程中及早发现问题，通过合理的手段进行解决。

9.2 产品质量问题处理规范

对于生产型企业而言，产品的质量问题都是管理者比较重视的，然而因为某些原因，产品还是可能出现质量问题，这就要求管理者在面对产品质量问题时能够知道应当如何正确处理，避免企业遭受较大损害。

9.2.1 产品质量异常如何处理

产品质量异常指在同一批次的产品中出现了比率较高的同样的不良或是产品的各参数有改变，直接影响产品的性能，而这个不良是在之前生产的时候没有发生过的。

当产品质量出现问题时，往往需要人工去处理，浪费大量的人力及时间，造成发生异常不能及时快速响应、效率低下。管理者在面对产品质量异常时应当知道如何进行处理。

（1）确认发生质量异常的产品

要处理产品异常，首先需要对异常产品进行分析，发现其中存在的问题，分为 3 个步骤，分别是分析不良类型、分析不良程度和清点不良品数量，下面分别介绍这 3 个步骤。

步骤一：分析不良类型

分析不良品类型主要需分析 3 个指标，分别是外观、性能和尺寸，如下所示。

①外观不良，根据具体的不良部位判断是哪个工位出了问题。

②性能不良，拆开产品进行全面检查，查找原因。

③尺寸不良，需对设备和操作进行全面分析，查出不良原因。

步骤二：分析质量异常产品的不良程度

在处理不良产品时，质量异常程度也会影响具体的处理办法。

如果轻微不良，不影响产品使用性能，班组长可以安排技术好的人员对其进行维修处理，维修好了进入下一个工序或入库。如果维修不好，产品的性能和使用寿命会受到影响，班组长就要安排材料人员申请报废。

如果一开始就确认产品严重不良，根本不属于可维修范围，这时，可以直接申请报废。如果出现的不良以前从未发生过，班组长无法确定产品不良的程度，就有必要暂停生产并及时向上级领导进行汇报，减少损失。

步骤三：清点问题岗位的不良品数量

当不良类型和不良程度都确定后，还要清点问题岗位的不良品数量，如果某个工位出现超出合理范围内数量的不良品，就要暂停生产，查明原因。如果不良品是断断续续出现的，可以边分析边生产。

（2）根据异常原因进行处理

对于出现质量异常的产品，需要根据出现异常的具体原因采取相应的处理办法。下面具体介绍出现产品异常的可能原因和具体处理办法，如表9-3所示。

表 9-3　产品异常的处理办法

异常原因	处理办法
工艺文件问题	首先需要确认产品的工艺文件是否存在问题，通常工艺文件出错的可能性较小，如果工艺文件出现问题，则必须停止生产，因为工艺出错可能导致所有的产品都有问题。停产后需要按时向上级进行汇报，等待上级领导的指示
机器设备问题	确认不是工艺问题后，就需要确定是否是机器故障导致的产品异常。如果是机器问题则需要停止相应的岗位并安排维修，做好维修记录，避免故障机器继续使用，产生更多不良品
操作问题	员工生产工作中操作不当也可能导致生产出质量异常的产品，管理者可以帮助员工分析操作中存在的问题，请技术人员或相同岗位操作员观察，发现操作中存在的问题，并及时纠正。要了解员工操作究竟是违背工艺文件还是违背机器使用说明，及时纠正。如果无法较好纠正或是纠正后仍出现问题则可以更换操作人员
原材料问题	原材料有问题也可能导致生产出的产品质量异常，如果确定是生产原材料有问题导致的产品质量异常，则应当由品质部门解决，更换原材料后再生产
生产环境问题	这一点是很多管理者注意不到的，生产环境也可能导致产品质量异常。比如车间卫生和生产现场的温湿度。如果是车间卫生问题，班组长就要组织员工打扫不良岗位的卫生，擦拭不良岗位的设备，包括设备的里里外外。当车间温度异常时，可以开启空调调节，确保在温度要求范围之内；当车间内湿度异常时，可以开启加湿或除湿机调节，使湿度达标

（3）追查质量异常产品的流向

　　质量异常问题处理后还需要对质量异常产品的流向进行追查，避免不良品给企业造成不良的影响。通常情况下，不良产品的流向主要包括两个方向，分别是生产过程中发现的不良品和已经流入完成品的不良品，其处理方法也不相同。

◆ **生产过程中发现的不良品**：对于还在生产线上的不良半成品，如果是在本工位发现的不良半成品，只要对自己工位的不良品进行区分就行。如果是在后面工序发现前面工序的不良品，就要区分出不良品发生工位到不良品发现工位的半成品，进行归类，统一检测。

◆ **已经流入完成品的不良品**：但如果不良品已经流入到当日生产的完成品中，就要对当日生产的完成品进行区分管理，先统计受影响的产品数量，并做好不良标识，再统一放入不良品管理区域进行管理。

9.2.2 不合格产品如何处理

不合格品指经检验和试验判定，产品质量特性与相关技术要求和图纸工程规范相偏离，不符合接收准则的产品。

不合格品通常包括废品、返修品和等外品 3 种产品。要区分不合格产品关键是确定质量标准，没有质量标准是无法判断产品合格与否。质量标准在前面已经介绍过，这里不再重复介绍。

对于企业而言，不合格的产品，一律不准出厂，这是一个企业的基本要求。可疑产品也应视为不合格品，计量器具或检测设备失效时，所检验和试验过的产品也视为不合格品。

企业对于不合格品通常可以按照以下几点进行处理，尽量为企业挽回损失。

◆ **让步接收**：如果不合格品的后序工序可以补救，如粗加工后面有精加工；产品可以选配。

◆ **全检**：对不合格品进行 100% 全数挑选使用，不合格做其他处理。

◆ **返工**：对不合格品实施返工作业，使其符合要求，如外径偏大，内径偏小，长度偏长等。

◆ **返修**：返修结果存在变数，返修后的产品有可能是合格的，也有可能是不合格的，返修的目的是确保其满足预期使用要求，并非一定要合格。

◆ **报废**：不合格为主要缺陷或重要缺陷，不具备返工返修或让步接收条件的，做报废处理。

处置不合格权限要在《不合格品控制程序》或相关文件中予以明确。下面具体来看某企业的不合格品处理办法。

案例实操 不合格品处理办法

1. 不合格品处置

1.1 不合格品处置方法。

1.1.1 返工、返修：当不合格品经过重新加工可以满足规定要求时进行返工，返工后必须重新按规定要求对返工品进行检验。

1.1.2 让步接收：当不合格品性能虽不能满足规定要求，但可以满足预期使用要求时，经顾客同意可以进行让步接收。

1.1.3 报废：当不合格品的性能严重，通过返工、返修等手段仍不能满足预期的使用要求时，必须报废，报废品要隔离存放，定期处理。

1.1.4 拒收：将进货不合格品退回供方。

1.2 质检部在产品检验过程中发现不合格品，由质检员根据检验结果填写不合格品处置单。

1.3 由质检部交不合格品处置单提交技术部，由技术部给出处置意见。如出现严重不合格产品或不合格品难以处置可直接召开产品评审。

1.4 由生产部 / 采购部确认，并由生产部 / 采购部按技术部处置意见处理。

1.5 待生产部 / 采购部将不合格品处置完毕后随同不合格品处置单及送检单再次交质检部送检。

1.6 由质检部负责对不合格品进行跟踪验证。

2. 产品评审程序

2.1 评审原因。

2.1.1 采购部或生产部对质检部出具进货 / 半产品 / 外协件检验记录或不合格品处置单存有异议。

2.1.2 在生产过程中，针对各部门发现的问题可由各部门提出评审申请。

2.2 由评审申请人主持召开评审会议。

2.3 由相关部门负责人在产品评审记录提出意见并签字。

2.4 由申请人将产品评审记录下发到相关部门。

2.5 若因为生产急需，可由采购部 / 生产部提出申请，申请人填写紧急放行申请单，由申请人组织召开评审，必要时经总经理批准后使用。

以上为某企业的不合格品处理办法，主要分为两部分，分别是不合格品处置和产品评审程序。

在不合格品处置部分主要规定了不合格品的处置办法，包括返工（返修）、让步接收、报废和拒收，然后分别介绍了不合格品的相关文书处理和跟踪送检。

在产品评审程序部分主要介绍了产品评审原因、具体的评审流程以及相应的文书处理。

9.3 质量问题预防与管理

产品质量问题虽然难免会出现，但是企业管理者应当做好管理与预防工作，尽量减少产品的质量问题，保障企业的正常生产工作。

9.3.1 产品质量问题如何处罚

为确保每位员工认真负责地投入到工作中，应及时编制质量管理文件，明确奖惩措施，对工作中出现问题而流入到下一工序的员工进行惩罚；对下工位检查出上工位存在问题的员工进行奖励；对造成批量质量事故的员工进行惩罚；对避免造成批量质量事故的员工进行奖励；对在质量提升方面做出重要贡献的员工进行奖励等。有效调动员工的生产积极性，大大提升员工的责任心，从而保证产品质量。

此外，还可以通过过程质量问题记录表记录生产质量问题，方便进行追责和上报。过程质量问题记录表模板如表9-4所示。

表 9-4 过程质量问题记录表

过程质量问题记录表

日期	产品	图纸编号	设备编号	不良数量	问题描述	缺陷程度	处理方法	操作员	质检员

如表 9-4 所示，通常在生产过程中遇到生产质量问题时，则可以通过该表格记录清楚相应的信息，包括产品、不良数量、问题、缺陷程度以及操作员等信息，方便进行后续处理。

9.3.2 完善企业质量管理体系

质量管理体系指在质量方面指挥和控制组织的管理体系。质量管理体系是组织内部建立的、为实现质量目标所必需的、系统的质量管理模式，是组织的一项战略决策。

在企业实际运营中，产品质量决定了企业的发展潜力，也是顾客是否认可企业的首要因素。

（1）质量管理体系建设要点

完善企业质量管理体系是企业管理的重要内容，可以从以下几方面入手进行建设。

◆ 建立协调一致的质量管理目标

首先，为满足客户需求，企业管理者应制订明确的质量方针和目标，并提出要求，充分动员全员参与质量管理，激发企业上下共同完成质量目标的决心，使他们的能力得以发挥、潜力得到挖掘。

其次，通过不断扩大管理能量、拓宽管理辐射面和提升管理层次，不仅达到了质量管理的目的，也能够建立一个重视质量的团队，十分有利于企业文化的建设。

◆ 管理者要重视质量管理

加强内部质量审核，对企业完善质量体系和提高产品质量具有重要的作用。要做好内部质量审核，关键在于管理者重视，不仅表现在控制不合格产品，更重要的是充分利用内部质量审核体系，促进内部体系的保持和改进。

管理者要认真研究如何建立内审机构，任命干部确定其职责，制定工作方针，最为重要的还是实行专人专管，时刻关注质量，常抓不懈，忌讳调换频繁。

◆ 正确处理质量与自身关系

管理者在处理质量管理工作时应建立相应组织程序，培训人员，制订计划，实施内部质量体系，审核、审批报告，必要时亲临生产现场指挥，特别是在产量与质量发生冲突时，产量无疑应服从质量。

管理者在处理质量问题的过程中，应当全身心投入，做好质量把控，保证产品生产。

◆ 健全的网络体系、提升全员质量意识

员工要提升质量意识，了解质量管控应重生产而不是重检测。数量有限的质检员通常是难以完成质检工作的，要充分发挥全员的力量，形成广泛网络层，从而保证每一个细小环节乃至各道关卡都严格过关。

企业应制定个人与部门质量目标，制定奖惩制度，并对实施过程进行管理和自我结果评价，定时进行业务培训，推进公开、双向与各种观点交流，与专职人员上下形成一个整体，能使各个过程相互协调、配合，相互促进，有效利用资源。

◆ 持续改进、不断创新

持续改进可以不断与客户需求相适应，是一个企业的永恒动力。改进的核心是提高有效性和高效率的质量管理，更科学地实施质量方针。

对于符合逻辑、客观的数据以及测量获得的信息，也要结合起来进行科学分析与研讨，得出行之有效的决策依据，逐渐增强质量管理素质。

◆ 进一步完善质量管理体系

在建立内在质量体系的基础上，还要因地制宜，并结合我国一系列的质量管理程序，形成完整的科学体系，主要可以从7个方面考虑。

①建立质量目标的测量方法。

②应用测量方式，确定当前每一过程的有效规划。

③确定防止不合格和消除其原因的措施。

④寻找和改进效率的机会。

⑤要明确指出最佳效果，并对改进的效果测量。

⑥对目标与成果进行评价。

⑦评定改进活动，以确定、适宜的后续措施。

（2）质量管理体系的策划与设计

质量体系的策划与设计阶段主要是做好各种准备工作，包括教育培训，统一认识，组织落实，拟定计划；确定质量方针，制定质量目标；现状调查和分析；调整组织结构，配备资源等方面。

◆ 培训认识

首先，成立以最高管理者（厂长、总经理等）为组长、质量主管领导为副组长的质量体系建设领导小组（或委员会）。其主要任务如下：

①体系建设的总体规划。

②制定质量方针和目标。

③按职能部门进行质量职能的分解。

其次，成立由各职能部门领导（或代表）参加的工作班子。其主要任务是按照体系建设的总体规划组织实施。

最后，成立要素工作小组。根据各职能部门的分工，明确质量体系要素的责任单位。例如，"设计控制"一般应由设计部门负责。组织和责任落实后，按不同层次分别制订工作计划，制作时要求目标明确、控制进程以及突出重点。

◆ 调查分析

现状调查和分析的目的是合理地选择体系要素，才能有针对性地确定质量体系，内容如下：

①体系情况分析、产品特点分析、组织结构分析。

②生产设备和检测设备能否适应质量体系的有关要求。

③技术、管理和操作人员的组成、结构及水平状况的分析。

④管理基础工作情况分析。

◆ 文件编制

从质量体系的建设角度讲，质量体系文件的编制内容和要求应注意以下几个问题。

①体系文件一般应在第一阶段工作完成后才正式制定，必要时也可交叉进行。

②除质量手册需统一组织制定外，其他体系文件应按分工由各职能部门分别制定，有利于今后文件的执行。

③质量体系文件的编制应结合本单位的质量职能分配进行。按所选择的质量体系要求，逐个展开为各项质量活动，将质量职能分配落实到各职能部门。

④将现行的质量手册（如果已编制）、企业标准、规章制度、管理办法

以及记录表收集在一起，与质量体系要素进行比较，从而确定新编、增编或修订质量体系文件项目。

⑤为了提高质量体系文件的编制效率，减少返工，在文件编制过程中要加强文件的层次间、文件与文件间的协调。

⑥编制质量体系文件的关键是讲求实效，不走形式，符合本单位实际情况。

企业完善了自身的质量管理体系后，还可以在此基础上制定企业的质量管理制度，形成规范性文件，让不同岗位的员工都能够通过质量管理制度了解自己应当如何操作。

9.4　相关制度模板

制度1　产品质量管理制度

产品质量管理制度

第一章 总则

第一条 目的。

为推行本公司质量管理制度，并能提前发现产品质量问题，并予以迅速处理，来确保及提高产品质量使之符合管理及市场需要，特制定本细则。

第二条 范围。

本细则包括：

1. 采购质量管理。

2. 制程质量管理。

3. 成品质量管理。

4. 计量器具的管理。

5. 顾客质量投诉管理。

6. 产品质量公告。

7. 产品质量奖惩管理。

第二章 采购质量管理

第三条 进货质检人员（IQC）负责对订购物资送货前的质量监督和检验，负责对供应商提供样品质量进行验证，并负责所有采购物资质量信息的收集、分析、反馈和处理工作。

第四条 供应商必须为公司认定的合格供应商。

第五条 对突发所需的特殊物资和急用物资，可向未评定过的供应商采购，由质管部进行物资的验证，验证合格后，即可进行订购。

第六条 采购物资的检验。

1. 采购物资送货前，采购部应以书面形式通知进货质检人员（IQC）进行检验。

2. 进货质检人员（IQC）负责对订购物资抽样检验，按相应的产品要求规定进行检验，并填写相应的进货检验报告。

3. 采购物资检验合格后，方可安排送货。

4. 若采购物资检验不合格，采购部应及时与供应商沟通处理。

5. 公司各有关部门配合采购部收集、分析和反馈采购物资质量信息，必要时对供应商提出改进建议。

第七条 采购物资检验的依据。

1. 采购部与供应商签订的采购合同。

2. 供应商出示的质量认证。

3. 供应商出示的产品合格证。

4. 采购物资技术标准。

5. 物资工艺图纸。

6. 供应商提供的样品和装箱单。

第八条 采购物资检验方式的选择。

……

第三章 制程质量管理

第四章 成品质量管理

第五章 计量器具管理

第六章 顾客质量投诉管理

第七章 质量公告管理

第八章 产品质量奖惩管理

制度 2 产品质量异常处理办法

产品质量异常处理办法

1. 范围

为确保我司质量目标的实现，加强对生产过程的质量控制，特制定本管理规定，本办法围绕产品质量的影响程度进行考评，明确考核对象、范围、扣分条件、责任连带条件、奖励等，以确定对质量问题责任人及相关责任单位的考核比重。

本标准适用于公司产品生产过程质量异常情况，对所有单位调查、处理和考核。

2. 职责

2.1 公司所有员工均有责任对所发现的质量缺陷、质量异常问题进行反馈上报。

2.2 质控部。

2.2.1 负责对公司重大质量事故及恶性批量的质量问题进行通报处理。

2.2.2 负责对产品生产过程（包括小批试生产）和售后反馈的质量异常情况进行调查处理和考核。

2.2.3 负责为制定纠正及预防措施责任单位、统计实施情况、跟踪和通报，确保形成闭环控制。

2.3 研究院、制造部、质控部负责对出现的质量异常进行深入的原因分析。

2.4 质量异常问题的责任单位负责制定纠正及预防措施，并对其按时实施以及负责实施效果。

2.5 绩效管理部负责监督责任单位判定或考核尺度有异议时进行裁决，同时督促各种纠正及预防行动的有效落实。

3. 引用标准（略）

4. 名词解释

4.1 A 类缺陷：涉及电气安全、产品可靠性的重大问题。如综合五项性能泄漏、耐压等未通过；性能测试出现漏水、批量噪音振动、不停机、不制冷等问题；压缩机、冷凝器、蒸发器等重要零部件问题；批量性的泄漏等对售后有重大质量隐患的问题。

4.2 B 类缺陷：对产品性能、外观等有较大影响的问题。如较严重的外观问题，结构类问题（除涉及电气安全的），认证类，较小质量隐患的客户化问题，工艺执行力等对质量、生产等影响较大的质量问题。

……

5. 流程图或步骤（略）

6. 管理程序

制度 3 产品质量检验管理制度

产品质量检验管理制度

为加强我公司产品质量保证工作，明确质量检验工作任务、范围、职责，特制定本制度。本制度包含：产品质量检验制度、质量状态标识、不合格品管理制度、钢材质量检验制度、外协件质量检验制度、检验员的考核标准等规定。

一、质检的基本职责

1. 负责原材料外购、外协件、毛坯、半成品，直至成品出厂整个生产过程的质量检验工作。

2. 执行不合格产品不出厂的原则，保证出厂产品符合规定的标准和技术要求，负责签发产品出厂质量检验合格证。

3. 检验工作应严格贯彻质量标准、严格执行检验制度，检验人员应按产品图纸、技术文件进行检验，做出正确判断，做好废品管理工作。

4. 检验工作做到"预防为主"，坚持首检检验，重视中间检验，严格完工检验，实行专群结合，充分发挥操作者自检的积极作用。加强关键工序、关键零件、关键产品的质量检验，关键零件、关键产品要建立质量记录档案。

5. 检验信息传递和可追溯性。要求原始记录齐全，填写清晰、整洁，保存完整；统计报表内容完整、真实、准确，具有可追溯性并及时报送。

二、检验员的岗位职责

1. 严格按标准、图纸、工艺技术要求、检验规程的规定进行检验。

2. 按公司的规定做好检验状态的标识。

3. 做好检验记录。

4. 签发不合格通知单，按规定发送有关部门。

5. 对返修、返工后产品进行再检验，并重新进行检验状态的标识。

6. 做好不合格率的统计，并参与分析原因，制定改进措施，并参与跟踪落实。

……

三、原材料、外购件进厂检验

四、生产过程的质量检验

五、质量状态标识

六、不合格品管理制度

七、钢材质量检验制度

八、外协件质量检验制度

九、检验人员的考核标准

制度管人

第 ⑩ 章

关注市场营销，提升产品销量

　　很多时候企业产品质量过硬却无法获得较好的销量，其原因就是市场营销不到位，导致产品无法进入客户的视野，这样对企业十分不利。只有做好市场营销和推广，才能让产品的销量得到保障。

行政 + 人事 + 财务 + 营销

10.1 市场营销计划与策划

营销计划和营销策划两者看似相近，实际上却存在一定的差异。营销计划更多的是一种目标的制定与分解，而营销策划则是为实现营销目标所做的一系列战略或战术上的部署与举措。管理者要弄清楚两者之间的差异，避免混淆。

10.1.1 如何制订营销计划

营销计划主要是明确企业的目标，相当于营销活动的总目标，对营销活动起到指导作用，下面具体来看营销计划的制订流程。

（1）计划概要

合理的计划概要能够让企业高层领导快速了解营销计划的主要内容，抓住计划的要点。例如某销售企业指定的年度营销计划内容为"本年度预计销售额为 8 000 万元，目标利润 500 万元，比去年增加 15%。该计划在去年的基础上改进了销售流程，拓宽了渠道，加强了宣传，是能够按时完成的。今年的营销预算为 200 万元，占销售额的 2.5%。"

（2）营销状况分析

营销状况分析在营销计划制订过程中是十分必要的，这部分主要提供与市场、产品、竞争、分销以及宏观环境因素有关的背景资料。具体介绍如表 10-1 所示。

表 10-1　营销分析的具体内容

分析内容	具体介绍
市场状况	列举目标市场的规模及其成长性有关数据、顾客需求状况等。如目标市场近年来的年销售量及其增长情况、在整个市场中所占比例等
产品状况	列出企业产品组合中每一个品种近年来的销售价格、市场占有率、成本、费用、利润率等方面的数据
竞争状况	识别出企业的主要竞争者，并列举竞争者的规模、目标、市场份额、产品质量、价格、营销战略及其他的有关特征，以了解竞争者的意图、行为，判断竞争者的变化趋势
分销状况	描述公司产品所选择的分销渠道的类型及其在各种分销渠道上的销售数量。如某产品在百货商店、专业商店等各种渠道的分配比例
宏观环境状况	对宏观环境的状况及其主要发展趋势做出简要的介绍，包括人口环境、经济环境、技术环境等，从中判断产品的未来趋势

（3）机会与风险分析

机会与风险分析分为两部分，一是对计划期内企业营销所面临的主要机会和风险进行分析。二是对企业营销资源的优势和劣势进行系统分析。在分析的基础上，企业可以确定在该计划中所必须注意的主要问题。

（4）拟定营销目标

拟定营销目标是企业营销计划的核心内容，在市场分析基础上对营销目标做出决策。计划应建立财务目标和营销目标，并且用具体的量化指标进行表达。

◆ **财务目标：**财务目标即确定每一个战略业务单位的财务报酬目标，包括投资报酬率、利润率、利润额等指标。

◆ **营销目标：**财务目标必须转化为营销目标。营销目标可以由以下指标构成，如销售收入、销售增长率、销售量、市场份额、品牌知名度和分销范围等。

（5）营销策略

拟定企业将采用的营销策略，包括目标市场选择和市场定位、营销组合策略等。明确企业营销的目标市场、市场定位和市场形象；企业拟采用的产品、渠道、定价和促销策略。

（6）行动方案

对各种营销策略的实施制定详细的行动方案，可通过列表具体说明每一时期应执行和完成的活动时间安排、任务要求和费用开支等。使整个营销战略落实于行动，并能循序渐进地贯彻执行。

（7）营销预算

营销预算即明确开支和收益。收益要说明预计的销售量及平均实现价格；支出要说明生产成本、实体分销成本和营销费用，以及再细分的明细支出。通过收入和支出即可得出预计利润，并送上级主管审批、实施。

（8）营销控制

对营销计划执行进行检查和控制，用以监督计划的进程。为便于监督检查，具体做法是将计划规定的营销目标和预算按月或季分别制定，营销主管每期都要审查营销各部门的业务实绩，检查是否完成并实现了预期的营销目标。凡未完成计划的部门，应分析问题原因，并提出改进措施，以争取实现预期目标，使企业营销计划的目标任务都能落实。

10.1.2 如何做好营销策划

营销活动的成功离不开营销策划，管理者和相关营销人员可能不太清楚如何才能做好营销策划。事实上好的营销策划都具有一定的共性，遵循一定的原则，满足客户需求。下面具体来看营销策划需要遵循的原则。

◆ 创新性

企业要做营销，肯定不是一次性行为，而是一种长期行为。为了适应瞬息万变的市场环境，也需要不断创新以适应时代的发展。营销策划的创新就是企业要用新观念、新技术、新方法，对企业的营销战略和营销活动进行重新设计、选择、实施与评价。

◆ 系统性

一个完整的策划，应该由理念层面、操作层面和现实层面三部分构成。在实际策划操作时，由于策划过程中的各种要素之间存在着密不可分的联系，因此策划活动必须遵循系统性原则来进行。理念层面创新了，操作层面也要跟上，现实层面更要抓住这个机会。在策划时就需要统筹兼顾，保证每一个环节顺利实施。

◆ 效益性

一个合格的营销策划应当能够帮助企业盈利，这就是效益性原则。需要注意的是，虽然是追求效益，但是手段、方式应当合法。此外，追求经济效益的同时也不能忽视社会效益，更不能损害企业效益。

◆ 时效性

时效性也就是时机与效果两者的联系，如果要在某个节日进行营销，就应当事先准备好营销方案，如果节日已经过去，再好的方案也没有了意义，这一点需要注意。

◆ 客观性

客观性原则是在营销策划的过程中策划的，通过各种努力使自己的策划方案符合客观的实际情况。这就需要我们策划人深入了解事实情况，掌握第一手资料，在实际情况中寻找把握客户的痛点，以提高策划的针对性和准确性。

◆ 可操作性

可操作性针对的就是企业自身的实际情况，有的方案确实很好，但是企业自身情况有变，或是条件有限，导致该策划方案无法开展，或是因为某些问题导致最终效果达不到预期，那么这种方案就缺乏可操作性。

一次成功的营销活动，必然满足以上全部的基本原则。如果有哪一点没有做好，势必导致营销活动难以推进，甚至给企业造成极大的负面影响。

10.2 产品定价与促销实施标准

企业产品研发、生产后还需要进行合理定价，必要时进行正确的促销，定价不合理也可能影响产品的销售，最终导致企业的经营效益降低；促销方式不正确也可能使促销活动达不到效果。

10.2.1 企业产品定价与调价方法

产品定价和调价是一项十分重要的工作，合理的定价和调价会提升产品的竞争力。管理者需要了解如何进行合理的定价和调价，确保产品价格始终合理。

（1）产品定价方法

定价方法是企业为实现其定价目标所采取的具体方法。可以归纳为成本导向、需求导向和竞争导向 3 类，具体介绍如表 10-2 所示。

表 10-2 产品定价方法介绍

类　别	方　法	具体介绍
成本导向	总成本定价	①成本加成定价法，即按产品单位成本加上一定比例的毛利定出销售价。公式：商品单价 = 商品单位总成本 ×（1+ 商品加成率） ②目标利润定价法，是根据企业总成本和预期销售量确定一个目标利润率，并以此作为定价的标准。公式：单位商品价格 = 总成本 ×（1+ 目标利润率）÷ 预计销量
	边际成本定价	边际成本定价法也叫边际贡献定价法，该方法以变动成本作为定价基础，只要定价高于变动成本，企业就可以获得边际收益（边际贡献），用以抵补固定成本，剩余即为盈利
	盈亏平衡定价	考虑到销售额变化后，成本也在发生变化，这种方法是运用损益平衡原理实行的一种保本定价法。公式：盈亏平衡点销售量 = 固定成本 ÷ 单位产品销售收入 − 单位产品变动成本；盈亏平衡点销售额 = 固定成本 ÷（1− 变动成本率）
需求导向	认知价值定价	根据消费者对企业提供的产品价值的主观评判来制定价格的一种定价方法
	逆向定价	指依据消费者能够接受的最终销售价格，考虑中间商的成本及正常利润后，逆向推算出中间商的批发价和生产企业的出产价格。公式：出厂价格 = 市场可零售价格 ×（1− 批零差率）×（1− 进销差率）
	习惯定价	是按照市场长期以来形成的习惯价格定价
竞争导向	随行就市定价	在垄断竞争和完全竞争的市场结构条件下，即将该企业某产品价格保持在市场平均价格水平上，利用这样的价格来获得平均报酬
	产品差别定价	产品差别定价法指企业通过不同营销努力，使同种同质的产品在消费者心目中树立起不同的产品形象，进而根据自身特点，选取低于或高于竞争者的价格作为该企业产品价格
	密封投标定价	许多大宗商品、原材料、成套设备、建筑工程项目的买卖和承包等，往往采用发包人招标、承包人投标的方式来选择承包者，确定最终承包价格

　　定价策略是市场营销组合中一个十分关键的组成部分，定价直接关系到销售的成败，下面来看产品的定价策略，如表 10-3 所示。

表 10-3　产品定价策略介绍

类　别	策　略	具体介绍
新产品定价	撇脂定价	指在产品生命周期的最初阶段，把产品的价格定得很高，以攫取最大利润，快速回本
	渗透定价	指企业把其创新产品的价格定得相对较低，以吸引大量顾客，提高市场占有率
	满意定价	一种介于撇脂定价策略和渗透定价策略之间的价格策略。其所定的价格比撇脂价格低，而比渗透价格要高，是一种中间价格
差别定价法	不同式样	同一质量和成本的产品，因样式不同，需求不同，定不同价格
	不同顾客	同种商品，对某些顾客照价收款，而对另一些顾客则给予优惠。依据的是顾客的需求强度和商品知识不同
	不同时间	某些产品价格特别是饮食服务业的价格，可因季节、日期甚至同一天里的不同时间，定不同的价
心理定价	声望定价	指有声誉的商店或名牌产品，利用其在顾客心目中的声望，将产品价格定得很高
	尾数定价	指给产品定一个零头数结尾的价格
	招徕定价	零售商利用部分顾客求廉心理，特意将某几种商品的价格定得较低以吸引顾客
折扣定价	现金折扣	例如 30 天内付款不打折，10 天付款减价 2%
	数量折扣	累计购买多少可以享受折扣
	功能折扣	指中间商为企业进行广告宣传、展销、橱窗布置等推广活动，企业在价格上给予批发企业和零售企业的折扣
	季节折扣	鼓励客户淡季购买

　　除了上面介绍的定价方法外，还有地区定价、分布定价、补充产品定价、分层定价以及促销定价等，管理者有兴趣可以了解。

（2）产品调价

产品在定价以后，由于企业处在一个不断变化的环境中，为了生存和发展，经常需要对价格进行调整。调整的原因有两种。

◆ 一种是市场供求环境发生了变化，企业认为有必要对自己产品的价格进行调整，称为主动调价。

◆ 一种是竞争者的价格发生了变动，企业不得不做出相应的反应，称为被动调价。

产品调价通常包括提价和降价两种，下面介绍产品调价具体情况，如表 10-4 所示。

表 10-4　产品调价具体介绍

类　　别	具体介绍
主动调价	提价：为应付成本上涨、产品供不应求、通货膨胀、改进产品、维持竞争能力、策略的需要等。通过公开真实成本、提高产品质量、增加产品含量、附送赠品或优待等方式提价 降价：企业的生产能力过剩、竞争者压力、企业的成本费用比竞争者低、考虑竞争对手的价格策略、需求曲线的弹性、经济形势等。通过增加额外费用支出、馈赠物品、改进产品的性能、提高产品的质量，增加产品功能、加大各种折扣的比例等方式降价
被动调价	消费者对价格的反应。消费者对价格调整的反应是检验调价是否成功的主要标准，因此必须对此进行认真分析和研究，了解消费者购买量和心理变化，以便采取措施
	竞争者的反应是企业调整价格时要考虑的重要因素。特别是当某一行业企业很小，提供同质产品而购买者又有相当的辨别能力且了解市场情况时，分析竞争者的反应就显得特别重要

根据表 10-4 内容可知在进行产品定价调整时需要进行综合考虑，不仅要考虑企业自身的情况，还要考虑市场行情和顾客的心态。

10.2.2 通过促销提升产品的销量

促销就是营销者向消费者传递有关本企业及产品的各种信息，说服或吸引消费者购买其产品，以扩大销售量为目的的一种活动。实际上促销就是企业通过促销活动将刺激消费的信息传递给多个目标对象，从而提升产品的销量。

企业要通过促销提升产品销量，就需要运用合适的促销方法进行促销，才能事半功倍，下面首先来看常见的促销方法，如表 10-5 所示。

表 10-5　常见的促销方法介绍

方　　法	具体介绍
反时令促销	通常顾客会按时令需求，缺什么买什么，商家在销售时也是如此。因此，商品在消费旺季时往往十分畅销，在消费淡季时往往滞销。则可以采用反时令促销。例如，在夏季低价出售去年冬季遗留的商品，同样也会吸引较多买家
独次促销	独次促销指商品只销售一次，之后就不再销售。表面上看会损失可得的利润，但实际上商店因所有商品都十分抢手而加速了商品周转，实现了更大的利润。会给顾客留下"机不可失，时不再来"的印象
翻耕促销	翻耕促销指以售后服务形式招徕老顾客的促销方法。通过访问或发调查表的形式了解客户之前购买产品的使用情况，并附带介绍新商品。这种促销方式的关键在于企业具有完善的顾客管理系统
每日低价促销	每天推出低价商品，以吸引顾客的光顾，通过这种稳定的低价使消费者对商家增加了信任，节省人力成本和广告费用，从而产生较高的竞争力
拍卖式促销	拍卖式促销即通过拍卖的形式促销商品，拍卖的结果可能高于产品零售价，也可能低于产品零售价。拍卖形式新鲜，但也不适宜每天开展。可以选择在节假日、周末等时间开展，给顾客充足的时间参与

此外，反时令促销不需要太多的广告宣传，因为该促销本身就是一种极好的宣传，会给顾客眼前一亮的感觉，在提升销量的同时不仅能够清理库存，缓解资金压力，还能提升知名度，节约宣传费用。

那么企业在决定促销时，就需要明确促销的方式、时间、地点、负责人以及对促销结果有个预期。这些信息可以通过促销活动计划表进行展示，如表 10-6 所示为促销活动计划表模板。

表 10-6　促销活动计划表模板

促销活动计划表

×× 月

促销编号	针对产品	促销方式	促销时间		负责人	配合事项	预计经营	预计效果	备注
			起	止					

表 10-6 所示为促销活动计划表的模板，要求在促销之前，填写该表，明确促销产品、促销方式、促销时间、负责人以及预计经营效果等，做到事前规划。管理者通过该表即可快速了解企业产品的促销情况。

10.3　如何进行市场推广

市场推广不仅可以推广产品，也可以向潜在客户推广企业，让其对企业有一个良好的印象，起到宣传作用，有助于开展营销活动。

10.3.1 对外宣传册的制作要点

企业宣传册通常代表了企业的整体形象，好的宣传册能给潜在客户留下一个良好的第一印象，因此宣传册在企业对外宣传过程中显得尤为重要。

一般情况下，企业宣传册包含环衬、扉页、卷首语、目录结构、内页板块、封面设计和封底设计等。宣传册要给人一种大气的感觉，因此要从纸张、文字、排版以及内容等多方面进行考量。

（1）宣传册设计要点

设计宣传册看似简单，可以交给设计公司全权负责，但是宣传册应当包含哪些内容、如何排版以及如何才能设计出让人满意的宣传册，这就需要了解一些宣传册设计的要点。

外观高端大气。外观高端大气会给人一种感观上很有内涵的感觉，这种效果是不容忽视的，能快速提升企业形象。

展现企业实力。企业通过宣传册展示企业实力，为了方便宣传，也可以对自身企业进行包装，向潜在客户展示企业好的一面，起到吸引客户的作用。

内页不要太多。企业宣传册设计的时候要注意内页不要太多，因为对于这种介绍性的资料，人们在观看的时候不会有太多的耐心，页面过多会造成人们在阅读上的不耐烦。

增加信息量。企业宣传册的页数可以适当减少，但是信息量并不一定要减少，这是因为宣传册毕竟是一种对外宣传的资料，信息量减少很容易导致客户对企业的不完全了解，所以在信息上不能过多删减。

语言简单明了。需要表现的信息量大，用简洁明了的语言表达出丰富的内容，这才是我们的最终目的，所以在文案上免不了精雕细琢。

（2）宣传册设计步骤

宣传册的设计要点能够帮助企业在设计时抓住重点，此外设计宣传册还需要了解其设计步骤，如下所示。

①明确企业宣传册的目标与作用，制作一本宣传册主要是做什么用的，是企业产品推广、品牌推广还是新品介绍宣传等，据此进行设计风格和内容的定位。

②充分了解所在行业属性和特点，找出企业特色和优势，打造企业亮点，便于进行创新设计。

③了解宣传册的使用用户，也就是谁会看到宣传册。了解用户心理，从用户角度去思考问题。

④对企业实力有清醒认识，明确宣传册的主要作用，例如给用户留下深刻印象。

⑤进行竞争对手分析，了解他们是怎么做到的，是否有值得借鉴的，并设计符合自己公司的宣传册。

⑥定位设计，主要包括画面的设计风格和内容设计的定位。

⑦封面设计，封面是设计重点之一，多花心思，内页是图文并茂的创意设计。

⑧整体规划，风格统一。细节推敲经得住考验，做到精益求精。

⑨印刷加工制作环节也是非常重要的一个步骤。设计得再好也必须通过加工才能体现出成品的好坏。工艺运用得好，宣传册自然会达到最佳效

果。此外，还要考虑尺寸、工艺细节、纸张等因素。

10.3.2 做好新产品的宣传推广

在如今市场产品和信息都较为多元的情况下，要做好产品的宣传与推广，就需要让产品能够具备吸引力，这样才能在市场竞争中占据优势。下面从 3 个方面来看新产品的宣传与推广。

（1）塑造产品附加值

首先企业要具备好的产品，而要让产品具备附加值，可以从以下 5 个层次丰富产品价值，提升更高的附加值，如图 10-1 所示。

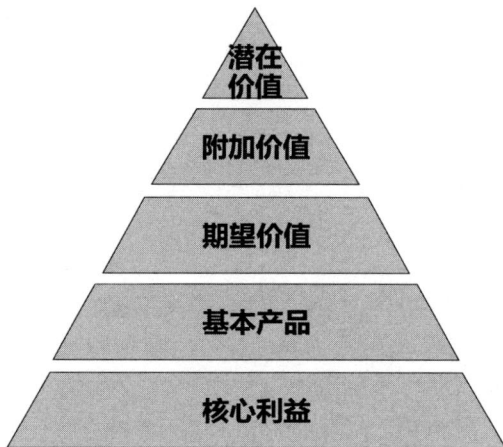

图 10-1　丰富产品价值的 5 个层次

下面分别对这 5 个层次进行具体介绍。

核心利益。就是消费者购买的基本服务和利益，这是消费者购买欲望产生的最基本动机。比如，客户买牙刷的目的就是要刷牙。

基本产品。就是经营者要把消费者的核心要求转化成碰得到、摸得着的基本产品。

期望价值。就是消费者在使用基本产品的同时，希望配合使用的产品。比如，客户穿着皮鞋时会希望有鞋刷和鞋油。

附加价值。也就是在满足顾客的基本需求外，附加给消费者的一些服务和利益。比如，在餐厅附近设置一个免费的儿童乐园，可以帮忙照看小孩等。

潜在价值。就是满足顾客需求之外进一步挖掘产品中存在的价值。比如，电器企业不断更新产品品种，让消费者满足不同的需求。

（2）提供熟悉的情感体验

新的产品或创新型产品刚出来的时候，客户可能对此缺乏了解，甚至难以理解产品的设计原理。而通过顾客熟悉的产品进行关联性的概念和解释，或许能收到不错的效果。

如今人们购买产品，不仅仅是关注产品本身的价格、质量、样式等，还关心产品的服务与情感体验。

（3）进行水平营销

进行水平营销，就是要选择一个层面，然后把该层面的某一因素通过一定方法进行改变以产生刺激，最后建立联结。通常，水平营销依赖的6种办法分别是替换、去除、反转、夸张、组合和换序。

例如，到了情人节固定的概念就是送花，如果对这个概念进行水平营销，进行替换，即把花替换成巧克力，情人节送巧克力；进行去除，即情人节不送花；进行夸张，即情人节送9 999朵玫瑰花等。

通过以上这种水平思维方式，即可发现全新的营销方式。水平思考这种方法主要立足于产品或服务，从产品或服务中挖掘出新的需求，唤醒顾客的潜在需求或满足顾客的个性需求。

10.3.3 产品的销售盈利情况要重点把握

企业盈利能力指企业利用各种经济资源赚取利润的能力，它是企业营销能力、获取现金能力、降低成本能力及规避风险能力等综合体现。此外，产品的盈利能力还能表示企业的经营状况。

要分析企业销售的盈利情况，就需要了解企业产品的销售量和销售金额，再结合相应的成本数据即可分析企业产品的销售盈利情况。

因此，可以通过销售金额统计表来记录企业产品销售的相关数据，进而对企业销售盈利情况进行分析。表 10-7 所示为销售金额统计表。

表 10-7　销售金额统计表

月

订单编号	客户名	单位	单价	金额	时间	销售额	备注

通过表 10-7 可以了解企业产品的销售情况，可进行盈利情况分析，如果企业的盈利情况不好，管理者则要及时调整生产和销售状况，提升企业的销售盈利能力。

10.4 相关制度模板

制度 1 营销计划管理制度

营销计划管理制度

第 1 章 总则

第 1 条 通过建立本公司全年、季度及月度的销售目标计划、回款目标计划、市场目标计划以及相应的费用预算计划，以保证所对应各产品的销售数量的供给和各月份销售中心对资金的需求额度，协助供应链保证产品交付能力，同时为公司整体的经营决策提供有效的数据支持。

第 2 条 全年销售计划适用于整个公司，其余子计划适用对象为销售中心的员工。

第 2 章 销售计划内容及提交规定

第 3 条 公司年度销售计划。

依照公司现有产品及在研产品的情况，结合公司市场经销渠道、人力资源、资金实力及产能等实际情况，同时参考国家在政治、经济、社会等诸多因素，由管理中心及销售中心牵头，参考过去年度本公司和竞争对手的销售实绩，结合三大中心提供各自的基础数据拟定出全年的经营销售计划（销售目标、回款目标、市场目标和费用预算计划）。

计划完成时间：每年的 12 月 31 日前提交下一年度的全年销售计划。责任部门：管理中心、销售中心；协助部门：研发中心、运营中心；责任人：总经理、销售总监。

第 4 条 销售中心年度及季度销售计划。

以公司全年的经营计划为基础，分部门按产品分解年度计划，制订出综合销售部、渠道销售部及行业销售部的年度销售计划，内容为年度销售目标、回款目标、市场目标及费用预算计划。

计划完成时间：每年的 12 月 31 日至次年的 1 月 15 日，提交下一年度的全年销售计划，季度计划在每季度末的最后一周提交。责任部门：综合销售部、渠道销售部、行业销售部及服务部，其中服务部只提交费用计划和服务收费计划；责任人：主要责任人为销售总监，协助责任人为综合销售部、渠道销售部、行业销售部及服务部经理。

……

第 3 章 销售计划输出管理

第 4 章 销售计划的提交及输出结果考核

第 5 章 附则

制度 2 产品定价管理制度

产品定价管理制度

第一章 总则

第一条 为了使 ×× 产品的价格制定科学化，制定流程规范化，特制定本制度。

第二条 ×× 公司产品定价、调价是由销售公司市场管理部牵头，供应部、生产管理部、财务部等部门参加，会同总经理、销售公司总经理或总监、财务总监、技术总监、生产总监共同商讨，制定产品价格。

第三条 本制度包括新产品价格制定、产品价格调整、产品组合与定位划分、附则四部分。

第二章 新产品价格制定

第四条 新产品价格制订指技术部研发的全新产品或者是老型号的改制和更新换代产品的价格制定。

第五条 新产品价格制定分为研发定位价格制订与市场（销售）价格制订。

第六条 研发定位价格指新产品在生产前，技术研发相关部门与市场销售相关部门根据市场需求的分析和预测，为新产品确定价格区间。

第七条 确定研发定位价格的目的。

1. 以需定价：根据市场需求预测和分析，确定新产品指导价格区间，使新产品有明确的市场定位。

2. 以价定产：根据研发定位价格区间，控制新产品生产成本，确保新产品产成后，有足够的市场利润空间，有足够的市场价格竞争优势。

第八条 新产品研发定位价格制定流程。

1. 市场管理部进行行业、市场、产品、公司现有产品组合分析，确定细分市场，提出目标产品价格区间和产品特性。

2. 技术研发部门和生产相关部门对目标产品进行生产技术能力分析，确定目标产品车型。

3. 财务部门会同生产技术部门对新车型进行成本预测分析，确定生产成本区间。

4. 市场管理部对新车型生产成本区间与目标产品价格区间进行比较分析，如果确保产成后有足够的利润空间和竞争优势，则提交公司总经理办公会讨论决定；如果生产成本区间与目标产品价格区间有较大出入，则重新进入流程 1 或流程 2。

5. 经过公司总经理办公会的讨论，确定新产品的研发定位价格区间。

……

制度3 促销活动管理制度

促销活动管理制度

第一章 总则

第一条 为指导各级市场促销计划的制订与实施，保证公司整体销售目标的达成，特制定本制度。

第二条 本制度适用于公司促销活动管理。

第二章 促销计划制订

第三条 市场部负责收集相关市场信息，并进行分析，主要包括客户、竞争对手的基本情况分析，竞争对手促销状况分析，竞争对手销售情况分析等。

第四条 市场部每月组织部门全体人员召开一次策划会议，共同讨论促销活动计划。

第五条 市场部人员每年年底负责制订下一年度促销计划。

第六条 促销计划主要包括年度促销活动的目的和主题、促销活动的主要内容、活动时间和预算。

第七条 年度促销计划经市场部业务经理申请提交总经理审批。

第八条 修正后的年度促销计划经总经理审批后，由综合管理部与市场部分别存档。

第九条 每期主题促销计划根据具体活动内容的不同，计划内容主要包括目标消费群或营销环境分析；促销目的；促销时间、地点；促销内容细则；分工与支持；促销时间表；促销预算；促销评估方法和内容等。

第十条 每期主题促销计划由市场部业务经理申请后报总经理审批。

第三章 促销现场控制

第十一条 促销主管负责安排专人进行现场管理，并在实施促销工作前制订以下几种情况的应对措施。

（1）顾客反应热烈，促销现场因人员过多而产生拥挤。

（2）顾客反应冷淡，促销现场无人员旁观，出现冷场。

（3）顾客因对促销活动的理解有偏差，出现现场争吵等情况。

（4）遭遇竞争对手的对抗性促销。

第十二条 促销安保人员主要负责现场秩序维护和促销后台财物安全工作，如出现拥挤、踩踏或偷窃等意外事件，要妥善做好疏散工作，第一时间通知医疗卫生或公安部门，同时报备公司主管人员。

......

第四章 促销活动评估

第五章 附则

制度 4 市场推广管理办法

市场推广管理办法

第一章 总则

第一条 目的。

为更好地进行市场推广，树立公司和产品形象，提高公司和产品的知名度与美誉度，规范公司市场推广计划的制订，确保公司的市场推广活动组织实施有效、准确、有序，特制定本办法。

第二章 推广活动的计划与组织

第二条 项目部负责公司的市场推广。项目部综合管理室负责创建和收集推广需求，结合公司市场战略和策略拟制年度推广计划，明确推广活动及责任部门；报主管领导审核批准。

第三条 各责任部门在活动前要做好推广活动的策划，形成市场推广活动申请表（见附表 1）。内容包括：

（1）活动的形式。

（2）市场推广的目标客户群。

（3）市场推广的诉求点和宣传点。

（4）参与人员、费用预算等。

第四条 相关部门在按计划具体实施推广活动前一周提交市场推广活动申请表给项目部综合管理室，对于临时决定的重大活动，项目部在接到申请后上报领导做特别安排。

第五条 推广活动结束后的 3 天内，相关部门须向项目部综合管理室提交活动总结（见附表 2：市场推广活动总结表）。

第三章 市场推广方式和供应商选择

第六条 市场推广方式。

根据市场推广活动的目标客户群、推广内容等，相关责任部门选择合适的市场推广方式。主要包括：

（1）行业展览或博览会。

（2）商务交流或新闻发布会。

（3）针对行业协会、相关组织的技术交流或研讨会。

……

制度管人

第 11 章

↓

把握时机，进行市场调查与开发

　　企业在发展过程中不能一味埋头苦干，还应当在适当的阶段展开市场调查，了解市场的具体情况和企业在市场中的地位，调查出的问题要及时调整和改进，不断提升企业的市场竞争力。

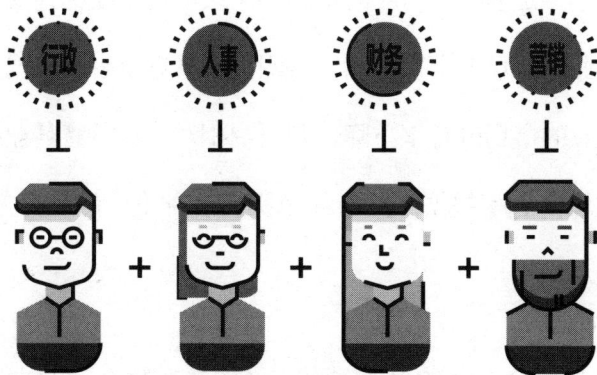

行政　人事　财务　营销

+ + +

11.1 掌握市场基本调查内容

如今市场竞争日渐激烈，企业要想在市场中不断发展，不仅要了解市场需求，还需要知道企业的产品在市场中的发展情况、销售情况和受欢迎程度。这就需要企业定期进行产品市场调研，了解产品的市场发展情况。

11.1.1 调查企业产品的市场占有率

市场份额亦称"市场占有率"，主要指某企业某一产品（或品类）的销售量（或销售额）在市场同类产品（或品类）中所占比重。

通常，企业的销售绩效并不能完全反映出其竞争企业的经营状况。如果企业销售额增加了，可能是由于企业所处的整体经济环境的发展，也可能是因为其市场营销工作相较其他竞争者有一定改善。

市场占有率正是剔除了一般的环境影响来考察企业的经营工作状况。

①如果企业的市场占有率升高，表明它较其竞争者的情况更好。

②如果企业的市场占有率下降，则说明相对于竞争者其业绩较差。

企业的市场占有率根据不同市场范围有 4 种不同的测算方法，下面进行具体介绍。

◆ 总体市场

总体市场指一个企业的产品销售量（额）在整个行业中所占的比重。这样得出的是整体的市场占有率。

◆ 目标市场

目标市场指一个企业的销售量（额）在其目标市场，即其所服务的市场中所占的比重。一个企业的目标市场的范围小于或等于整个行业的服务市场，因而它的目标市场份额总是大于它在总体市场中的份额。

◆ 三大竞争者

三大竞争者指一个企业的销售量和市场上最大的 3 个竞争者的销售总量之比。如一个企业的市场份额是 30%，而它的 3 个最大竞争者的市场份额分别为 20%、20% 和 10%，则该企业的相对市场份额就是 30%÷50%×100%=60%；如果 4 个企业各占 25%，则该企业的相对市场份额为 33%。

一般情况下，一个企业拥有 33% 以上的相对市场份额，就表明该企业在这一市场中有一定实力。

◆ 最大竞争者

最大竞争者指一个企业的销售量与市场上最大竞争者的销售量之比。若高于 100%，表明该企业是这一市场的领袖。例如甲企业的 A 产品市场销售量为 20 000 件，其最大竞争者的同类产品销量为 18 000 件，则销量之比约为 111%，则甲企业是这一市场的领袖。

11.1.2 调查客户对产品的满意度

顾客满意度调查是用来测量一家企业或一个行业在满足或超过顾客购买产品的期望方面所达到的程度。客户满意度越高，表示客户对企业的产品或服务越满意。客户满意度对企业发展至关重要。

下面来看调查客户满意度的常见方法。

设立投诉与建议系统。以顾客为中心的企业应当方便顾客传递他们的建议和投诉，设立投诉与建议系统可以收集到顾客的意见和建议。一些以顾客为中心的企业，都建立了"顾客热线"的免费专线，从而最大限度地方便顾客咨询、建议或者投诉。这些信息流有助于企业更迅速地解决问题，并为这些企业提供很多开发新产品的创意。

顾客满意度量表调查。并不是所有客户对产品不满意都会进行投诉，因此，不能用投诉程度来完全衡量顾客满意程度。企业可以通过电话或者信件等方式向购买者询问他们的满意度，帮助企业进行改进。

佯装购物法。雇用一些人员装作潜在购买者，以报告他们在购买企业和竞争者产品的过程中所发现的优点和缺陷。管理者也可以以购物者身份到企业和竞争者那儿从事购物活动，了解具体情况。

失去顾客分析。企业应当同停止购买或转向其他供应商的顾客进行接触，了解为什么会发生这种情况。这类顾客的原因分析十分重要，能够直接反映顾客的想法和企业存在的问题。

企业管理者不仅要了解常见的客户满意度调查方法，还需要知道具体的调查流程，具体介绍如图 11-1 所示。

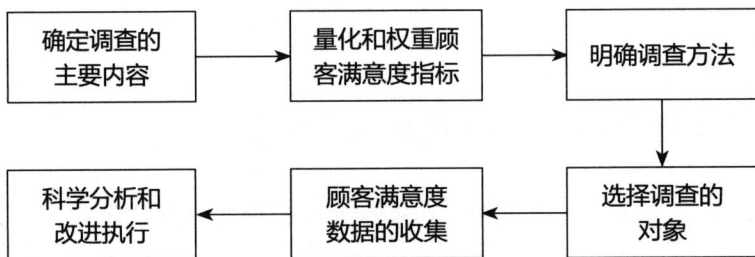

图 11-1　客户满意度调查流程

下面对客户满意度调查流程进行具体介绍。

◆ 确定调查的主要内容

开展顾客满意度调查研究，必须首先识别顾客的需求结构，明确开展顾客满意度调查的内容。

通常，调查的内容主要包括以下几个方面：①产品内在质量，包括产品技术性能、可靠性和可维护性等；②产品功能需求，包括使用功能、辅助功能（舒适性等）；③产品服务需求，包括售前和售后服务需求。产品外延需求，包括零备件供应、产品介绍资料和培训支持等；产品外观、包装、防护需求；产品价格需求等。

◆ 量化和权重顾客满意度指标

顾客满意度调查的本质是一个定量分析的过程，即用数字去反映顾客对测量对象属性的态度，因此需要对调查项目指标进行量化。

顾客满意度调查了解的是顾客对产品、服务或企业的态度，即满足状态等级，一般采用七级态度等级：很满意、满意、较满意、一般、不太满意、不满意和很不满意，相应赋值为7、6、5、4、3、2、1。

◆ 明确调查方法

调查方法除了前面介绍的几种外，还可以通过问卷调查、二手资料收集以及访谈研究。二手资料大都通过公开发行刊物、网络、调查公司获得，可能存在缺陷，但也能作为参考。

◆ 选择调查的对象

如果顾客较少，应该进行总体调查。但对于大多数企业来说，要进行顾客全部的总体调查是非常困难的，也是不必要的，应该进行科学的随机抽样调查。

◆ 顾客满意度数据的收集

顾客满意度数据的收集可以是书面或口头的问卷、电话或面对面的访谈。若有网站，也可以进行网上顾客满意度调查。调查中通常包含很多问题或陈述，需要被调查者根据预设的表格选择问题后面的相应答案，调查时让被调查者以开放的方式回答，能够获取更详细的资料。

◆ 科学分析和改进执行

企业应建立健全分析系统，将更多的顾客资料输入到数据库中，不断采集顾客的有关信息。同时，还要运用科学的方法，分析顾客发生变化的状况和趋势。

进行科学分析后，企业就应该立刻检查自身的工作流程，在"以顾客为关注焦点"的原则下开展自查和自纠，找出不符合顾客满意管理的流程，制定企业的改进方案，并组织企业员工实施，以让顾客满意。

11.1.3 如何编写市场分析报告

市场分析报告是对行业市场规模、市场竞争、区域市场、市场走势及吸引范围等调查资料所进行的分析。通过行业市场调查和供求预测，根据行业产品的市场环境、竞争力和竞争者，分析、判断行业的产品在限定时间内是否有市场等。

市场分析报告的目的通常是帮助领导、相关部门人员了解市场行情的重要工作，对企业工作开展相当重要，非常考验相关人员的调查和分析能力。下面具体介绍市场分析报告的编写要点。

（1）重视基础

市场分析在企业工作中起着承上启下的作用，对销售和决策有较大的影响，这就要求市场分析报告的内容都是从基础工作中来。因此，保持对日常基础工作资料的收集，是写好市场分析报告的前提，这就很考验相关人员的日常资料收集能力。

（2）注重结构

市场报告作为一种较为正式的文件，企业的领导和相关工作人员会进行研读，因此要求分析报告在撰写时按照一定的要求和格式。

市场分析报告的基本格式主要包括 4 个部分，如图 11-2 所示。

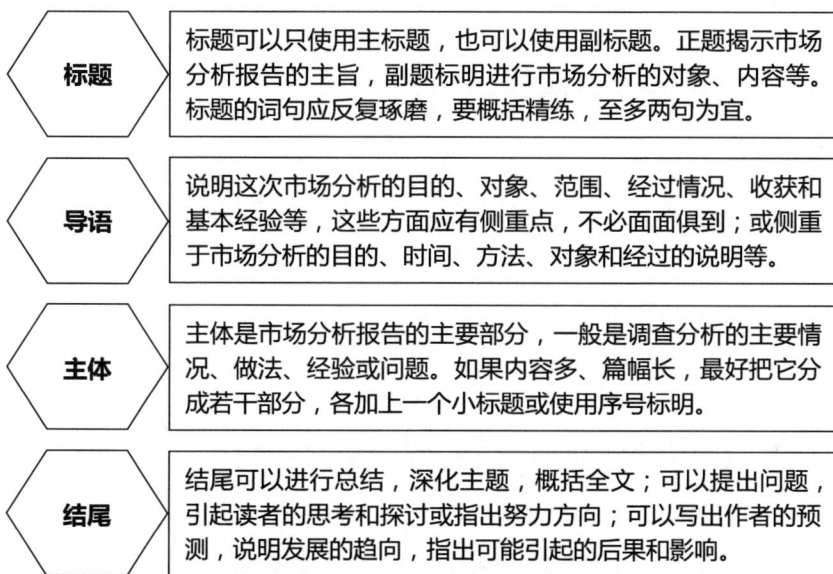

标题	标题可以只使用主标题，也可以使用副标题。正题揭示市场分析报告的主旨，副题标明进行市场分析的对象、内容等。标题的词句应反复琢磨，要概括精练，至多两句为宜。
导语	说明这次市场分析的目的、对象、范围、经过情况、收获和基本经验等，这些方面应有侧重点，不必面面俱到；或侧重于市场分析的目的、时间、方法、对象和经过的说明等。
主体	主体是市场分析报告的主要部分，一般是调查分析的主要情况、做法、经验或问题。如果内容多、篇幅长，最好把它分成若干部分，各加上一个小标题或使用序号标明。
结尾	结尾可以进行总结，深化主题，概括全文；可以提出问题，引起读者的思考和探讨或指出努力方向；可以写出作者的预测，说明发展的趋向，指出可能引起的后果和影响。

图 11-2　市场分析报告的一般格式

（3）丰富报告内容

市场分析报告在编写过程中要基于客观情况、实事求是，不能只讲空话、套话，也不能只列数据不做分析，避免冗长、乏味、呆板的语言。下面具体来看如何丰富报告内容。

分析变化。 根据收集到的数据变化，分析趋势的变化，不能只是简单的罗列数据。要通过分析得出具体的原因，再提出对应的措施或看法。

展示效果。市场分析报告不仅是当月工作的总结，在报告中应多列举在本月工作中做了什么，获得了哪些成效，给人一种实在的感觉。

列举实例。如果报告编写人员觉得报告过于空泛，缺乏实际内容，可以考虑在报告中添加实例，通过分析实例起到以小窥大、举一反三的作用。

明确问题。直接表明通过市场分析了解到的企业产品、营销等方面存在的问题，让查看报告的人员能够快速明确问题所在。需要注意，所提问题应具体，有针对性，避免片面和夸大。

找原因，提建议。找原因指通过调查发现产生问题的具体原因，应当客观，避免表达主观原因。根据出现的问题和原因提出看法或措施，注意语言表达要简明、扼要，措施可操作性要强。

11.2　企业相关信息调查重点

对于企业而言，要想获得较好的发展，不仅需要进行一系列基础调查，还需要进行一些深度调查，这样更有利于企业的发展，例如企业竞争对手的具体情况等。

11.2.1　如何调查竞争对手的情况

商场如战场，若想在市场竞争中永远立于不败之地，竞争情报显然具有举足轻重的作用。调查竞争对手的目的是帮助企业识别现有竞争对手，深入了解竞争对手的竞争实力，掌握竞争对手的动向。

（1）竞争对手调查的内容

要调查竞争对手企业的状况，首先要了解需要调查哪些内容，具体介绍如表11-1所示。

表 11-1　竞争对手调查的内容

调查内容	具体介绍
企业概况	包括注册情况、企业背景、股东情况、内部组织架构、协调方式；人力资源（数量、结构、规模及构成）、员工实得工资（给予额）结构情况；子公司或相关联公司情况等
产品及生产状况	主要包括产品范围、产品结构、产品的主要用途、产品的辅助用途、产品的优缺点、产品的质量认证、产品的价格、主要产品产量（月／年）等
财务状况	主要包括竞争对手企业的基本财务制度、公司财务部门组织架构、财务部门在公司中的地位、财务部门主要负责人介绍、财务部门人员介绍等
市场营销	主要包括销售组织、人力资源情况；主要销售区域及在该区域的市场表现；产品销售情况、销售渠道及价格分析；主要经销商（代理商）、营销策略、促销策略等

（2）调查竞争对手的方法

竞争对手的具体情况通常不容易获得，往往需要通过不同的渠道进行搜寻。相关工作人员需要了解相应的信息获取渠道，才能够让调查工作更好开展。

二手资料收集。 二手资料收集指通过其他渠道间接获得竞争对手企业的信息，主要包括网络和媒介公开的资料、统计机构公开的资料以及其他相关公开资料。

深入访问获取资料。 指通过直接接触企业或相关人员获取资料，包括访问企业相关人员、询问企业渠道商以及访问该企业的客户了解信息等。

数据购买。 指直接支付资金向相关人员购买所需要的数据，包括向该企业员工购买相关信息、向工商系统购买信息以及通过自由数据库查询信息等。

从目标企业离职员工获取信息。招聘市场获取离职人员信息，招聘时候对于竞争对手的离职员工邀约，在面试的时候了解到第一手的资料。

11.2.2 经销商具体情况调查

经销商就是从企业进货，在某一地区进行销售的单位或个人。经销商对于企业而言就像是合作伙伴，企业的产品经过经销商到具体用户手中，因此经销商相当于用户与企业之间的桥梁。

经销商往往能够掌握用户对于产品的看法和使用反馈，并且了解产品的销售情况。因此，企业有必要与经销商保持良好的关系，方便从经销商处了解相关信息反馈。

那么企业可以从经销商处了解哪些信息呢？

◆ **产品信息：**主要包括产品定价是否合理；对产品的看法如何；产品还能在哪些方面进行提升等。

◆ **销售信息：**公司在销售方面优惠程度如何；优惠方案是否需要进行优化；企业产品应当如何扩大销量等。

◆ **市场信息：**市场上同类产品的销售情况；与同类产品相比存在的问题；促销方案应当如何改进等。

◆ **客户意见：**经销商了解的客户对公司或者公司产品的看法，以及相应的改进措施等。

下面具体来看某企业经销商问卷调查表。

案例实操 经销商调查问卷

您好！非常感谢您百忙之中帮我们填写这份咨询问卷！

经销商名称：_____ 答卷者：_____ 联系电话：_____

一、产品方面

1. 对于我司产品的定价您觉得怎么样？

①定价合理，适应市场行情 ②偏高，不利市场推广 ③偏低 ④其他

2. 您对于我司开发新产品的进度有什么看法？

①新品推出太慢，太少 ②新品更新快，品种多 ③一般，能接受 ④其他

3. 您对于推广我司新产品持什么样的态度？

①大力推广所有新品 ②根据个人看法有选择地推广新品 ③先观望，市场反应好了，再推广 ④其他

4. 您对于我司饮品口感及包装工艺方面满意吗？

①满意，口感很好 ②不满意，包装老套 ③还行，有待提升 ④其他

5. 根据目前的饮料市场情况，对于新品的开发您有什么建议？您认为哪些种类的饮料会有很大的市场，值得开发，哪些种类的饮料市场小，没必要开发？我认为：_____

二、营销方面

6. 对于我司不定期的各种促销优惠方案，您有什么看法？（可列举您喜欢的促销方案）

①满意，是我需要的促销形式 ②不满意，没有需要的，一般不参与

③一般，方案老套 ④没看法 我喜欢的促销方案：_____

7. 如果您计划扩大市场份额，提高销售额，您希望我司提供哪些扶持？

①协助渠道开拓 ②货款支持 ③广告促销 ④终端管理

其他方面：_____

8. 您对我司的发货速度及准确性有哪些意见？

①满意 ②基本满意 ③不太满意 ④其他意见 _____

三、市场方面

9. 饮料市场现在品牌众多，选择销售哪个品牌的产品，您一般会从哪些方面考虑？（可按注重程度由高到低排序）

①厂家牌子硬 ②产品质量好 ③厂家服务态度好 ④利润空间大

⑤帮扶力度大 ⑥可以帮我赚钱 ⑦产品市场好

10. 您在销售饮料的过程中经常会遇到哪些阻碍？

我遇到的困难：_____

11. 您认为下列促销方式中对消费者影响最大的方式是：

①礼品促销 ②买赠 ③抽奖活动 ④直接降价促销 ⑤其他 _____

需要改进的有：_____

四、客户意见及建议

12. 您对目前整个饮料市场有什么看法？以及对未来市场的预测？

13. 您认为我司有哪些方面急需改进？

11.3 调研数据的统计与分析

通过市场调研获取数据并不意味着工作完成，获取数据后重要的是对数据进行分析，从中获取有价值的信息，帮助企业发展。

11.3.1 产品知名度分析要点

产品知名度指潜在购买者认识到或记起某一品牌是某类产品的能力。产品知名度能够充分展示产品所具备的竞争力。

企业管理者想要了解企业产品的知名度，可以通过产品普及率这一指标进行分析。具体根据产品在某一地区人口或家庭的平均普及率，表示该产品的知名度。

产品普及率的计算方法主要有两种，下面分别进行介绍。

一是用历年的销售量来计算。根据历年的生产量或销售量的资料来计算社会平均持有量，就可以求得普及率，计算公式如下：

产品普及率 ＝ 历年的生产量或销售量 ÷ 当地总人（家庭）数 ×100%

通常，市场普及率越高，表明企业产品的市场知名度越高，受欢迎程度越高。采用此方法，需要掌握大量的统计资料，并且要注意排除各种假象，避免虚假数据。

二是用家计结果来推算。家计调查是抽样调查的一种形式。在某一地区抽取一定的家庭为样本进行调查，根据调查的结果可以推断出全地区的持有量。需要注意抽取样本量的大小和代表性。

拓展贴士 *产品普及率与市场饱和度*

普及率越高，产品的市场潜力越小，产品的生命周期越趋于饱和。根据经验数据，产品普及率小于 5% 时为投入期；普及率在 5% ~ 50% 时为成长期；普及率在 50% ~ 90% 时为成熟期；普及率在 90% 以上时为衰退期。

下面通过具体的案例来分析企业产品的知名度。

案例实操 企业洗衣机产品知名度分析

某企业主要从事家用电器生产和销售，是比较受欢迎的企业，该企业近期想要了解企业洗衣机产品的市场知名度，于是需要进行洗衣机产品市场普及率的分析。下面分别通过前面介绍的两种方法进行分析。

①该企业当前共覆盖 2 000 000 个家庭，经过 5 年的销售，企业共销售洗衣机产品 1 220 000 台，且洗衣机使用寿命通常超过 5 年，则：

$$普及率 = 1\ 220\ 000 \div 2\ 000\ 000 \times 100\% = 61\%$$

②该企业所在地主要分为 5 个地区，每个地区的人口和家庭数相差较小，于是企业决定从 5 个地区分别抽取 1 000 个家庭，调查这些家庭使用该企业洗衣机的情况发现，使用该企业洗衣机的家庭数为 3 075 户，则：

$$普及率 = 3\ 075 \div (1\ 000 \times 5) \times 100\% = 61.5\%$$

由此可以发现，上述两种计算方法的计算结果相近，该企业的产品普及率处于 50% ~ 90% 时为成熟期，该企业洗衣机的知名度较高。

11.3.2 产品发展方向管理要点

市场发展状态主要指市场状况，是企业目标市场的范围、销售渠道的多少、市场占有率的大小以及市场的竞争状况和市场环境的复杂程度等。一般说来，市场状况是决定市场营销组织和人员多寡的基本依据。

要分析产品的发展方向和发展潜力，一般使用"波士顿矩阵"进行分析。波士顿矩阵又称四象限分析法、产品系列结构管理法等，是由美国波士顿咨询公司创始人布鲁斯·亨德森首创的分析方法。

波士顿矩阵指在一个企业内，通过研究产品的市场占有率和产品市场增长率，把企业现有产品划分为不同的4种类型，分别是问题、明星、金牛和瘦狗。然后研究企业的产品，对公司内部进行规划，对产品进行策划，将企业有限的资源有效地分配到合理的产品结构中去，以保证企业收益，使企业在激烈竞争中取胜。

下面分别对企业中的4种业务进行介绍，如表11-2所示。

表11-2 波士顿矩阵的4种业务简介

业　　务	具体介绍
问题业务	该业务是高增长、低市场占有的，即增长率很快，但是市场占有率不高，得到的利润有限，这类业务通常处于最差的现金流量状态。需要分析、判断使其转移到"明星业务"所需要的投资量及未来盈利，研究是否值得投资等问题。要是无法投资，应该放弃该类业务
明星业务	高增长、高市场占有率，即增长率很快，市场占有率也很高，得到的利润较好，就像明星一样，发展前途很好，这类业务处于迅速增长的市场，具有很大的市场份额。企业一般应对此类业务进行保护，在短期内优先供给它们所需的资源，支持它们继续发展
金牛业务	低增长、高市场占有率，像奶牛一样，吃的是草，产出的是高质量的牛奶，这类业务处于成熟的低速增长的市场之中，市场地位有利，盈利率高，本身不需要投资，反而能为企业提供大量资金
瘦狗业务	低增长、低市场占有率，像瘦狗一样，要吃饭，但是自身没有什么价值，即投入较大，但是利润较少，或是没有利润，甚至亏损的。如果这类业务还能经营，应减小规模；如果不能继续经营，应及早采取措施，清理业务

了解了波士顿矩阵后，企业管理者就可以分析企业相关产品的市场增长率和相对市场占有率，从而判断出企业产品属于哪一类业务，并根据相应的业务制定相应的目标。

通常有4种战略目标分别适用于不同的业务。

发展。以提高经营单位的相对市场占有率为目标，甚至不惜放弃短期收益。要是问题类业务想尽快成为"明星"，就要增加资金投入。

保持。投资维持现状，目标是保持业务单位现有的市场份额，对于较大的"金牛"可以此为目标，以使它们产生更多的收益。

收割。这种战略主要是为了获得短期收益，目标是在短期内尽可能地得到最大限度的现金收入。对处境不佳的金牛类业务及没有发展前途的问题类业务和瘦狗类业务应视具体情况采取这种策略。

放弃。目标在于清理和撤销某些业务，减轻负担，以便将有限的资源用于效益较高的业务。这种目标适用于无利可图的瘦狗类和问题类业务。一个公司必须对其业务加以调整，以使其投资组合趋于合理。

11.4 相关制度模板

制度1 市场调查管理制度

市场调查管理制度

第一章 总则

第一条 目的

为实现公司经营目标，提高公司对市场的快速反应能力以及创新速度，特制定市场营销调查管理制度来规范市场信息渠道来源，从而保证信息的真实性、准确性和及时性。

第二条 适用范围

本管理办法适用于 ×× 食品有限公司（以下简称 ××）。

第三条 原则

市场调查本着科学、全面、合理、规范的工作原则和工作方法，采取一般性的抽样调查与大范围的分层抽样系统调查相结合的原则。

第二章 市场调查活动的组织管理

第四条 方案制定

市场调查方案制定由市场总监负责，上报主管领导审核，经审核后实施。

第五条 方案实施

市场总监负责组织实施。

第六条 实施监督

在方案实施过程中，市场总监负责实施监督。

第七条 实施效果考核

市场总监负责对方案执行效果进行考核。

第三章 市场调查方法

第八条 文案调查法

文案调查法主要是对现有资料进行收集的一种调查方法。

第九条 实地调查法

（一）访问调查法

1. 面谈法：调查者根据访谈提纲直接访问被调查者的一种方法。例如：

（1）对代理商和经销商进行访谈，了解当地市场产品的销售情况。

（2）对终端用户进行访谈：有针对性抽查几个终端用户的相关人员进行访谈。

2. 电话调查。

由调查者通过电话的方式对被调查者询问了解有关问题的方法。例如：

（1）对市场产品销售、客户需求、客户满意度、市场推广效果等进行电话抽样调查。

（2）对市场品牌认知率进行电话抽样调查。

（3）对培训／研讨会与会者进行培训效果电话调查。

......

第四章 市场调查内容

第五章 市场环境调查

第六章 市场需求调查

第七章 营销活动调查

第八章 经销商信用等级调查

第九章 市场调查效果评估

第十章 附则

制度 2 竞争对手调研管理制度

竞争对手调研管理制度

第 1 章 总则

第 1 条 目的

为了规范对竞争对手的调研工作，及时了解竞争对手的情况，并采用正确的营销策略特制定本办法。

第 2 条 适用范围

本办法适用于机电公司对竞争对手经营情况的管理工作。

第 3 条 管理职责

竞争对手调研工作由机电公司营销主管经理负责，直接指挥市场专员开展市场竞争对手调研工作，其他组织和个人不得介入。

第 2 章 竞争对手调研准备

第 4 条 确定主要竞争对手

机电公司营销主管经理应根据行业内各公司发展水平及本公司所处发展阶段，确定五家以上的公司作为本公司今后三年内的主要竞争对手，并列出其具体经营状况。

第 5 条 确定一般竞争对手

营销调研专员必须密切注意市场行情，发现哪家企业有以下情况之一，则列入本公司主要竞争对手名单。

1. 当年销售总额增长超过 80% 的。

2. 行业排名在 30 名以内，年度上升超过 5 位的。

3. 行业排名在 30 ~ 50 名，年度上升超过 10 位的。

4. 行业排名在 50 ~ 100 名，年度上升超过 20 位的。

5. 当年广告投入在 100 万元以上的。

第 3 章 竞争对手调研内容

第 6 条 市场调研人员需对以下竞争对手概况进行调研

1. 公司基本注册情况。

2. 公司背景、股东情况。

3. 公司内部组织架构。

……

第 4 章 竞争对手调研工作实施

第 5 章 附则

制度管人

第 ⑫ 章

完善库存和后勤管理，消除后顾之忧

对于企业而言，库存和后勤管理虽然表面上不会影响企业盈利，但是实际上确实对企业有较大的影响。库存和后勤管理出现问题，会导致企业生产活动受到阻碍，其影响不容忽视。

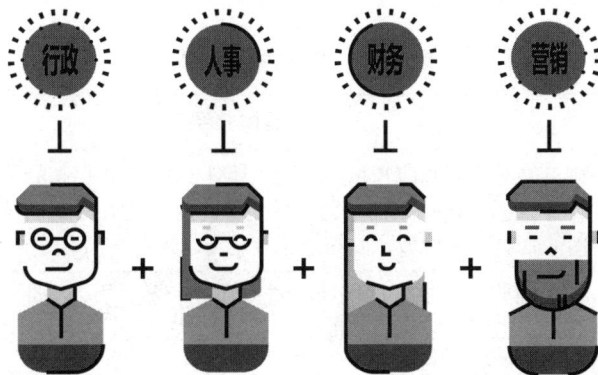

行政 + 人事 + 财务 + 营销

12.1 库存管理基础知识详解

对于生产、加工型企业而言，通常都会涉及物料的使用，为了使所用的物料符合要求，在采购完成后还应当加强对物料的保管，避免物料出现质量问题，影响正常的生产活动。

12.1.1 物料存储管理要点

对于某些生产企业需要使用的物料的存放要求较高，一旦存放不合理可能导致物料出现问题，使企业遭受损失，还会影响生产活动进度。要避免这种情况，就需要管理者掌握相应的物料储存要点，进行实时督促，并进行监督检查。

通常情况下物料的储存应当按照以下标准进行，如表 12-1 所示，不同企业的物料不同，可能还会涉及一些特殊的存储要求。

表 12-1　物料储存标准

方　　法	具体介绍
分类存放	物料的保管原则应当按照物质的属性、特点和用途进行规划，设置仓库，并根据仓库的条件考虑区域划分。对于吞吐量大的物料落地堆放；其他的物料上架堆放，并按照相应的要求进行编号和定位
科学堆放	科学堆放指根据物料的特点进行合理存放，并根据具体标准做到整齐划一，在保障安全的前提下，必须做到过目见数，检点方便，成行成列，排放整齐

续表

方　　法	具体介绍
明确职责	仓管员对库存、代保管、待验材料以及设备、容器和工具负有经济责任和法律责任，因此要坚决做到人各有责，物各有主，事事有人管。仓库物资如有损失、贬值、报废、盘盈盘亏等，仓管员应及时报告科长，分析原因，查明责任
加强保管	保管物资要根据其自然属性，考虑储存的场所和保管常识处理，加强保管措施，达到管理要求，确保财产不发生保管责任损失。同类物资堆放，要考虑先进先出，发货方便
严格审批	保管物资，未经上级同意，一律不准擅自借出。总成物资，一律不准拆件零发，特殊情况应经上级批准
保障安全	仓库要严格保卫，禁止非本库人员擅自入库。仓库严禁烟火，明火作业需经保卫部门批准。仓管员要懂得使用消防器材和掌握必要的防火知识

各种原材料都应当按照企业规定或是物料存储要求进行合理存放，企业管理者在物料管理中需要发挥自身作用，定期组织相关管理人员对物料进行检查和控制。下面具体介绍管理者进行储存控制的主要内容。

确保储存环境良好。 储存区域应整洁，具有适宜的环境条件。对温度、湿度和其他条件敏感的物资，应有明显的识别标记，并加以单独存放，提供必要的环境。

确保储存方法合理。 储存区域应整洁，具有适宜的环境条件，对温度、湿度和其他条件敏感的物资，应有明显的识别标记，并单独存放，提供必要的环境。

采取合理控制手段。 即采取一定措施对物料进行监控、控制，例如物资入库应验收合格，并注明接收日期，做出适当标记，对有储存期要求的物资，应有适用的储存品周转制度，物资堆放要有利于存取。

对于管理者而言，不需要分别了解各类物料的储存方法，但是需要做好监督和检查工作，并适时督促，确保物料管理人员按照规定要求进行物料保管。

12.1.2 成品出库管理要点

为满足客户的发货要求，保证发货的及时性、准确性，确保公司发货流程的顺畅，企业需要对产成品出库进行具体规范。

管理者要做好督促工作，要求相关人员按照要求开展产成品出库流程。下面具体介绍产成品出库流程，如图 12-1 所示。

第一步：仓库部门开单

首先根据业务部门与客户确认供应货物，发单至仓库部门发货。仓库出示的单据内容必须有品名、规格和数量等重要数据。

第二步：单位主管签核

仓库开单后需要交由单位主管确认，负责此工作的单位主管必须掌握出货信息才能签字。

第三步：最高主管签核

仓库单位主管签核好后就送至总经理核实出货项目，总经理对出货计划要掌握。

第四步：成品装车

单据签好后就由仓库人员装车，仓库人员装车时一定要确认好所装的货物与单据相符，且货物装车时一定要利于检查。

第五步：出货门口确认

货物装好后，司机拿签核好的单据交给出货门安勤，安勤对照单据和货物核实无误后可以放行。

图 12-1　产成品出库的一般流程

产成品出库工作至关重要，如果出库过程中出错，则会影响企业的销售工作。下面来看某企业的成品发货出库管理制度。

案例实操 成品发货出库管理制度（节选）

二、职责与权限

1. 跟车业务员负责产品装卸，仓库管理员协助跟车人员装卸产品及点数。跟车人员根据送货单据点数、品种及数量确认无误后，在送货单上签字确认。

2. 仓库管理员负责办理产品打印送货单，出库手续，按送货单准备好出货产品，并将产品放置在指定位置。

3. 快递公司由仓库管理员联系；外发物流公司，短途由跟车人员及司机负责产品运输。

三、发货流程

1. 业务员按合同或客户要求的发货信息，将送货客户、交货日期、订单号、产品编码、数量、备品告知仓库进行备货。

2. 出货前如因缺货、质量问题或其他异常情况仓库要及时告知业务部相关人员，及时反馈客户，以便客户做相应的变更。

3. 确保产品质量、数量后，仓管员将送货数量等信息进行记录，确保账目的准确性。填写送货单，公司领导签字审核，业务部及跟车人员签字确认。送货单一式四联，仓库一联、财务一联，回单一联，客户一联。

4. 业务员负责通知物流公司或司机提货、送货。货运期间，业务员要与物流公司保持联系，保证货物能够顺利送达。产品送达后，物流货运单、回单等原始单据要保留齐全。

5. 如需开具发票，要提供客户所需发票明细给财务部开具。货物送达后，跟车人员要跟踪付款。

6. 货物送达后，客户反映产品质量问题，跟车人员要及时沟通、反馈给相关负责人批准进行处理。

7. 样品出库：业务员到财务部领取送货单，做好领用登记，手写送货单。送货单上一定要注明：收货客户、货名及规格、数量、金额、送货人签字（不可代签），如果是免费样品，送货单上一定要注明。凭送货单开具出库单，送货人签字，仓库主管审核，办理出库。

以上为某企业的产成品出库管理制度，主要分为两个部分。第一部分介绍了产成品出库的相关人员的工作职责与权限。

第二部分主要介绍了产成品出库的具体流程，主要包括备货、审核、提货以及送货等，具体规范了产成品出库的流程。

12.2 库存管理的要点分析

在进行库存管理过程中需要格外注意，库存管理不合理容易导致货物积压、缺货以及生产与需求不匹配等情况。这就要求企业管理者加强库存管理，降低库存误差，促进企业合理发展。

12.2.1 仓储情况和仓储饱和度要求

企业产品的库存情况对企业发展有重要影响，合理的库存才能避免企业出现缺货或是货物积压导致的亏损。

作为管理者应对企业的仓储情况有一定了解，才方便进行宏观调控。下面具体来了解企业的仓储情况和仓储饱和度。

（1）了解企业仓储情况

仓储情况指企业库存中各种商品的数量、规格以及各期的流动情况，了解企业的仓储情况就能够了解企业产品的储存现状，方便企业管理者及时调整生产策略，避免出现库存积压或是库存不足的情况。

企业的库存商品流动情况通常会在库存报表中详细记录，因此，通过该报表即可快速了解企业仓储情况。下面来看库存报表的基本模板，如表12-2所示。

表 12-2　库存报表

单位名称：　　　　　　　　统计时间：　　　　　　　单位：元

项目	规格	单位	上期余额		当期余额		本期入库		本期出库		备注
			单价	数量	单价	数量	单价	数量	单价	数量	
合计											

如表12-2所示为库存报表，其中分别记录各产品的规格型号、单位、上期余额、当期余额、本期入库和本期出库数据，管理者通过该表格即可快速了解仓储变化情况。

此外在记录该表时，可以将各项原材料的仓储情况也进行记录，分别进行统计，方便同时了解原料产品的仓储情况。

（2）了解仓储饱和度

库存饱和度简单理解就是企业存货占库存最大储量的的比重，仓储饱和度越高，则越有可能出现产品积压，资金周转不灵的情况；仓储饱和度过低，则可能难以满足市场需求。

要了解企业的仓储饱和度，可以通过库存盘点报告表进行了解。库存盘点报告表通常是每日或每周对库存情况进行盘点，方便管理者来了解库存情况。库存盘点报告表模板如表 12-3 所示。

表 12-3　库存盘点报告表

盘点时间：　　　年　　月　　日　　　　　　　　　　　共　　　页，第　　　页

品名	规格	单位	上月盘存	本月入库	本月出库	本月结余	备注

办事处主任签字：　　　　　　　　　　　　　仓库保管员签字：

根据企业要求不同，在不同时间进行库存盘点即可，通过该表即可了解到企业当前库存的具体情况。仓储饱和度是否合理，如果仓储饱和度过高或者过低，管理者则需引起注意，及时调整生产策略，确保库存合理。

12.2.2 通过周转情况看企业营销状况

营销状况的好坏，在一定程度上可以表示企业的销售情况，这是企业管理者比较关心的，也是对企业影响较大的。企业管理者想要了解具体的营销状况，可以通过存货周转率指标来进行具体分析。

存货周转率又名库存周转率，是企业一定时期营业成本（销货成本）与平均存货余额的比率。用于反映存货的周转速度，是对流动资产周转率的补充说明，是衡量企业投入生产、存货管理水平和销售收回能力的综合性指标。

下面来看存货周转率的计算公式。

$$平均存货 = （年初存货 + 年末存货）÷ 2$$

$$存货周转率（次）= 销售（营业）成本 ÷ 平均存货$$

$$存货周转率（天）= 360 ÷ 存货周转率（次）$$

商品库存周转率指销售总额和库存平均价值的比例关系，一般来讲，存货周转速度越快，存货的占用水平越低，流动性越强，存货转换为现金、应收账款等的速度越快，则表示企业营销状况良好。

提高存货周转率可以提高企业的变现能力，而存货周转速度越慢则变现能力越差。

拓展贴士 *存货周转率计算注意事项*

计算存货周转率时，使用"销售收入"还是"销售成本"作为周转额，看分析的目的。如果分析目的是判断短期偿债能力，应采用销售收入；如果分析目的是评估存货管理业绩，应当使用销售成本。

下面通过具体的案例来看存货周转率的计算。

案例实操 **存货周转率计算**

某企业从事工件生产，一年的主营业务成本为 3 200 000 万元，年初存货为 1 308 000 万元，年末存货为 95 000 万元。根据以上数据即可计算该企业的存货周转率。

$$平均存货 = （1 308 000 + 95 000）÷ 2 = 701 500 （万元）$$

$$存货周转率（次）= 3 200 000 ÷ 701 500 = 4.56 （次）$$

$$存货周转率（天）= 360 ÷ 4.56 ≈ 78.95 （天）$$

一般情况下，周转次数越高，表示企业资产由于销售顺畅而具有较高的流动性，存货转换为现金或应收账款的速度快，存货占用水平低。

12.3　后勤规范化管理要点

后勤工作是企业难以避免的，也是确保企业各项工作顺利开展的前提。管理者需要注意，如果后勤工作没有规范管理，出现问题可能会导致企业内部混乱，不利于企业运转。

12.3.1　员工餐厅满意度调查

开展员工满意度调查的目的是了解员工对餐厅的看法，根据调查结果对员工餐厅进行改进和调整，使员工餐厅能够做得更好，从而得到员工认可。

下面具体来看常见的满意度调查方式有哪些，具体如表 12-4 所示。

表 12-4　常见的满意度调查方式

方　　法	具体介绍
数据采集法	数据采集是根据调查对象所获得的一系列的数据问题，这些合理有效的数据，涉及各个层面，比如说数据的采集方式，数据采集方法等。数据采集的过程当中，事先一定要做好各项内容设置，这个也是获得一手调查数据的关键性所在
谈话法	谈话法在调查当中所起到的作用是以最快的速度进入到调查范围之内，针对调查的主要数据的采集，调查主要内容的获取等较为直接，但获取的数据真实性难以确定
问卷调查法	问卷法就是研究者用这种控制式的测量对所研究的问题进行度量，从而搜集到可靠的资料的一种方法。问卷法大多用邮寄、个别分送或集体分发等多种方式发送问卷

在实际工作中常用问卷调查法来进行满意度调查，能够避免直接交流的尴尬，也能够了解员工对餐厅的满意度情况，只需要在调查结束后对数据进行整理，最终即可得出员工对企业餐厅的看法和要求。

下面来看某企业的公司员工食堂用餐满意度调查表，如表 12-5 所示。

表 12-5　员工食堂用餐满意度调查表

员工朋友：

您好！为了做好员工餐厅的服务工作，希望您能用一点时间完成此次调查问卷，我们将会认真总结、分析并加以改进，感谢您的支持！

一、单选题，请在选择题相应的选项前面打"√"。

（一）以下是对食堂环境的总体评价：

1. 您对餐厅的布置满意吗？　　A. 很喜欢　　B. 基本喜欢　　　C. 一般

2. 你觉得餐厅用餐的氛围怎么样？　A. 温馨舒适　　　B. 平淡　　　C. 喧闹

（二）以下是对餐厅饭菜质量的总体评价：

1. 您认为餐厅菜式品种更新情况如何？　A. 经常更新　B. 还算可以　C. 没什么变化

2. 您认为餐厅伙食的菜量如何？　　　　A. 太多　　　B. 正好　　　C. 偏少

3. 您认为餐厅米饭的口感如何？　　　　A. 很好　　　B. 还可以　　　C. 一般

4. 您认为餐厅面点的品种如何？　　　A. 很多　　　B. 一般　　　C. 偏少

5. 您认为餐厅每餐的荤素搭配如何？　　A. 很好　　　B. 还可以　　　C. 一般

6. 您认为餐厅晚餐或夜宵的质量怎么样？　　A. 很好　　　B. 较好　　　C. 一般

（三）以下是对餐厅工作人员服务态度的总体评价：

1. 您认为餐厅工作人员的个人卫生习惯如何？

A. 不错，整体感觉都挺干净的　　　　B. 比较好　　　　C. 一般

2. 您认为餐厅工作人员服务态度如何？　　A. 非常热情　　　B. 热情　　　C. 一般

（四）以下是对员工餐厅整体的评价：

1. 与其他酒店相比，您如何看待我们餐厅所提供的用餐环境？

 A. 很好　　　　B. 较好　　　　C. 一般

2. 您认为餐厅存在哪些优势？（可多选）

 A. 就餐方便　　　B. 饭菜可口　　　　C. 环境卫生　　　　D. 服务态度好

3. 餐厅给您的整体感觉如何？

A. 环境舒适整洁，饭菜可口　　B. 环境一般，饭菜可口　　　C. 环境一般，饭菜一般

（五）以下是对您个人信息的了解，下面信息仅用于我们对此次调查的数据分析，我们向您保证，您的个人信息我们将会严格保密：

1. 您来自哪个省份？

_____

2. 您喜欢哪种口味的菜？

A. 酸　　　B. 甜　　　C. 辣　　　　D. 清淡

二、问答题（若本页位置不足，请另附纸张）。

1. 您觉得在兼顾酒店成本的情况下还应该增加哪些菜品？

_____

2. 您认为员工餐厅还有哪些方面需要改善？

①_____

②_____

本次调查就到此结束了，再次感谢您的参与和支持！

12.3.2 员工宿舍物品管理要点

企业员工宿舍是企业为员工提供的住宿场所，同时也会提供相应的设备设施，员工应当爱护。然而在实际中，员工宿舍可能存在宿舍物品损坏

严重、管理不善等问题。

那么企业管理者应该从哪些方面来对企业员工宿舍物品进行管理呢？

完善宿舍物品管理规定。企业应当根据实际情况指定相关宿舍物品管理规定，在员工申请宿舍时让其事先阅读了解并签订遵守协议。

定期检查。定期对员工宿舍的相关物品、设施等进行检查，对故意损坏的物品要求员工进行赔偿。

加强巡查。宿舍管理人员要加强对员工宿舍巡查，对宿舍中的不文明、不合理现象进行纠正。

下面来看某企业的员工宿舍物品管理规定。

案例实操 某企业关于宿舍物品管理的相关内容（节选）

某企业的员工宿舍刚投入使用1年，就已经一片狼藉，物品损坏严重，为了解决这种问题，该企业管理者建立了宿舍物品管理规定，其中关于物品管理的内容如下。

4.2 员工对宿舍用品的管理

4.2.1 宿舍公共用品。

（1）宿舍公共用品应爱护、保持清洁，如有损坏，由责任人赔偿；如是共同使用，则由宿舍人平均承担。

（2）宿舍电器化使用与管理。空调、风扇、电饭煲等，发现异常情况应停止使用并报告人事行政部。

4.2.2 员工个人床上用品管理。

（1）公司为员工准备相同的床上用品（包括棉絮1床、垫絮1床、棕垫1床、枕芯1个、被套和床单各1床、枕套1个、凉席1床)。员工入职时到人事行政部处领取,公司免费提供盖絮、垫絮、棕垫给员工使用;其他用品由员工自行解决。

(2)当员工离职时,需交还公司免费提供的盖絮、垫絮、棕垫给人事行政部,人事行政部需在员工离职表上签字确认,员工是否归还及是否损坏,若未归还按当时市场价150%赔偿,若损坏按当时市场价格赔偿。

(3)员工应爱护宿舍用品,保持清洁无破损。冬天应经常晾晒床上用品,不常用物品应封好或交回人事行政部进行保管。

(4)宿舍内门窗、玻璃、桌椅、床橱、水电设施等公共设施应爱惜使用、保管,不得私自拆装或挪移。

4.3 人事行政部对宿舍用品的管理

4.3.1 宿舍用品由人事行政部根据需求,填写申购单,经人事行政部审核,交总经理审批,交采购部采购。

4.3.2 人事行政部负责宿舍用品的验收、保管,并建立宿舍用品台账。

4.3.3 人事行政部应根据床上用品的领用情况备好库存,以备临时需求。

4.3.4 人事行政部要定期检查各宿舍电器化是否正常工作,如有故障应及时报告,并负责联系维修事宜。

以上制度分别从员工对宿舍用品的管理和人事行政部对宿舍用品的管理两方面对员工宿舍物品管理进行了细致规定。公司为员工提供相应的物品,若未按时归还,则需要进行赔偿,并由人事行政部负责进行监督和管理,管理内容较为全面,可供管理者参考。

12.4 相关制度模板

制度1 存货管理制度

存货管理制度

第一章 总则

第一条 为使存货管理工作规范化，保证仓库和库存物资的安全完整，更好地为公司经营管理服务，结合本公司的具体情况，特制定本规定。

第二条 存货管理工作的任务。

（一）根据本制度做好物资出库和入库工作，并使物资储存、供应、销售各环节平衡衔接。

（二）做好物资的保管工作，据实登记仓库实物账，及时编报库存报表，经常清查、盘点库存物资，做到账、卡、物相符。

（三）积极开展废旧物资的回收、整理、利用工作，协助做好呆滞物资的处理工作。

（四）做好仓库安全保卫、防火及卫生工作，确保仓库和物资的安全，保持库容整洁。

第三条 公司各部门所购一切物资材料，严格履行先入库、后领用的规定，如属直提使用部门或场所，亦必须事后及时补办出、入库手续。

第四条 本规定适用于公司所有库管部门及库管部门工作人员。

第二章 入库管理规定

第五条 采购物资抵库后，库管员要按照已核准的"订货单"或"采购申请单"和"送货单"仔细核对物资的品名、规格、型号、数量及外包装是否完好无损。核对无误后将到货日期及实收数量填记于"订货单"或"采购申请单"，同时开具"入库单"办理入库手续。

第六条 如发现单货不符、外包装破损或其他质量问题，要及时向上级反映，同时通知售后服务部门、采购部门和厂家代表（如有），共同现场鉴定，必要时拍照记录。

原则上单货不符的物资不得接受，如采购部门要收下该物资时，库管员要告知上级，并于单据上注明实际收货情况，并会签采购部门。

第三章 出库管理规定

第四章 物资储存保管规定

第五章 库存控制与分析管理规定

第六章 库管人员工作要求与纪律

第七章 附则

制度 2 产品出货管理制度

产品出货管理制度

一、目的

服务公司客户的产品销售，满足客户的发货要求，保证发货的及时性、准确性和有效实施款到发货的原则，防止因管理不善和失误而给公司造成经济损失，确保公司发货流程的顺畅，提高公司和客户的经济效益。

二、适用范围

公司所有涉及发货的工作。

三、职责与权限

3.1

销售总监负责监督和控制公司产品及其他发货过程，负责对超额欠款客户发货的监督审查，并报公司主管领导备案。

3.2

销售部总监负责实施产品发货工作，对客户订货单进行审核并监督仓库发货过程，确保严格按客户要求及时发货，把客户订货单留底一份存查。

3.3

生产部经理负责所有客户要求的产品生产工作。

技术部负责下单，安排控制所有合格产品质量和包装，确保发货的及时性、安全性、准确性。

3.4

仓库主管负责安排仓库人员根据客户订货单配货装箱，确保严格按客户要求，按质按量发货。

3.5

仓库管理员负责客户订货单的配货、装箱、打包工作并根据《成品仓库管理程序》中的发货程序具体实施。

3.6

采购部负责客户货物的运输、发送工作，应严格按照客户或公司的要求及时发送货物。

......

四、工作程序

五、奖惩办法

六、相关文件

制度 3 员工就餐管理规定

员工就餐管理规定

一、目的

为了加强员工就餐管理，维护食堂就餐秩序，营造良好的就餐环境，形成讲究秩序、文明就餐、勤俭节约的良好风气，特制定本规定。

二、适用范围

适用于公司的所有员工。

三、职责

3.1 后勤部

3.1.1 负责食堂日常管理。主要包括主食、副食原材料的进货渠道和价格管理与监督，对饭菜质量和食堂卫生环境进行管理与监督。

3.1.2 负责对就餐人员、人次的核对。

3.1.3 负责按月提供与发票数额一致的员工就餐明细。

3.1.4 负责公司员工就餐用卡的日常管理。

3.2 财务部

3.2.1 因工作需要在食堂免费就餐，应另行规定，结算报表。

3.2.2 负责按月结算食堂就餐费用、付款。

3.3 综合管理部

3.3.1 负责食堂就餐人员确定。

3.3.2 负责按月报销食堂就餐费用。

3.3.3 办公室负责客饭审批，负责按月办理客饭结算手续。

四、基本规定

4.1 就餐时间及就餐费用

4.1.1 早餐 7:30 时至 8:30 时，午餐 12:30 时至 13:30 时，晚餐 17:30 时至 18:30 时。如有特殊情况，需提前通知后勤部服务室，由服务室与食堂落实。

4.1.2 公司为标准工时制的员工免费提供午餐，如发生加班用餐费用由公司承担，早餐、晚餐的费用由员工个人承担。

4.1.3 夜间值班、倒班人员，为其提供免费晚餐。

4.1.4 后勤部与餐饮公司每天认定就餐人数，每月末向综合管理部提供就餐数据，日就餐人数、日就餐明细和报销发票，由综合管理部办理报销手续。

4.2 员工就餐用卡管理

......

制度 4 员工宿舍管理制度

员工宿舍管理制度

一、目的

为使公司员工宿舍保持良好的公共秩序，整洁的环境，完好的公共设施，同时让员工能在舒适的环境中安静休息，达到快乐服务的目的，结合公司实际情况特制定以下管理规定。

二、适用范围

本制度适用于××集团公司所有租赁的宿舍。

三、原则

3.1 分公司总经理负责宿舍的总体管理、监督。

3.2 行政部负责宿舍的日常管理（包括人员住宿安排、卫生管理、治安管理等）。

3.3 采用轮流值班形式或舍长形式维护公司宿舍的整体秩序，望大家共同努力创造和谐的生活环境。

四、管理内容

1. 宿舍提供对象

本公司只为该公司的在职员工提供宿舍，倘若员工离职（包括自动离职、解雇、辞职到期且已结算薪资等），对宿舍的使用权即行终止，届时该员工应于结薪日起 24 小时内迁离宿舍，不得借故拖延；如遇特殊情况，须经行政部批准方可入住。

2. 员工宿舍安排原则

本公司员工凡需要安排住宿的，必须由本人提出申请，经公司行政运营中心审核批准后，方可住宿，如果发现未经行政书面审批擅自入住者，将按其每月宿舍费用的四倍计算进行处罚，并追究值班人员或宿舍长的责任。员工不住宿舍，公司亦无任何津贴及补贴。

3. 员工宿舍费用收取规定

3.1 员工集体宿舍是公司为员工提供的福利，公司承担宿舍所有管理费用，针对环境卫生达标的宿舍，员工可凭单据报销每月水电费、物业费。

3.2 为了更好地管理宿舍，公司将象征性地收取住宿费 150 元 /（月·人）。

3.3 住宿费从每月工资中扣除。具体按照实际入住天数计算，新员工可免首月住宿费，离职员工入住少于和等于 15 天的，可按半个月计算，其他特殊情形须报行政运营部总监批准后才能调整。

……

五、附则